Das Buch

In der DDR gab es einige Hundert Menschen, die im Dritten Reich Funktionen hatten. Die zweite deutsche Republik hielt sich auf ihren Antifaschismus viel zugute. Er war Staatsdoktrin. Und daher glaubten jene, die mit dieser DDR abrechneten, dies sei ihr wunder Punkt. Wenn man den Nachweis führe, daß sie gar nicht so antifaschistisch war wie behauptet, dann würde auch der letzte das Unrechtmäßige dieses vermeintlichen Unrechtsstaates sehen. Und deshalb verwies und verweist man auf die angebliche nazistische Herkunft führender Personen in der DDR.

Detlef Josph geht diesen Vorwürfen nach. Er untersucht nicht nur Biographien, sondern auch das gesellschaftliche Umfeld, in dem diese Menschen handelten – vor 1945 und danach. Die unterstellte Kontinuität von einer Diktatur auf die nächste durchs Personal ist jedenfalls schwerer beweisbar als die tatsächliche von einer kapitalistischen Gesellschaft auf die nächste. Die DDR war weder de jure noch dem Geiste nach Rechtsnachfolger des Dritten Reiches, beweist Joseph.

Der Autor

Detlef Joseph, Jahrgang 1934, aufgewachsen in Berlin. Abitur 1953. Danach Jura-Studium an der Humboldt-Universität. Von 1961 bis 1991 Lehrtätigkeit an der HUB, Sektion Rechtswissenschaft, seit 1978 bis zur Abwicklung Professor für Staats- und Rechtstheorie. Zwischen 1981 und 1988 Dozent an der Universität Maputo (Mosambik).

W0178528

Detlef Joseph

Nazis in der DDR

Die deutschen Staatsdiener
nach 1945 – woher kamen sie?

ISBN 3-360-013031-0

© 2002 edition ost im Verlag
Das Neue Berlin
Rosa-Luxemburg-Straße 39,
10178 Berlin
Alle Nachdrucke sowie
Verwertung in Film, Funk und
Fernsehen und auf jeder Art von
Bild-, Wort- und Tonträgern
sind honorar- und
genehmigungspflichtig.
Alle Rechte vorbehalten.
Reihenentwurf: TRIALON
Titel: Peperoni Werbeagentur,
Berlin

Coverfoto: Lee Milller: Dachau
am 30. April 1945. KZ-Aufseher
nach dem gescheiterten Versuch,
in Häftlingskleidung zu entkom-
men.

Druckund Bindung: Ebner Ulm

Die Bücher der edition ost und
des Verlags Das Neue Berlin
erscheinen in der Eulenspiegel
Verlagsgruppe.
www.eulenspiegel-verlag.de

Inhalt

*»Aber es ist ja tatsächlich bis in die Kreise der Linken oder die soge-
nannten sensiblen gesellschaftlichen Kreise hinein unmodern geworden, Faschismus und Kapitalherrschaft in Zusammenhang zu bringen.«*

Thomas J. Richter, Berliner Maler, in einem jw-Interview am 4. September 1999

*»Das folgenreichste dürfte der emotionelle Antikommunismus sein.
Er ist die offizielle staatsbürgerliche Haltung, und in ihm haben sich
ideologische Elemente des Nazismus mit denen des kapitalistischen
Westens amalgamiert. So ist eine differenzierte Realitätsprüfung für
alles, was mit dem Begriff ›kommunistisch‹ bezeichnet werden kann,
ausgeblieben.«*

Alexander und Margarete Mitscherlich: Die Unfähigkeit zu trauern, 1994

*»Der Kommunismus war den Faschisten am bedrohlichsten, und er
wurde von ihnen als Todfeind angesehen. Es war indessen bequemer,
auf die Giftquelle des Antisemitismus zurückzugreifen und Juden
und Marxisten zugleich anzuklagen: jene, daß sie den Marxismus
geschaffen haben, diese, daß sie der ›jüdischen Verschwörung‹ gegen
die Deutschen dienten.«*

Franciszek Ryszka, Vorwort zu »Gespräche mit dem Henker«, 1981

*»Ein gründlicher und umfassender Abbau der alten Eliten fand im
Gegensatz zur Sowjetisch Besetzten Zone (SBZ) innerhalb der westdeutschen Wirtschaft, Verwaltung und Politik nicht statt.«*

Manfred Funke, »Ein Fragment namens Deutschland«, 1995

*»In der DDR hatte die Beschäftigung mit der NS-Zeit einen hohen
Stellenwert in Staat und Gesellschaft, wenn auch mit einer im Vergleich zum Westen abweichenden inhaltlichen Ausrichtung.«*

Thomas Lutz, »Gedenkstätten für NS-Opfer in Deutschland«, 1995

Einleitung

Nichts legitimierte die DDR so sehr wie ihr Antifaschismus,
dessen klischierte Auswüchse die Sache selbst zwar partiell entwerten,
jedoch nicht ungültig machen konnten.
Gerhard Zwerenz

Die Behauptung, daß es eine Kumpanei zwischen Nazis und Kommunisten in der DDR gegeben habe, wurde schon vor, aber besonders nach 1989 erhoben. Es schien ein wirksames Argument zur Diskreditierung der DDR und ihrer Institutionen zu sein. In den 60er Jahren wurden im Westen verschiedene »Dokumentationen« über »Nazis in der DDR« verbreitet (etwa »Nazis in Pankows Diensten« eines »Untersuchungsausschusses freiheitlicher Juristen« [UfJ] oder ein »Braunbuch DDR« von Olaf Kappelt). Das waren billige Antworten auf DDR-Veröffentlichungen wie das »Braunbuch«, in dem über tausend Biographien von führenden Persönlichkeiten der Bundesrepublik offengelegt wurden. Aus solchen Dokumentationen wurde ersichtlich, daß viele vermeintliche Stützen der westdeutschen Demokratie bereits das Nazi-Reich aktiv mitgetragen hatten. Mancher Politiker mußte, als seine braune Vergangenheit zu offensichtlich war, »aus Gesundheitsgründen« seinen Dienst quittieren, selbst ein Generalbundesanwalt nahm seinen Hut. (Zwischen 1965 und dem Erscheinen der 3. Auflage des »Braunbuches« 1968 waren rund 300 Personen still aus dem Amt geschieden.)

Da diese das politische System der Bundesrepublik belastenden Tatsachen nicht aus der Welt zu bringen waren, glaubte man dort, wenn man der DDR gleiches vorhielte, würde die eigene Schande geringer ausfallen.

Natürlich, auch in der DDR mußten Menschen, die den Nazis gefolgt oder sich der NSDAP angeschlossen hatten, die Chance auf Integration in die Gesellschaft erhalten. Ehemalige aktive Nazis jedoch – und das war der fundamentale Unterschied zur Bundesrepublik – waren von der Teilhabe an der gesellschaftlichen Macht definitiv ausgeschlossen. Es fand eine durchgreifende Entnazifizierung statt. Der im Westen erhobene Vorwurf zielte darum meist ins Leere.

Die vermeintliche »Nazivergangenheit« der solcherart denunzierten DDR-Bürger resultierte meist aus einer nominellen Mitgliedschaft in der NSDAP, von der die Betroffenen oftmals nicht einmal Kenntnis hatten. Ihre »Überweisung« in die Nazipartei erfolgte, als sie bereits bei der Wehrmacht waren. In dieser Zeit »ruhte« im übrigen die Mitgliedschaft. Exemplarisch ist vielleicht der Fall von Gerhard Dengler. Dieser hatte in seiner Eigenschaft als Vizepräsident des Nationalrates der Nationalen Front der DDR jene Arbeitsgruppe geleitet, die Mitte der 60er Jahre das »Braunbuch« erarbeitete. Doch dann wurde Dengler selbst als Altnazi denunziert. Zutreffend war, daß er in seiner Heimatstadt Eberswalde vor 1933 dem Jungstahlhelm angehört hatte, der später in der SA aufging. Und SA-Mitglieder wurden automatisch in die NSDAP übernommen, was Dengler aber nicht erfuhr, da er bereits bei der Wehrmacht war. Nun schützt Unwissenheit keineswegs vor Verantwortung, aber: Hauptmann Dengler wechselte 1943 im Kessel zu Stalingrad die Fronten, wurde Vizepräsident des Bundes der Offiziere [BDO] im Nationalkomitee »Freies Deutschland« und deshalb 1944 von einem NS-Gericht in Eberswalde wegen Landes- und Hochverrat in Abwesenheit zum Tode verurteilt. Die Familie kam in Sippenhaft. Einen solchen Mann als »Nazi« zu bezeichnen, mutet schon reichlich widersinnig an.

Ein nicht weniger typisches Beispiel war auch der Fall Gustav Just, der von 1990 bis 1992 für die SPD dem Landtag Brandenburg angehörte und dessen Alterspräsident er war. Just wurde 1957 im Prozeß gegen Janka und Genossen als Angehöriger einer »partei- und staatsfeindlichen Gruppe« verurteilt. Bei der Hausdurchsuchung wurde ein Tagebuch gefunden, in welchem Just seine Teilnahme an einer am 15. Juli 1941 erfolgten Erschießung von sechs Juden in einem ukrainischen Dorf dokumentiert hatte. Er war dazu vom MfS-Untersuchungsorgan vernommen worden. Die Vernehmungsprotokolle wurden Bestandteil der Beweismittelakte zur Anklage und der Gerichtsakten. Da damals außer seinen Aufzeichnungen und Einlassungen keine weiteren objektiven Beweismittel zum Tatgeschehen ermittelt werden konnten, erfolgte keine gesonderte Anklage wegen Kriegsverbrechen und Verbrechen gegen die Menschlichkeit. Der Sachverhalt wurde jedoch im veröffentlichten Urteil zur Charakterisierung der Persönlichkeit mitgeteilt. Nach der Wende wurde jedoch behauptet, »die Stasi« habe das Tagebuch verschwinden lassen, um Just gegebenenfalls damit zu erpressen. Über die gerichtsbekannten Tatsachen hinausgehende Beweise für das Tatgeschehen und zum Tatbeitrag von Just konnten auch in einem bis 1994 bei der Staatsanwaltschaft Frankfurt/Oder anhängigen Verfahren nicht erbracht werden.

Denunziert wurde auch Karl-Heinz Gerstner, einer der prominentesten DDR-Journalisten. Simon Wiesenthal nannte ihn in einem Interview zu Beginn der 90er Jahre einen der schlimmsten Nazis, die in der DDR überwintert hätten. Beweise für diese haltlosen Anwürfe blieb er ebenso schuldig wie jene Liste »mit den Namen von mehreren Hundert ehemaligen Nazis, die durch den Schutz des DDR-Regimes der Strafverfolgung entgehen konnten«, deren Übergabe an den seinerzeitigen Justizminister Kinkel Wiesenthal am 19. Dezember 1991 in der *taz* angekündigt hatte. Kinkels Nachfolgerin Däubler-Gmelin ließ mich auf Nachfrage am 11. Juni 2001 wissen, daß diese Liste »weder in den hiesigen noch in den Akten der Zentralen Stelle (Ludwigsburg) festgestellt werden konnte«. Kein Wunder: Es gibt sie nicht. Wiesenthal selbst hatte bereits am 20. Dezember 2000 auf meine konkrete Frage ausweichend geantwortet: »1968 habe ich eine Schrift herausgegeben, in der ehemalige Nazis, die in der DDR im Pressewesen tätig waren, aufgelistet wurden.« Gerstner, wie gesagt, wurde von ihm und von anderen als »Altnazi« verleumdet, weil der promovierte Jurist während der Okkupation an der deutschen Botschaft in Paris gearbeitet hatte. Daß dieser vermeintliche Nationalsozialist in jener Zeit mit der französischen Resistance kooperierte und einige Hundert Menschen vor der Deportation und damit vor der Ermordung bewahrte, wußten namentliche jene Franzosen zu würdigen, die Gerstner aus dem NKWD-Gefängnis in Berlin-Hohenschönhausen befreiten. Mit Unterschrift und amtlichen Stempeln legten sie Zeugnis ab für einen aufrechten Antifaschisten.

Nicht in einem einzigen Falle konnte bei den namhaft gemachten »Nazis in der DDR« ein Tatverdacht der Beteiligung an NS-Verbrechen zweifelsfrei nachgewiesen werden.

Die DDR brach mit bestimmten deutschen Traditionslinien. Der Versuch einer gesellschaftlichen Alternative zu jenem imperialistischen Deutschland, das in einer Katastrophe geendet hatte, war nicht nur legitim, sondern objektiv auch nötig. Nie wieder Faschismus, nie wieder Krieg! So lautete der bestimmende Gedanke. Und später: Von deutschem Boden darf nie wieder Krieg, muß Frieden ausgehen! Auf diese Formel einigten sich in den 80er Jahren Bundeskanzler Kohl (CDU) und der DDR-Staatsratsvorsitzende Honecker (SED). Diese Erkenntnis war zumindest auf westdeutscher Seite Ergebnis eines Lernprozesses. Und erstmals würdigte am 8. Mai 1985 ein Bundespräsident im Deutschen Bundestag den bedeutenden Beitrag deutscher Kommunisten im Kampf gegen die Hitlerdiktatur. Bis dahin gab es im offiziellen Würdigungskalender nur den 20. Juli 1944 und den christlichen Widerstand (Paul Schneider, Dietrich Bonhoeffer). Daneben existierte wegen des Holocaust die »kollektive Scham«, der man sich mit finanziellen Zuwendungen an den Staat Israel glaubte entledigen zu können.

In der Zwischenzeit hatte weltweit, besonders aber in Zentraleuropa, der Kalte Krieg getobt. Während in der DDR, unter sowjetischer Vormundschaft, der Nazismus »mit Stumpf und Stiel« ausgerottet worden war, reaktivierte man in der Bundesrepublik die Gespenster der Vergangenheit. Schließlich war der alte Feind auch der neue. Der Antikommunismus war im Westen konstitutives Element – wie es im Osten der Antifaschismus war.

Und da war noch etwas, das erst in der sehr späten Debatte um die Entschädigung der NS-Zwangsarbeiter offenbar wurde. Das Hitlerreich hatte etwa zehn bis vierzehn Millionen Arbeitssklaven aus ganz Europa zusammengeschleppt. Sie schufteten in der deutschen Wirtschaft und sorgten dafür, daß nicht nur Räder rollten »für den Sieg«, sondern auch Kapital akkumuliert wurde für das »Wirtschaftswunder«. Denn nicht nur Marshall-Plan und eigene Anstrengungen sorgten für den Aufschwung in den 50er Jahren, sondern auch Millionen und Abermillionen ausländische Frauen und Männer, denen man mehr als ein halbes Jahrhundert lang ein bescheidenes »Entgelt« vorenthielt. Darüber wollte man nicht reden. Also wurde rasch der Mantel des Schweigens über diese unangenehme Erinnerung gebreitet.

Die DDR bezog ihre Legitimation aus dem Antifaschismus. Diese Haltung war Gründungskonsens. Die Aktivisten dieser Republik kamen mehrheitlich aus dem Widerstand: Sie hatten in der Illegalität gegen die Nazidiktatur gekämpft, sie waren in Zuchthäusern und Lagern gewesen, sie hatten an verschiedenen Fronten der Antihitlerkoalition für ein neues Deutschland gestritten – in der Uniform der Internationalen Brigaden in Spanien oder einer Alliierten-Armee, als Soldat der Roten Armee oder als Propagandist bei den Amerikanern.

Der Angriff auf die DDR mußte sich darum auf diese die Gesellschaft tragende Säule richten. Sie begann bereits mit Kurt Schumacher, der das KZ dank der Solidarität kommunistischer Klassengenossen überlebt hatte, was ihn nicht hinderte, schon bald die Kommunisten in der DDR als rotlackierte Faschisten zu bezeichnen. Auf diesem ideologischen Humus wuchs die Totalitarismusdoktrin, die ein Gleichheitszeichen zwischen Nazi-Diktatur und »Diktatur des Proletariats« setzte. Attacken dieser Art nahmen nach dem Untergang der DDR zu, um den antifaschistischen Staat zu diskreditieren.

Der Antifaschismus bildete »das Zentrum der letzten Versuche zur Rettung der DDR«, behauptete 1999 Damian van Melis in »Der große Freund der kleinen Nazis. Antifaschismus in den Farben der SED«. Und Hans-Helmuth Knütter reduzierte den Antifaschismus in der DDR auf ein »politisches Manipulations- und Kampfmittel«, mit dem versucht worden sei, »die parlamentarische Demokratie zu destabilisieren«.

Dennoch gab man sich am 9. Mai 1994 bei einer Anhörung der Enquete-Kommission »Aufarbeitung von Geschichte und Folgen der SED-Diktatur in Deutschland« erstaunt, daß man mit dieser Polemik nicht durchdrang. »Noch ist im Bewußtsein der Ostdeutschen der Mythos vom antifaschistischen Bollwerk DDR ungebrochen. Der aufrechte ›Antifaschismus‹ der SED gehört zu dem wenigen, das viele DDR-Bürger bis heute der ehemaligen Staatspartei gutschreiben.« Zu den Bereichen, in denen »eine weitgehende Identifikation mit Normen und Verhältnissen der DDR abzulesen« sei, bekräftigte 1995 Ilse Spittmann, gehört »die antifaschistische Ideologie«.

Ralph Giordano, der Schriftsteller aus Köln, kreierte die üble Nachrede vom »verordneten Antifaschismus«. Ein Kapitel seines 1987 veröffentlichten Buches »Die zweite Schuld« trägt die Überschrift »Der verordnete Antifaschismus. Ein Wort zum Thema ›NS-Erbe und DDR‹.« Die selbstgestellte Frage »Warum verordneter Antifaschismus?« beantwortet Giordano darin wie folgt: »Weil er ein Staats- und Partei-Antifaschismus ist, ein von oben summarisch dekretierter, und dies unter Vergewaltigung leicht nachprüfbarer Historie. Staat und Bevölkerung der DDR sind von der Führung dort offiziell zu Mitsiegern des Zweiten Weltkrieges erklärt worden, sozusagen postum zu einem Teil der Anti-Hitler-Koalition, und das natürlich Seite an Seite mit der Sowjetunion. Eine abenteuerliche Lüge.«

Der angeblich von oben dekretierte Antifaschismus habe »eine wirkliche Massenauseinandersetzung mit dem Nationalsozialismus verhindert«.

Dem widerspreche ich. Und ich werde im nachfolgenden zu belegen versuchen, daß diese Behauptung nicht wahrer wird dadurch, daß sie Eingang fand in das politische Vokabular der heute Tonangebenden.

Allerdings wünschte man sich mit Blick auf den anschwellenden Rechtsextremismus, es hätte statt des instrumentalisierten und verordneten Antikommunismus in der BRD mindestens einen solchen »verordneten Antifaschismus« wie in der DDR gegeben.

Die Berliner Politologin Marion Brabant-Busch erklärte im September 2000: »Eine Aufarbeitung des Dritten Reiches hat es in der DDR nicht gegeben: Unter der Decke des ›Antifaschismus‹ fand keine Auseinandersetzung über die Wirkungsweise der Nazi-Diktatur statt.« Damit folgte sie der Linie ihrer Kollegen Jan C. Behrends, Dennis Kuck und Patrice G. Poutrus, von denen ich unter der Überschrift »Die DDR selbst ist die Hypothek« am 28. August 2000 im *Neuen Deutschland* las: »Von Beginn der SED-Herrschaft an ist jedoch in der SBZ/DDR keine öffentliche Debatte über den Nationalsozialismus geduldet worden.«

12

Die Arroganz und offensichtlich mangelnde Sachkunde, mit der diese Behauptung aufgestellt wurde, ist bemerkenswert. Ich nenne hier als ein Beispiel von vielen das 1982 in erster Auflage im Kinderbuch-Verlag erschienene Buch »Als die Faschisten an die Macht kamen« von Helga Gotschlich. Auf 191 Seiten werden für Leser ab zwölf Jahren u. a. die Ursachen der Machtergreifung Hitlers, die Warnungen vor den Folgen der Machtergreifung des Faschismus, die Verfolgung der Andersdenkenden, die Methoden und Konsequenzen der faschistischen Erziehung der Jugend dargestellt. Auf den Seiten 113 bis 139 wird im Kapitel »Vom Judenboykott zur Gaskammer« die Judenverfolgung und -ermordung ausführlich behandelt.

Man kann natürlich den wissenschaftlichen Wert der Ansichten von Historikern nicht in erster Linie nach deren Lebensalter bestimmen. (Dann dürfte nie einer etwa über den Dreißigjährigen Krieg schreiben, weil er ihn nachweislich nicht erlebt hat. Es gibt überhaupt die Ansicht, daß Geschichtswissenschaft erst dann zum eigentlichen Kern vorstoße, wenn sie nur aus Dokumenten und Zeugnissen schöpfe und sich freimache von subjektiven Äußerungen einer *oral history*. Das Schlimmste gar für jeden Historiker sei persönliche Betroffenheit.)

Dies alles bedenkend, ist es dennoch eigenartig, wenn zwischen 1961 und 1971 Geborene derart apodiktische Urteile über eine Zeit abgeben, die sie nicht selbst erlebt haben. Zumal zur Beurteilung der tatsächlichen Verhältnisse noch hinreichend genug Zeitzeugen leben.

Das Verschweigen von Forschungsergebnissen der DDR-Historiker hat inzwischen eklatante Ausmaße erreicht. Die Bibliographie »Fifty Years of Writing the History of the Second World War«, herausgegeben von Dick van Galen Last und dem *Comité International d'histoire de la Deuxième Guerre Mondiale*, hat es fertiggebracht, unter 1.146 Titeln auf 97 Seiten nicht ein einziges Werk eines DDR-Historikers aufzuführen. Van Galen soll auf Befragen kühn erklärt haben, daß alle Titel der DDR vor 1989 durch den Kalten Krieg geprägt, entsprechend deformiert und deshalb für die Aufnahme in eine *wissenschaftliche* Bibliographie nicht geeignet seien.

Ich selbst bin Jahrgang 1934 und habe noch heute in meiner Bibliothek solche Bücher wie »Stalingrad« von Theodor Plivier (Berlin 1945); »Häftling ... X ... in der Hölle auf Erden!« von Udo Dietmar (Weimar 1946); »Hitler und die NSDAP in Wort und Tat« von Georg Rehberg, d. i. Frida Rubiner (Berlin 1946); »Die Gerechtigkeit nehme ihren Lauf! Die Reden des sowjetischen Hauptanklägers R. A. Rudenko im Nürnberger Prozeß« (Berlin 1946); »Der Irrweg einer Nation« von Alexander Abusch (Berlin, 3. Aufl. 1947); »Reportage unter dem Strang geschrieben« von Julius Fučik (Berlin 1947); »Der italienische Faschismus und sein Zusammenbruch« von S. M. Slobodskoj (Berlin 1948); »Tagebücher aus dem Ghetto« (Leipzig 1961) – um nur einige der (frühen) antifaschistischen Publikationen zu nennen.

Eugen Kogons 1947 erschienenes Buch »Der SS-Staat« habe ich (und viele andere) damals ebenso zur Kenntnis genommen wie die Filme »Die Mörder sind unter uns« (1946) – den ersten nach 1945 in der Sowjetischen Besatzungszone gedrehten antifaschistischen Film der DEFA –, »Ehe im Schatten« (1947), »Affaire Blum« (1948), »Rat der Götter« (1950), »Die Sonnenbrucks« (1951), »Der Untertan« (1951), »Sterne« (1959), »Professor Mamlock« (1961) und »Der Fall Gleiwitz« (1961). Nicht zu vergessen der polnische Film »Die letzte Etappe« (1948), der die Schrecken des Konzentrationslagers auf erschütternde Weise nahebrachte. Die Lektüre der Romane »Das siebte Kreuz« von Anna Seghers, »Die Abenteuer des Werner Holt« von Dieter Noll und »Nackt unter Wölfen« von Bruno Apitz war ebensowenig verordnet wie die der Erinnerungen von Egbert von Frankenberg (»Tradition im Kreuzverhör«,1982) oder von Rudolf Petershagen (»Gewissen in Aufruhr«, 1961).

Diese Bücher und Filme indoktrinierten nicht, sie ließen eine Auseinandersetzung mit der eigenen Verantwortung gegenüber der faschistischen Vergangenheit nicht nur zu, sondern provozierten diese auch. Allerdings gab es in der DDR weder Landser-Hefte noch beschönigende Erinnerungen der geschlagenen Nazi-Generäle, die die Ursachen der Nazi- und Kriegsverbrechen nicht offenlegten. Das, was zum Faschismus geführt hatte und ihn wiederholbar machen könnte (»Der Schoß ist fruchtbar noch, aus dem das kroch«, Brecht), wurde in der DDR beseitigt: das Großkapital, der Großgrundbesitz und das Großmachtstreben. Und genau das ist es, was der DDR während ihrer Existenz und nun nach ihrem Niedergang eigentlich angelastet wird – nicht etwa die Tatsache, daß der Antifa-schismus im Laufe der Zeit einer gewissen Ritualisierung unterlag und Legitimierungsfunktionen gegenüber den bestehenden Herrschafts- und Gesellschaftsverhältnissen in der DDR hatte.

Ja, es traf zu, daß das Bild *des* antifaschistischen Widerstands-kämpfers zunehmend heroisiert wurde, daß er mit Propaganda und Pathos überzeichnet wurde, was namentlich jüngeren Generationen den Zugang zu diesem Thema erschwerte. Zutreffend auch, daß sich die Zentralleitung des Komitees der Antifaschistischen Widerstands-kämpfer zu einer Zensurbehörde aufschwang, die über jedes Exposé, jedes Manuskript und jeden Beitrag zu diesem Thema meinte befinden zu müssen. (Exemplarisch die Auseinandersetzung um die Auf-führung von originalen, unkommentierten Nazi-Wochenschauen und -Propagandafilmen in der Akademie der Künste in den 80er Jahren. Man habe nicht im KZ gesessen, um sich jetzt diese »Nazi-Scheiße« ansehen zu müssen, hieß es aus dem Gremium – und dabei ignorierten die alten Kämpfer, daß inzwischen bei jedem Zuschauer von »Jud Süß« im Hinterkopf der zweite Film lief: die rauchende Krematoriumsschlote von Auschwitz. Oder: Die exzellente DEFA-Verfilmung von Kants Roman »Der Aufenthalt«, der die Auseinan-dersetzung eines jungen deutschen Kriegsgefangenen mit seiner Ver-gangenheit zum Gegenstand hatte, wurde auf Druck dieses Gre-miums nicht zur »Berlinale« geschickt – angeblich mit Rücksicht auf unsere polnischen Nachbarn. Und das Projekt des DEFA-Films »Die Verlobte«, der das stumme Leiden einer Zuchthäuslerin ohne widerständischen Hintergrund zeigte, lag lange Zeit dort auf dem Schreibtisch, ehe es realisiert werden durfte ...)

Das alles gab es. Und noch vieles Kritikwürdige mehr.

Aber es gab keine Verordnung einer Lebenshaltung, keine Re-duktion des Antifaschismus auf ein äußerliches Ritual. Antifaschis-mus war, auch wenn es mitunter gegenteilige Beobachtungen gab, die genau dies zu bestätigen schienen, keine Monstranz, kein Schutzschild, daß die Herrschenden vor sich hertrugen.

Der Antifaschismus in der DDR gründete sich auf Kenntnis und Erkenntnis. Auf das Wissen um Ursachen des Faschismus, seine Wur-zeln und sein Wesen, und um die Verbrechen des deutschen Faschis-mus.

15

Das verächtliche Wort vom »verordneten Antifaschismus« suggeriert, man habe ihn instrumentalisiert, um die »SED-Diktatur« zu
legitimieren. Die Hitler-Vergangenheit sei in der DDR »abge-
wickelt, … dem Prinzip des verordneten Antifaschismus unterworfen und damit zur Farce« geworden, meinten 1992 der Ex-Oberst-
leutnant des MfS Günter Bohnsack und sein Ko-Autor Herbert
Bremer in ihrem Buch »Auftrag: Irreführung. Wie die Stasi Politik
im Westen machte«. Angeblich ersetzte »ein selbstgefälliger Antifaschismus, von Staats wegen verordnet und stolz zur Schau getragen,
… über die Jahrzehnte die Erinnerungs- und Trauerarbeit.« So Wolfgang Benz und Barbara Distel in den *Dachauer Heften* 1994.

Volkhard Knigge, Direktor der Stiftung Gedenkstätte Buchen-
wald, sah laut einem Zeitungsbericht über die Jahrestagung der
Deutschen Psychologischen Vereinigung eine Ursache des Rechts-
extremismus in Ostdeutschland darin, daß die DDR angeblich die
NS-Vergangenheit nicht bewältigt habe. Hier könnten, so Knigge,
Gründe für eine tiefe Verankerung braunen Gedankenguts liegen.
»Den deutschen Kommunisten ist es nicht gelungen, Hitler die
Stirn zu bieten. Und das KZ Buchenwald ist von den falschen
Befreiern, nämlich der US-Armee, befreit worden.« Dennoch hätte
sich die DDR stets als Sieger über den Faschismus gebärdet, und
so sei eine echte Auseinandersetzung mit der Nazi-Vergangenheit
verhindert worden. Die fremdenfeindlichen Aktionen im Osten
Deutschlands nach dem Anschluß der DDR an die BRD werden
zum Beweis dafür stilisiert, »wie unbehelligt unter der Stahlglocke
der ›antifaschistischen (Ost)Republik‹ die Hinterlassenschaft des
Nazismus weiterbrüten konnte. Nahezu ein Drittel aller SED-Mit-
glieder in den Gründungsjahren hatte zuvor das Parteiabzeichen
der NSDAP am Revers getragen, vom Anhang der Nationaldemokratischen Partei nicht zu reden, die von den Ingenieuren des ›antifaschistischen‹ Blocks als Auffangstation für Nazis und Deutschna-
tionale konstruiert worden war.« So Klaus Harpprecht 1999 in
»Im Niemandsland«.

Nun konnte er nicht an der Tatsache vorbei, daß NSDAP-Mitglieder zuhauf in den Parteien der Bonner Republik versammelt

waren. »In den Bonner Anfängen nahm sich die Präsenz einstiger Nazis im Anhang der CDU und CSU (bei der FDP und der Deutschen Partei ganz gewiß) prozentual kaum anders aus. Spätestens seit den sechziger Jahren aber schüttelte Westdeutschland den Bann der kollektiven Verdrängung ab. Die Gesellschaft wurde, ob es ihr paßte oder nicht, zur permanenten Auseinandersetzung mit der Vergangenheit, der sogenannten, gezwungen.« Diese Auseinandersetzung, so behauptete Happrecht weiter, habe in der DDR nicht stattgefunden. Es habe keine offene Konfrontation mit der »Realität des braunen Totalstaates« gegeben, »denn es wären peinliche Parallelen sichtbar geworden«, mutmaßt er.

Annette Weinke monierte 1998 (in »Der Umgang mit der Stasi und ihren Mitarbeitern«) zwar die »unzureichenden personellen Säuberungen in den westlichen Besatzungszonen«, aber das schien ihr nicht so kritikwürdig wie die Abrechnung mit dem Faschismus in der DDR, das sei angeblich eine »überscharfe, auf politische Gesinnung abzielende Säuberung« gewesen.

Die Zahl der den DDR-Antifaschismus in Frage stellenden Behauptungen ist inzwischen Legion. Tenor: Die DDR habe die »NS-Last nie aufgearbeitet und Schuld und Verantwortung für deutsche Verbrechen jahrzehntelang geleugnet«, hieß es im *Spiegel* 12/92. Als besonders infam müssen Erklärungen von jenen gelten, die es besser wissen. So erklärte die in der BRD lange Jahre mit der Verfolgung von Naziverbrechen befaßte Oberstaatsanwältin Helga Grabitz 1998 zu den NS-Prozessen in der DDR: »Neben wenigen wirklichen NS-Tätern, die zumeist nur Mitläufer waren, weil die echten NS- oder Kriegsverbrecher in ihrer überwiegenden Mehrheit vor den Sowjets in den Westen geflohen waren, standen im wesentlichen die Klassenfeinde des kommunistischen Regimes vor Gericht. Das waren Angehörige der bürgerlichen Kreise, Beamte von der Ratsstufe aufwärts, jugendliche sogenannte Werwölfe, kurz, alle, die in dem Verdacht standen, Faschisten zu sein. Gelegentlich war auch einmal ein echter NS-Verbrecher dabei …

In der Regel waren aber die Jüdinnen und Juden, als die eigentlichen Opfer der NS-Machthaber, nicht Gegenstand der Verfahren. Unter Faschismus verstanden sowohl die sowjetische Besatzungsmacht als auch die spätere DDR lediglich die Gegnerschaft zum Kommunismus, in der DDR Sozialismus genannt. Eine Aufarbeitung der NS-Vergangenheit fand in aller Regel nur statt, soweit sich die Untaten der Deutschen gegen das Sowjetvolk und befreundete Bruderstaaten oder gegen kommunistische Widerständler gerichtet hatten.«

Günther Wieland, als Mitarbeiter der Generalstaatsanwaltschaft der DDR ausgewiesener Experte in Sachen Verfolgung von NS- und Kriegsverbrechen, wies 2000 diese Behauptung bei Gelegenheit des 70. Geburtstages des international anerkannten Faschismusforschers Kurt Pätzold zurück: »Diese Bezichtigung widerlegen zahlreiche Prozesse, die hier gegen Verantwortliche für Deportation und Ermordung der Juden von Breslau und Dresden oder der Opfer der Ghettos von Brest, Warschau, Lemberg, Stanislau, Siedlce, Drohobycz, Sarnaki Kobryn, Libau, Mogilew, Mielec und Trawniki anhängig waren.« Man lese auch die DDR-Dokumentation aus dem Jahre 1965 über »Die Haltung der beiden deutschen Staaten zu den Nazi- und Kriegsverbrechen«, um die Bösartigkeit der Behauptungen der Oberstaatsanwältin zu erkennen.

Eine Tendenz ist auffällig, aber nicht zufällig: Es gibt kaum einen Artikel über Ereignisse in der DDR, in dem nicht, wenn denn handelnde Personen namentlich genannt werden, deren Beziehungen zum Nazireich herausgestellt werden. Man suggeriert damit ungebrochene Tradition an Personen, was offenkundig viel schlimmer ist als das frühe Bekenntnis der Bundesrepublik, sie sei Rechtsnachfolger des Dritten Reiches.

Beispielsweise heißt es in einem Beitrag in der *Frankfurter Allgemeinen Zeitung* vom 19. Februar 2000 über die Dresdner Frauenkirche: »Noch 1945 verzeichnete eine Liste der städtischen Bauverwaltung 190 kunsthistorisch wertvolle Gebäude. Sieben Jahre später waren 145 Denkmale von der Liste verschwunden. Der Leiter des Stadtplanungsamtes, Hans Bronder, strich sie auf 29 Objekte zusammen. Bronder war in den Jahren des zerstörenden Aufbaus einer der Hauptgegner der Denkmalschützer und ein Handlanger der Diktatur. Seine Erfahrung im Dienste der vorhergehenden Herrschaft hat ihm dabei geholfen: Seit 1937 hatte Bronder der NSDAP angehört. 1945 durften er und sein damaliger Vorgesetzter im Stadtplanungsamt, Kurt Walter Leucht, den ersten Dresdner Aufbauplan zeichnen. Auch Leucht war Mitglied der NSDAP gewesen, seit dem

1. April 1933. Seinen raschen Aufstieg zum Abteilungsleiter im DDR-Ministerium für Aufbau hat das nicht behindert.« Es wäre unbedenklich, wenn man in derselben Weise Aufsätze über die BRD mit der früheren Parteizugehörigkeit der darin genannten Personen schmücken würde. Was selbstverständlich nicht geschieht und geschehen wird. Gegen den DDR-Antifaschismus wird dagegen permanent subtil angeschrieben.

Hans-Peter Friedrichsfeld meinte am 4. Mai 1992 im *Neuen Deutschland* zu Recht: »Die Lüge vom ›verordneten Antifaschismus in der DDR‹ … ist wahrscheinlich Ergebnis des schlechten Gewissens derer, deren Staat nie auf antifaschistischer Grundlage gestanden hat. Im Gegenteil: Die Justiz wurde von den Nazirichtern beherrscht, die Verwaltung von den alten Berufsbeamten aus dem Dritten Reich, die Bundeswehr von Hitlergenerälen. Namen wie Oberländer und Globke waren nur die Spitze des Eisberges. Die radikale Trennung von der faschistischen Vergangenheit wurde weder angedacht noch ›verordnet‹, obwohl das auch der BRD gut getan hätte. ›Verordneter‹ Antifaschismus – das zeigt zumindest den Willen, einen Trennstrich zu der blutigen und verbrecherischen Vergangenheit zu ziehen, etwa durch Entlassung der durch ihre Vergangenheit belasteten Angehörigen der Verwaltung und Justiz.

Aber es gab in der DDR natürlich mehr als dieses ›Verordnete‹. An die Spitze des Staates rückten ausgewiesene Kämpfer gegen den Faschismus; die Pflege der Traditionen des antifaschistischen Kampfes war nicht einfach verordnete Pflicht, sondern den meisten Menschen Herzenssache.« Die nach den Forderungen des Potsdamer Abkommens und der Alliierten Kontrollratsgesetzgebung auch von den westlichen Alliierten in ihren Zonen verordnete Entnazifizierung, die deutscherseits nur widerwillig unterstützt wurde, fand mit dem Kalten Krieg ihr rasches Ende. »Nationalsozialist gewesen zu sein, wurde zum geringeren Makel, als es mit den Kommunisten zu halten.« So Christian Zentner 1989 in München.

Das Verschweigen der ersten Opfer der Faschisten

Bei den Angriffen auf den Antifaschismus der vergangenen DDR wird in geschichtlichen Rückblicken zunehmend verschwiegen, *wer* die ersten Opfer der 1933 einsetzenden nazistischen Verfolgungen waren: die Kommunisten. Reinhard Rürup benannte präzise in den 80er Jahren in der Dokumentation »Topographie des Terrors« die Gruppen der politischen Gefangenen, die im Spätsommer 1933 im »Hausgefängnis« der Gestapo-Zentrale in der Prinz-Albrecht-Straße inhaftiert wurden: »Opfer der Gestapo waren in den ersten Jahren vor allem Kommunisten, Sozialdemokraten und Gewerkschafter, auch Mitglieder der sozialistischen Jugendbewegung und Angehörige kleinerer sozialistischer Parteien und Widerstandsorganisationen … Hinzu kamen andere … wie die Zeugen Jehovas oder einzelne Vertreter der Kirchen.«

Bei Ernst Cramer in der *Welt* vom 24. November 1996 hingegen hieß es bereits: »In den Kellern des ›Hausgefängnisses‹ wurden Mißliebige gefoltert. Juden und Zigeuner ebenso wie politische Regimegegner, zum Beispiel Mitglieder der ›Roten Kapelle‹, Beteiligte am 20. Juli 1944 und Verschwörer des ›Kreisauer Kreises‹.«

Unter diesem Aspekt ist der Inhalt beispielsweise des »Lexikons des Widerstandes 1933-1945« – herausgegeben von Peter Steinbach und Johannes Tuchel in den späten 90er Jahren – wohl auch kein Zufall. Kriterien, nach denen die Auswahl der Biografien erfolgte, wurden auch in der 2., überarbeiteten und erweiterten Auflage von 1998 nicht angegeben. Es finden sich darin Ermordete wie Überlebende des faschistischen Terrors. Die Mehrzahl der Hingerichteten, die biografisch vorgestellt wurden, kamen aus der kommunistischen Bewegung. Kommunisten bzw. Sympathisanten, die im Widerstand und nach 1945 in der DDR aktiv tätig waren, sind mit elf Personen deutlich unterrepräsentiert. Zu den bekannteren gehören Fritz Große, Robert Havemann, Theodor Leiparth und Max Seydewitz.

Ostdeutsche, einst führende Politiker der SED, werden verschwiegen. So sucht man vergeblich beispielsweise Hermann Axen, der das Brandzeichen von Auschwitz am Unterarm trug, Franz Dahlem, Erich Honecker, der zehn Jahre im faschistischen Zuchthaus saß, Heinz Hoffmann, Heinz Keßler, Alfred Neumann oder Walter Ulbricht …

Hingegen werden ungefähr 65 Personen aufgeführt, die den Faschismus überlebten und in Westdeutschland tätig waren – etwa

Hermann Brill, Fritz Erler, Franz Halder, Andreas Hermes, Jacob Kaiser, Waldemar von Knoeringen, Heinz Kühn, Richard Loewenthal, Hans Lukaschek, Martin Niemöller, Rudolf Pechel, Hans Peters, Kurt Schumacher und Herbert Wehner.

Im Vorwort zur 1. Auflage bedauern die Herausgeber: »Die deutsche Teilung und der Kalte Krieg förderten allerdings die Neigung, Exklusivitäten zu formulieren – und dies hieß: auszugrenzen –, denn der in jeweils einem der deutschen Teilstaaten geehrte Widerstand hatte es schwer, im anderen Anerkennung zu finden.«

Nach dem Wegfall des einen deutschen Teilstaates hatten auch die Herausgeber des »Lexikon« offensichtlich Probleme, von dieser Neigung zu lassen.

Waren Kommunisten und Faschisten »Bundesgenossen«?

Jahrelang ist der SED berechtigt zum Vorwurf gemacht worden, Tabus in der Geschichte aufgerichtet zu haben. Bestimmte Personen wurden einfach aus den Büchern oder von Fotos getilgt, manche Zusammenhänge und Sachverhalte wurden verschwiegen, einzelne Themen nicht erörtert. Einige Perioden unserer Vergangenheit wurden so selektiv dargestellt, wie das Staatsratsgebäude erbaut wurde: Aus dem kaiserlichen Schloß nahm man sich den Balkon, von dem Karl Liebknecht am 9. November 1918 die freie sozialistische Republik ausgerufen hatte – den Rest jagte man in die Luft. Den Balkon integrierte man in die Fassade eines Neubaus. Architektonisch war das Ganze zweifellos gelungen, aber politisch war es falsch.

Für die Gegenwart und für die Geschichtsschreibung muß man jedoch fragen: Warum werden heute neue Tabus geschaffen?

Zu den »modernen« Tabus gehört sichtlich die angemessene Würdigung des kommunistischen Teils des deutschen Widerstandes und die Tatsache, daß für die Nationalsozialisten die Kommunisten die ersten und erklärten Feinde waren. Die Sympathie des deutschen Industrie- und Finanzkapitals sowie des Großgrundbesitzes für die Nazis gründete nicht zuletzt auf dem programmatischem Antikommunismus der Nationalsozialisten. Hitler schrieb in seinem Machwerk »Mein Kampf«, daß ihm in Wien »das Auge geöffnet« worden sei »für zwei Gefahren«: »Marxismus und Judentum.« Er verband den Marxismus mit dem Judentum, indem er den Marxismus in eine »jüdische Lehre« verwandelte und erklärte: »Siegt der Jude mit Hilfe seines marxistischen Glaubensbekenntnisses über die Völker dieser Welt, dann wird seine Krone der Totenkranz der Menschheit sein, dann wird dieser Planet wieder wie einst vor Jahrmillionen menschenleer durch den Äther ziehen.« In den Jahren 1913 und 1914 habe er »denn auch zum ersten Male in verschiedenen Kreisen, … die Überzeugung ausgesprochen, daß die Frage der Zukunft der deutschen Nation die Frage der Vernichtung des Marxismus ist.«

Hitler rief auf zum Kampf gegen den »politischen Bolschewismus« im allgemeinen und den »russischen Bolschewismus« im besonderen. »An dem Tage, da in Deutschland der Marxismus zerbrochen wird, brechen in Wahrheit für ewig seine Fesseln.«

Joseph Goebbels, der Chefpropagandist der Nationalsozialisten, verkündete 1935 in seiner Rede auf dem Reichsparteitag der NSDAP: »Juden waren es, die den Marxismus erfanden, Juden sind es, die mit ihm seit Jahrzehnten die Welt zu revolutionieren versuchen, Juden sind es, die heute noch in allen Ländern an seiner Spitze stehen. Nur in den Gehirnen rasse-, volks- und raumloser Nomaden konnte diese Teufelei erdacht werden, und nur mit der Gewissenlosigkeit leibhaftiger Teufel konnte sie revolutionär zum Angriff vorgehen, denn der Bolschewismus ist nichts anderes als der brutale, auf die niedrigsten Instinkte spekulierende Materialismus, und er bedient sich in seinem Kampf gegen die abendländische Kultur der dunkelsten Triebkräfte im Menschen im Interesse des internationalen Judentums. Die Theorie dieses politischen und wirtschaftlichen Wahnsinns wurde erfunden von dem Juden Karl Mordechai, genannt Marx, Rabbinersohn aus Trier.«

Vor dem Düsseldorfer Industrieclub erklärte Hitler am 27. Januar 1932 unmißverständlich, er habe »den unerbittlichen Entschluß gefaßt, den Marxismus bis zur letzten Wurzel in Deutschland auszurotten.« Dieses Credo prädestinierte Hitler und seine »Bewegung« dafür, sukzessive von der Großindustrie, dem Finanzkapital und dem Großgrundbesitz unterstützt zu werden, um zum gegebenen Zeitpunkt die politische Macht zu erhalten.

Unmißverständlich erklärte denn auch Hermann Göring vor dem Nürnberger Militär-Tribunal gegen die Hauptkriegsverbrecher bei seiner Vernehmung am 13. März 1946: »Es war wohl keinem unklar, der sich irgendwie mit den deutschen Verhältnissen befaßt hatte, weder im Ausland noch vor allem im Inland, es konnte kein, aber auch nur geringster Zweifel darüber bestehen, daß wir so rasch wie möglich mit der Kommunistischen Partei Schluß machen würden. Es war eine absolute Folge zwangsläufiger Art, daß diese verboten wurde.«

Und eben diese Zusammenhänge verschwinden in der heutigen Flut an Literatur über den deutschen Faschismus, der grundsätzlich nicht so bezeichnet wird, sondern in seiner verschleiernden Selbstbenennung als »Nationalsozialismus« vorgeführt wird – konzentriert auf die Person Hitler als dem allein Verantwortlichen für das von 1933 bis 1945 in Deutschland wütende Terrorregime.

Die Verbindung zum deutschen Kapital verschwindet ebenfalls hinter einem Nebelvorhang. Wenn einmal dieses Verhältnis benannt wird, dann in der Regel in der Weise, daß sich die deutschen Eliten in der Person Hitlers getäuscht hatten: Sie glaubten, ihn beherrschen zu können – und wurden von ihm selbst beherrscht und ins Verderben geführt.

Die DDR-Historiker haben die Beziehungen und Verflechtung zwischen Großbourgeosie und Faschismus, zwischen Großindustrie, Banken und Großagrariern speziell untersucht. Das allein ist der Grund, weshalb ihre Veröffentlichungen heutzutage ignoriert werden. Das Verschweigen hat Methode und verfolgt eine Absicht.

Der Hinweis auf die Beziehungen zwischen dem deutschen Faschismus und dem deutschen Kapital ist jedoch bedeutsam, weil damit auch deutlich wird, daß der konsequente Antifaschismus der SBZ/DDR sich eben nicht nur in Maßnahmen erschöpfte, die nach 1945 in Erfüllung des Potsdamer Abkommens auf der *ideologisch-politischen Ebene* realisiert werden sollten (beispielsweise Entnazifizierung der Justiz und des Bildungswesens). Er richtete sich zwangsläufig auch gegen die wirtschaftlichen Grundlagen, auf denen der Faschismus fußte.

Es versteht sich, daß für die ideologischen Parteigänger des Kapitalismus der Antifaschismus zum Schrecknis wurde. Der *Spiegel* meinte fälschlich in seinem Heft 12/1992, »Antifaschismus wurde zur Tarnformel für eine antikapitalistische Revolution nach bolschewistischem Vorbild«. Er hatte aber insofern recht, als der Antifa-schismus sehr wohl eine antikapitalistische Komponente aufwies. Das lag nun mal im Ursprung der Sache.

Deutsche Kapitalisten wurden im Osten enteignet, sofern sie an Nazi- und Kriegsverbrechen beteiligt waren – und zwar unabhängig davon, ob sie Mitglieder der NSDAP waren oder nicht. Es betraf auch »Auftraggeber und Nutznießer des Hitler-Regimes«. Hans Maria Globke, Staatssekretär im Bundeskanzleramt, war beispiels-weise nie Mitglied der NSDAP. In der DDR hätte er es dennoch zu keinem Amt gebracht: Als Mitarbeiter des Reichsinnenministeriums im Nazistaat war er federführend am Gesetzes- und Verordnungs-werk für die Verfolgung der Juden zuständig. Er erfand die zwangs-weise Kenntlichmachung der Juden mit den zusätzlichen Vornamen »Sara« und »Israel« und war Mitverfasser des Kommentars zur Nürnberger Rassegesetzgebung.

Globke wurde Staatssekretär im Bundeskanzleramt. Damit war er der ranghöchste Beamte in der Bundesrepublik, die graue Emi-nenz im Kanzleramt.

Auf Druck aus der DDR und der internationalen Öffentlichkeit mußte er 1963 zurücktreten.

1. Warum der kommunistische Widerstand ausgeblendet wird?

»Es kann kein Zweifel daran bestehen, daß der Antikommunismus die zentrale Ideologie der Bundesrepublik seit ihren Anfängen gewesen ist. Der westdeutsche Staat war ein Kind des Kalten Krieges. Ohne die Konfrontation zwischen den westlichen Alliierten und der Sowjetunion wäre er nicht zustandegekommen. Sehr schnell wurde der ohnedies von Anfang an nur rudimentär ausgeprägte Antifaschismus in der Bundesrepublik vom Antikommunismus vollständig überlagert und ersetzt. Die ideologiepolitischen Vorteile der Ersetzung des Antifaschismus durch den Antikommunismus liegen auf der Hand: Hier wurde ein zentrales Element des nationalsozialistischen Wahnsystems mit den höheren Weihen der westlichen Siegermächte versehen und konnte so gänzlich unbearbeitet und unaufgehellt aus der NS-Zeit in die neue Bundesrepublik übernommen werden.«
Helmut König, »Anti-Antikommunismus und NS-Vergangenheit in Deutschland«, 1992

Kommunisten und Sozialdemokraten waren die ersten Opfer der Faschisten, nachdem diese am 30. Januar 1933 die Macht übernahmen. Der Gerichtspsychologe Gustave M. Gilbert teilte in seinem 1962 erschienenen »Nürnberger Tagebuch« mit, Hermann Göring habe im Gespräch mit ihm erklärt, »daß ihm der Titel des obersten Kommunistenhetzers gebühre, da er seine Gegnerschaft mit Taten und nicht nur mit leeren Worten zum Ausdruck gebracht hätte«.

Gilbert schilderte im weiteren Görings selbstgefällige Darstellung: »Genußvoll begann er zu erzählen, wie er sofort, nachdem Hitler an die Macht gekommen war, die Kommunisten verfolgt habe. ›Ha, als Polizeichef von Preußen ließ ich Tausende von Kommunisten einsperren! Hauptsächlich dafür richtete ich die Konzentrationslager ein, um die Kommunisten unter Kontrolle zu halten.«

Auch wenn in der DDR im Laufe der Zeit durch Überbetonung des kommunistischen Widerstandes die Darstellung der Leistungen anderer Gruppen und Schichten der antifaschistischen Opposition eher marginalisiert wurde, bleibt es eine Tatsache, daß die ersten Insassen der nazistischen Konzentrationslager Kommunisten und Sozialdemokraten waren. Die Kommunisten waren die ersten, die organisierten Widerstand leisten, sie brachten zahlenmäßig auch die größten Opfer bei der Gruppe der politischen Nazigegner.

Nach dem Reichstagsbrand wurde am 28. Februar 1933 die »Verordnung des Reichspräsidenten zum Schutz von Volk und Staat« erlassen, deren Präambel lautete: »Auf Grund des Artikels 48, Absatz 2 der Reichsverfassung wird zur Abwehr kommunistischer staatsgefährdender Gewaltakte folgendes verordnet: …«

Joseph Goebbels kommentierte in seinem Tagebuch: »Das Kabinett hat eine sehr scharfe Verordnung gegen die K.P.D. beschlossen. Diese Verordnung sieht die Todesstrafe vor. Das ist auch notwendig. Das Volk verlangt das jetzt. Es erfolgen Verhaftungen über Verhaftungen. Nun wird die rote Pest mit Stumpf und Stiel ausgerottet. Widerstand zeigt sich nirgendwo.«

Mehr als 10.000 Kommunisten und Sozialdemokraten wurden unmittelbar nach dem Reichstagsbrand verhaftet.

Fritz Stern, selbst Jude, räumte im *Neuen Deutschland* vom 23. Oktober 1994 ein: »Als Historiker kann ich nicht oft genug betonen, daß die ersten Opfer des Regimes Sozialisten und Kommunisten waren. Wenn sie außerdem noch Juden waren – umso schlimmer.« (»Man sollte nicht vergessen: Die ersten Opfer des Nationalsozialismus und der wieder eingeführten Folter waren sogenannte Arier.«)

Der Sozialdemokrat Richard Löwenthal schrieb 1990 in seinen Erinnerungen: »Die offen politische Opposition begann eindeutig auf der Linken, in den Reihen der Arbeiterbewegung. Die kommunistische Partei wurde als erste noch vor Hitlers Wahlen verboten und blutig verfolgt und rief sofort zum illegalen Widerstand gegen das Regime auf.«

Die *Frankfurter Allgemeine Zeitung* konstatierte am 15. Juli 1998: »Der politisch motivierte Widerstand war … zu 75 Prozent kommunistischer, zu zehn Prozent sozialdemokratischer und nur zu drei Prozent christlich bürgerlicher Widerstand.«

Rosemarie Reichwein, Witwe des Sozialdemokraten Adolf Reichwein, einem der Männer des 20. Juli 1944, erklärte auf die Frage der *taz* in der Ausgabe vom 20. Juli 1994, warum sie sich dafür engagiere, daß der Widerstand der Kommunisten gegen den Nazismus nicht vergessen werde, obwohl doch ihr Mann von einem Kommunisten verraten worden war: »Es schmerzt mich, und es ist historisch nicht gerechtfertigt, wenn jener Widerstand von konservativen Parteipolitikern vereinnahmt wird. Die Kommunisten haben die größten Opfer gebracht. Sie füllten als erste die Konzentrationslager. Nach den Juden haben sie am meisten gelitten.«

Der Mannheimer Historiker Hermann Weber, ein Sozialdemokrat, meinte: »Von allen Parteien der Weimarer Republik, die 1933 durch die Hitler-Diktatur zerschlagen wurden, hatte die Kommunistische Partei Deutschlands die meisten Opfer zu beklagen. Tausende Kommunisten wurden von 1933 bis 1945 hingerichtet, in KZ's und Zuchthäusern ermordet, angeblich ›auf der Flucht‹ erschossen oder in den Selbstmord getrieben.«

Nach seiner Einschätzung »wurden 1933 und 1934 etwa 60.000 Kommunisten inhaftiert, 1935 wurden 15.000 verhaftet. Insgesamt befanden sich von den ca. 300.000 KPD-Mitgliedern (1932) etwa 150.000 Kommunisten mehr oder weniger lang in Haft. Bereits in den beiden ersten Jahren der Nazi-Diktatur sind etwa 2.000 Kommunisten ermordet worden, bis Kriegsende soll deren Zahl auf 20.000 gestiegen sein. Solche Dimensionen der Verfolgung durch die Gestapo unterscheiden den kommunistischen Widerstand von dem aller übrigen politischen Gruppen, denen auch nicht annähernd so viele Opfer abverlangt wurden.«

Selbst der einer Sympathie für den Kommunismus nicht verdächtige Ralph Giordano kommt nicht umhin festzustellen, daß in der BRD »ein gewisser Widerstand nie ›gesellschaftsfähig‹ geworden ist und deshalb in der Regel quer durch die Parteienskala von der konservativen Rechten bis zur Sozialdemokratie schlicht unterschlagen wird: nämlich der Widerstand links von der SPD, vor allem der der Kommunisten. Von den politischen Gegnern des Nationalsozialismus haben sie den höchsten Blutzoll bezahlen müssen.«

Die Stoßrichtung Hitlers und seiner Banden war zunächst der Marxismus und die Kommunistische Partei Deutschlands. Das trug dem Faschismus letztlich die Sympathie und Unterstützung des Großkapitals ein.

Die Nazis gelangen an die Macht

Am 1. August 1932 notierte Joseph Goebbels in seinem Tagebuch: »Gestern: Gewählt, … Wahlergebnis: wir haben eine Kleinigkeit gewonnen. Der Marxismus sehr. … Resultat: Jetzt müssen wir an die Macht und den Marxismus ausrotten. So oder so!«

Nach der Reichstagswahl vom 6. November 1932, die den Nazis gegenüber der Wahl vom 31. Juli 1932 Verluste brachte, hielten es bestimmte Repräsentanten des deutschen Kapitals angesichts der sozialen Unruhe unter den Massen für angezeigt, vor einem möglichen weiteren Verlust an Einfluß der Nazis darauf zu dringen, daß Hitler endlich die alleinige politische Macht erlangen sollte. Am 19. November 1932 wurde dem Reichspräsidenten Paul von Hindenburg bekanntlich eine Eingabe führender Kapitalisten und Großgrundbesitzer überreicht, in der es unter anderem hieß: »Wir erkennen in der nationalen Bewegung, die durch unser Volk geht, den verheißungsvollen Beginn einer Zeit, die durch Überwindung des Klassengegensatzes die unerläßliche Grundlage für einen Wiederaufstieg der deutschen Wirtschaft erst schafft. Wir wissen, daß dieser Aufstieg noch viele Opfer erfordert. Wir glauben, daß diese Opfer nur dann gebracht werden können, wenn die größte Gruppe dieser nationalen Bewegung führend an der Regierung beteiligt ist. Die Übertragung der verantwortlichen Leitung eines mit den besten sachlichen und persönlichen Kräften ausgestatteten Präsidialkabinetts an den Führer der größten nationalen Gruppe wird die Schlacken und Fehler, die jeder Massenbewegung notgedrungen anhaftet, ausmerzen und Millionen Menschen, die heute abseits stehen, zu bejahender Kraft mitreißen.«

Wie die heutige Geschichtsschreibung in diesem Kontext mitunter Fakten unterschlägt, machte der *Deutschlandfunk* am 24. August 2000 hörbar. Trotz Nazi-Terror hatten bei der vorgezogenen Reichstagswahl am 5. März 1933 so viele Menschen für die KPD votiert, daß die Partei 81 Mandate erhielt. Diese wurden den gewählten Parlamentariern entzogen. Zur Abstimmung über das »Gesetz zur Behebung der Not von Volk und Reich (Ermächtigungsgesetz)« hieß es lapidar in der Rundfunksendung: »Nur die Sozialdemokraten stimmten gegen das Ermächtigungsgesetz.«

Das stimmte, aber es war nicht die Wahrheit. Zu dieser hätte nämlich die Feststellung gehört, daß gewiß auch die Kommunisten gegen das Ermächtigungsgesetz gestimmt hätten, wenn sie denn zur Sitzung zugelassen worden und nicht bereits mehrheitlich inhaftiert gewesen wären. Auch die SPD-Fraktion war nicht vollständig: 26 ihrer Mitglieder waren ebenfalls in Haft.

Und zur Wahrheit gehörte auch, daß Theodor Heuss, der erste Bundespräsident, als Abgeordneter der Deutschen Staatspartei ebenso für dieses undemokratische Gesetz votierte wie Ritter von Leeb (Bayerische Volkspartei), der in den 50er Jahren als Bevollmächtigter der Bundesrepublik im Verfahren zum Verbot der KPD in Erscheinung trat.

Was hat das alles mit den Nazis in der DDR zu tun?

Warum dieser Rückblick in die Geschichte, wenn es in diesem Buch doch um die Frage gehen soll, warum (und welche) ehemalige NSDAP-Mitglieder in der SBZ/DDR Gelegenheit erhielten, am gesellschaftlichen und politischen Leben teilzunehmen?

Um deutlich zu machen, daß Rot nicht gleich Braun ist, wie gern behauptet wird. Es gab (und gibt) keine politische und/oder ideologische Gemeinsamkeit von Links und von Rechts. Wer ein Gleichheitszeichen setzt, hat das Wesen dieser beiden politischen Strömungen nicht begriffen.

Der Rückblick soll zudem erhellen, warum die Kommunisten sehr wohl unterschieden zwischen den terroristischen Vollstreckern der Herrschaftsansprüche des deutschen Großkapitals und den irregeleiteten Mitläufern. Er macht deutlich, daß es keine Gemeinsamkeiten gab mit jenen, die als politische Stabilisatoren und Repräsentanten des deutschen Imperialismus das faschistische Terrorregime errichteten und den Zweiten Weltkrieg vom Zaun brachen. Der kategorische, inhaltlich begründete Antagonismus zwischen Faschismus (als einer Herrschaftsform des Kapitals) und Kommunismus (als antikapitalistische Bewegung) schloß es aus, daß Exponenten des Dritten Reiches zu Exponenten der DDR werden konnten.

Das umfangreichste Verzeichnis der »Nazis« in DDR-Diensten legte 1981 Olaf Kappelt mit dem Titel »Braunbuch DDR. Nazis in der DDR« vor. Bei den Aufgeführten war grundsätzlich nur zu vermelden, daß sie als ehemalige Anhänger des Nazismus damals mehr oder weniger bedeutende Funktionen ausübten. Gelegentlich wurde aufgedeckt, daß eine Mitgliedschaft in der NSDAP oder in einer anderen nazistischen Organisation verschwiegen worden war. Das zog bestimmte Konsequenzen nach sich. Generell allerdings galt: Nazi- und Kriegsverbrecher waren unter den namentlich genannten 876 DDR-Bürgern nicht auszumachen. Das war der fundamentale Unterschied zwischen den DDR- und BRD-Nazis.

Hermann Weber kam 1976 zu dem Schluß, daß – neben dem Stalinismus – der Faschismus in der Entwicklung des deutschen Kommunismus »eine gravierende Rolle« gespielt habe. In der Traditionslinie der SED hätte der Faschismus »eine fast traumatische Bedeutung für die Politik der Parteiführung behalten: Die bitteren Erfahrungen mit der Hitler-Diktatur, deren Gewaltherrschaft Zehntausenden Kommunisten das Leben kostete und die über Hunderttausende von Parteimitgliedern lange Freiheitsstrafen verhängte, wirken bis heute nach.«

Wenn dem so war, woran ich nicht den geringsten Zweifel hege, dann erklärt dies zwingend, warum die SED wenig mit Nazis, ob alten oder jungen, am Hut hatte.

2. Der Antifaschismus und die Legitimität der DDR

Gegenwärtige Politik braucht stets Rechtfertigung.
Geschichte kann sie liefern.
Herbert Hörz, 2002

Rudolf Bahro erklärte im *Freitag* 31/1992 jenen, die die historische Legitimität der DDR deshalb bezweifelten, weil deren Partei- und Staatsführung sich spätestens seit 1950 der Durchführung geheimer Wahlen versagte: »Was meinen wir mit der Legitimität der DDR? Honecker selbst hat eigennützig nicht wenig Schindluder mit den Namen von Karl Liebknecht und Rosa Luxemburg getrieben. Dennoch ist da eine Linie, die vom Widerstand gegen den Ersten Weltkrieg über die Ausrufung der sozialistischen Republik ... und die Gründung der KPD ... zur Entstehung der DDR führte. Wer wie Honecker in dieser Tradition gegen Hitler gekämpft hat, wollte nachher mit Recht einen neuen Staat. ... War es etwa nicht legitim, nach dem Desaster jener 12 Jahre ein neues Deutschland anzufangen, statt wie im Westen die alte Grundstruktur neu aufzuputzen? Allerdings hat die DDR nicht wirklich auf dieser Basis ›einer massenhaft gar nicht vorhandenen deutschen revolutionären Kontinuität‹ existiert. Sondern mit dem Oderübergang der Roten Armee hob ihre eigentliche Begründung an. ...Wenn die rote Fahne auf dem Reichstag 1945 legitim und mehr als legitim war, dann hat die DDR nicht nur sein *dürfen*, sondern sein *müssen*.«

Man weiß auf bundesdeutscher Seite durchaus um die Rolle des antifaschistischen Be- und Erkenntnisses der DDR-Bürger für die Rechtfertigung der DDR-Existenz. Im Abschlußbericht der Enquete-Kommission des Deutschen Bundestages »Aufarbeitung von Geschichte und Folgen der SED-Diktatur in Deutschland« hieß es: »Der vielleicht wirksamste ideologische Integrationsfaktor für das

31

SED-System war der Antifaschismus.« Es ließe sich feststellen, daß er »eine gewisse emotionale und politische Bindungskraft besaß, die der Marxismus-Leninismus in vergleichbarer Weise nicht auszuüben vermochte«. Offenkundig und zweifellos hatten ehemals führende und für Verbrechen verantwortliche Nazis in der DDR keine Wirkungs- und Einflußmöglichkeit. An der Spitze der SED sowie des Staates und seiner Organe standen ausgewiesene Antifaschisten, die insbesondere dafür wirkten, den Faschismus in seinen ökonomischen, politischen und ideologischen Wurzeln zu beseitigen und eine Wiederkunft zu verhindern.

»Die SED-Ideologie mit ihrem Selbstverständnis von der DDR als antifaschistischem Staat hat sich im Selbstbewußtsein der Bevölkerung niedergeschlagen. … Für viele ist der Antifaschismus der legitimatorische Steinbruch, aus dessen Reservoir der Glaube an das prinzipiell Gute in der ehemaligen DDR abgeleitet wird. Die DDR wird als das Land betrachtet, das aus der Widerstandsbewegung hervorgegangen ist und einen konsequenten Bruch mit der NS-Vergangenheit vollzogen hat, was für die alte Bundesrepublik so nicht zutreffe.« So Werner Weidenfeld und Karl-Rudolf Korte 1996 im »Handbuch zur deutschen Einheit«.

Und genau diese Legitimität, die eben auch aus dem Kampf gegen den deutschen Faschismus erwachsen war, wurde und wird geleugnet. Der antifaschistische Charakter und Inhalt der sozialistischen Gesellschaft, des Staates und des Rechts der DDR und der in ihr agierenden Institutionen und Organisationen werden in Abrede gestellt. Es geht, wie seinerzeit Justizminister Kinkel an die bundesdeutsche Justiz appellierte, um die Delegitimierung der DDR.

Weidenfeld und Korte monierten an anderer Stelle: »Eine positive Grundeinschätzung der Idee des Sozialismus ist in den neuen Bundesländern noch tief verwurzelt. Zusammen mit dem Mythos des Antifaschismus und anderem SED-Gedankengut wird einerseits eine endgültige Aufarbeitung des Nationalsozialismus blockiert und andererseits eine Tendenz zur Verklärung des SED-Staats deutlich.« Auch sie forderten darum, daß der Antifaschismus als Legitimation des DDR-Systems abzulegen sei, »insofern er auf einer Theorie basierte, die den originären Antagonismus zwischen feindbildbetonter totalitärer Zwangsherrschaft und liberaler Demokratie nicht nur unterschlug, sondern beide sogar in ein Verwandtschaftsverhältnis setzte.«

Deshalb verbreitete 1991 die Bundeszentrale für politische Bildung: »Auf Anweisung der sowjetischen Besatzungsmacht wurde der ›Antifaschismus‹ zu einer der ideologischen Grundorientierungen des in der SBZ und später in der DDR errichteten Systems«.

Folglich wird die konsequente antifaschistische Erziehung und Bildung sowie die Erinnerung an die Opfer des antifaschistischen Kampfes als »verordneter Antifaschismus« diskreditiert und der reale Antifaschismus zum »Mythos« erklärt.

Dem Staatsvolk der DDR sei ein ahnungsloses, antifaschistisches Selbstverständnis »verordnet« worden. Bei Paul Ostberg heißt es in *antiFa* 5/1992: »Die Erinnerung an den Widerstand gegen den Nationalsozialismus erstarrte in der DDR zum staatserhaltenden Ritual. Ein Mythos wurde beschworen, der zudem die lebendige Beschäftigung mit der Vergangenheit verstellte.« Auch Ralph Giordano bekräftigte 1992, der »staatlicherseits ›verordnete Antifaschismus‹« hätte »jede wirkliche Aufarbeitung des NS-Erbes in der DDR verhindert«.

Diese Behauptung ist so kühn wie falsch und läßt sich, wenngleich Ironie bei diesem Thema ein wenig deplaziert wirkt, nur damit erklären, daß entsprechende Arbeiten etwa der DDR-Historiographie einfach nicht zur Kenntnis genommen wurden.

Der Grund für das ignorante Verhalten der vermeintlich neutralen und unparteiischen Geschichtswissenschaft ist wohl weniger in ihrer eingeschränkten Wahrnehmung, sondern wohl mehr darin zu suchen, daß DDR-Historiker zum Kern dieser kapitalistischen Gesellschaft vorstießen. Ein Hauptgegenstand der DDR-Forschung auf diesem Felde war: 1. Kriegsursachen, 2. die an der Front, im besetzten Gebiet und im deutschen Hinterland begangenen Verbrechen und 3. die Kriegsziele. Die »DDR-Historiographie trug dazu bei, den Krieg als die entfesselte Herrschaft gesellschaftlicher Widersprüche darzustellen. Sie ließ keinen Zweifel daran, daß es die Führungsschichten des Naziregimes, in einer Arbeitsteilung operierend, gewesen waren, die den bereits im Weimarer Staat eingeschlagenen Kurs zum 1. September 1939 hin getrieben hatten. Diese waren in den Krieg nicht hineingeschlittert. Sie hatten ihn gewollt«, erklärte Kurt Pätzold am 8. Mai 2000 in der *jungen Welt*.

Man muß heute daran erinnern, daß die DDR beispielsweise neben dem Prozeß gegen die Hauptkriegsverbrecher sechs der zwölf Nürnberger Prozesse, die vom USA-Militärgericht durchgeführt wurden, in Auswahlbänden dokumentierte: Fall 3: Juristen; Fall 4: Pohl; Fall 5: Flick; Fall 6: IG-Farben; Fall 7: Geiselmord; Fall 9: SS-Einsatzgruppen; Fall 12: OKW.

Die DDR publizierte die Dokumentation »Europa unterm Hakenkreuz. Die Okkupationspolitik des deutschen Faschismus (1938 bis 1945)« in acht Bänden (ab 1990 Dank der Übernahme der Herausgeberschaft durch den Präsidenten des Bundesarchivs). Die DDR brachte die sechsbändige Darstellung »Deutschland im Zweiten Weltkrieg« heraus. Und Dietrich Eichholtz vollendete in den 90er Jahren sein dreibändiges Mammutwerk zur Kriegswirtschaft des Dritten Reiches, das im wesentlichen noch zu DDR-Zeiten entstanden war. Und so weiter.

Statt diese substantiellen Formen der angeblich nicht erfolgten Auseinandersetzung zur Kenntnis zu nehmen, werden antifaschistische Gedenkstätten der DDR seit 1990 »umgewidmet«. Aus »Den Opfern des Faschismus und Militarismus« wird »Den Opfern von Krieg und Gewaltherrschaft«. So die neue Inschrift im Mahnmal »Neue Wache« in Berlin, Unter den Linden. Ein weiteres Beispiel solcher »Umwidmung«: Auf dem Friedhof der mecklenburgischen Kleinstadt Crivitz steht eine »Kapelle des Todesmarsches«. Sie erinnert daran, daß zahllose Häftlinge der Konzentrationslager Ravensbrück und Sachsenhausen am Ende des Krieges von der SS bei »Evakuierungsmärschen« getötet wurden. 1991 wurde dort folgender Text angebracht: »Kapelle des Todesmarsches der KZ-Lager Sachsenhausen und Ravensbrück. Den Opfern faschistischer Willkür und ideologischer Anmaßung 1933-1945-1989. Stadt Crivitz und Stiftung Kulturfonds Berlin 1991. Dona Nobis Pacem.«

Welcher Idiotie antikommunistischer Haß fähig ist, zeigt u. a. die Tatsache, daß man die Büste des von den Nazis ermordeten Kommunisten Walter Krämer (1892-1941), der als »Arzt von Buchenwald« bekannt wurde, nach der »Wende« in der DDR »wegsäuberte«. Krämer wurde im Jahre 2000 auf Antrag der israelischen

Holocaust-Gedenkstätte »Yad Vashem« postum der Titel »Gerechter der Völker« verliehen. Er wurde damit in den Kreis derer aufgenommen, die während der Naziherrschaft jüdischen Bürgern geholfen und ihnen das Leben gerettet haben.

Und das Militärgeschichtliche Forschungsamt ging 1999 absichtsvoll der Frage »nach Kontinuität und Neubeginn im militärischen Bereich nach 1945« nach und befand, daß die »bis heute postulierte ›antifaschistische‹ Legitimation der Nationalen Volksarmee in der zweiten deutschen Diktatur« ein Problem »von besonderer Relevanz« sei.

Das Bestreiten der Legitimität der DDR aus ihrem Antifaschismus heraus und das schlechte Gewissen jener, deren eigener Staat nie auf einer konsequent antifaschistischen Grundlage gestanden hat, sind zwei Seiten einer Medaille.

Stefan Bollinger und Fritz Vilmar haben recht, wenn sie in ihrem 2002 erschienenen Buch »Die DDR war anders« erklären, die westdeutsche »Aneignung« der DDR-Geschichte diene zum einen der Selbstrechtfertigung, zum anderen sei es eine »Enteignung« der Ostdeutschen, denen dadurch die Erinnerungs- und Lebensgeschichte genommen werden soll.

3. Wo Nazis nach 1945 ihre wahre »Heimstatt« fanden

*Geschichte ist eben nicht nur und nicht einmal
in erster Linie Aufarbeitung der Vergangenheit,
sondern vor allem Vehikel
zur Gestaltung der Gegenwart und Zukunft.*
Herbert Hörz, 2002

Mit dem Hinweis, man dürfe die Fehler bei der »Integration« der Ostdeutschen nicht wiederholen, die beim Aufbau der Bundesrepublik begangen wurden, ging man rigoros gegen Staatsdiener und Staatsnahe der DDR vor, allen voran gegen inoffizielle und hauptamtliche Mitarbeiter des MfS. Mit dieser Erklärung provozierte man zunehmend bei Nachgeborenen die Frage: Welche Fehler hat man denn bei der Gründung der Bundesrepublik begangen? Bislang waren diese vierzig Jahre zwischen 1949 und 1989 doch als eine makellose Erfolgsstory von Freiheit und Demokratie erzählt worden?

Die undifferenzierte, antikommunistisch geprägte Verdammung der DDR erweist sich zunehmend als Bumerang: Er kehrt zurück als Debatte um Vergangenheit und aktuelle Verfaßtheit der (west-)deutschen Gesellschaft. Das »Braunbuch« aus der DDR findet plötzlich wieder Aufmerksamkeit. Die ARD fragt nach Hitlers Eliten – aber nicht wie bislang, was diese *vor* 1945 taten, sondern wo sie *nach* 1945 unterkamen. Die Auseinandersetzung um die DDR, so merken immer mehr Menschen, war ein bewußt gesuchter Nebenkriegsschauplatz. So lange sich das Augenmerk auf den »Unrechtsstaat« richtete, blickte man nicht auf den viel größeren Schlachtplatz. Die eigentliche Frage lautet beispielsweise nicht: Wie staatsnah und unabhängig war der Richter Müller aus Leipzig, sondern: Warum konnte ein Altnazi wie Filbinger Ministerpräsident in einem Bundesland werden und der Auffassung folgen, was bis 1945 Recht war, könne auch nach 1945 kein Unrecht sein.

»Die deutsche Justiz fällte in der nationalsozialistischen Zeit mindestens 32.000 Todesurteile«, schrieb der für seine Arbeiten zum Faschismus mit der Ehrendoktorwürde der Universität Amsterdam ausgezeichnete Berliner Publizist Jörg Friedrich in seinem Buch »Freispruch«: »Über 30.000 Todesurteile fallen in die Zeit zwischen 1941 und 1944. Vom Jahr der Kriegswende, 1942, an, töteten die deutschen Richter durchschnittlich 720 Personen im Monat. Dies ist mehr als doppelt soviel wie im Ersten Weltkrieg innerhalb von vier Jahren. (291 Todesurteile im Militär- und Zivilbereich).«

Dieser schaurige Umstand wurde jedoch nicht als Anlaß zu kritischer Selbstbefragung genommen, sondern zur Kampfansage.

»Der Autor zeichnet auf, wie die Bundesrepublik an der Bewältigung des Justizunrechts der Nazizeit versagte. Daran ist gerade heute zu erinnern, wo wir uns fragen, ob dem Freispruch der NS-Justiz auch das Verdrängen und Beschönigen des SED-Unrechts folgen muß«, erklärte ein Rudolf Wassermann.

Und Günter Spendel: »Jörg Friedrichs Buch bleibt aktuell und mahnt, die mißlungene Ahndung des NS-Justizverbrechens im Umgang mit dem DDR-Justizunrecht nicht zu wiederholen.«

Der »Fehler«, der keiner war

Tatsächlich war die mangelnde Konsequenz bei der Verfolgung von NS- und Kriegsverbrechern kein Fehler. Man brauchte, wie Klaus Fritzsche 1989 in einem in Frankfurt am Main verlegten Buch (»Gegen Barbarei«) zutreffend urteilte, ehemalige Nazis als antisozialistisches Potential. »Zweifellos war es für den Aufstieg im bundesdeutschen Establishment besser, im ›Dritten Reich‹ *dafür* als *dagegen* gewesen zu sein.«

Die Nazis ahnten bereits zum Zeitpunkt der Niederlage des deutschen Faschismus, daß sie bald von den westlichen Alliierten gegen »den Osten« gebraucht werden würden. Churchill räumte ja selber ein, »die falsche Sau« geschlachtet zu haben. Die Partei-Bonzen, führende SS- und Gestapo-Leute waren vor der Roten Armee in den Westen geflohen. Nicht nur aus Angst vor der verständlichen Rache und wegen der Hoffnung auf mildere Behandlung durch Amerikaner und Briten. Sie ahnten, daß die Sowjets das Potsdamer Abkommen und den Auftrag zur Entnazifizierung schon aus Gründen des Selbstschutzes ernstnahmen.

»In der sowjetischen Besatzungszone«, schrieb Karl-Heinz Schöneburg 1966, waren »in den Jahren 1945 bis 1948 aus den verschiedenen Dienststellen, Behörden, Ämtern, Unternehmungen usw. insgesamt 520.000 Nazis entfernt« worden.

1965 hieß es in einer in der DDR erschienenen Dokumentation zur Haltung der beiden deutschen Staaten zu den Nazi- und Kriegsverbrechen: 1948 waren in der SBZ von deutschen Gerichten 5.422 Personen verurteilt worden, während in den Westzonen zu diesem Zeitpunkt mit einer um das dreifache größeren Bevölkerungszahl »und einer entsprechend höheren Zahl alter Nazis … nur 6.450 Personen verurteilt« worden waren. Seit dem 30. November 1945 sind auf dem Gebiet der Westzonen/BRD von deutschen Staatsanwaltschaften gegen rund 105.000 Personen Ermittlungsverfahren eingeleitet worden. Hiervon wurden 6.488 Angeklagte rechtskräftig verurteilt. Ausgesprochen wurden (vor dem Inkrafttreten des Grundgesetzes) 12 Todesstrafen, 163 lebenslange Freiheitsstrafen, 6.198 zeitige Freiheitsstrafen und 114 Geldstrafen. Bei 91.466 Personen wurden die Verfahren eingestellt oder endeten mit Freispruch. Verfahrenseinstellungen erfolgten »ohne jede Kontrolle der Öffentlichkeit«, wie Günther Schwarberg kritisch feststellte.

Von den Gerichten der SBZ/DDR wurden bis zum 2. Oktober 1990 wegen NS-Verbrechen 12.881 Personen rechtskräftig verurteilt. Selbst wenn man die in den umstrittenen Waldheimer Prozessen Verurteilten aus dieser Zahl herausnimmt, bleiben in der DDR 9.442 Verurteilungen übrig.

(Der Vollständigkeit halber, obwohl die Zahlenangaben in verschiedenen Quellen differieren, seien noch jene Prozesse genannt, die von den Alliierten Militärgerichten durchgeführt wurden. Neben dem Prozeß gegen die Hauptkriegsverbrecher führten die USA zwölf Nürnberger Nachfolgeprozesse durch, in denen gegen 185 Personen Anklage erhoben wurde. Verhandelt wurde gegen 177 – 4 Angeklagte begingen Selbstmord, 4 wurden für verhandlungsunfähig erklärt. »24 Angeklagte wurden zum Tode verurteilt,

20 zu lebenslänglicher Haft und 98 zu Freiheitsstrafen zwischen 18 Monaten und 25 Jahren. Freispruch erging in 35 Fällen. Von den zum Tode Verurteilten wurden 12 hingerichtet, 1 an Belgien ausgeliefert [dort verstorben], 11 zu lebenslänglicher Haft begnadigt. Mit Gnadenerlaß vom 31. Januar 1951 setzte US-Hochkommissar McCloy zahlreiche Strafen herab.« [Friedemann Bedürftig/Christian Zentner: Das große Lexikon des Dritten Reiches, Augsburg 1993, S. 424 f.] Ferner wurden auf der Grundlage des Kontrollratsgesetzes Nr.10 durchgeführt: USA: 489 Prozesse mit 1.672 Angeklagten; verkündet wurden 400 Todesurteile, von denen ca. 300 vollstreckt wurden [Gerd R. Ueberschär: Der Nationalsozialismus vor Gericht, Die alliierten Prozesse gegen Kriegsverbrecher und Soldaten 1943-1952, Frankfurt a. M. 1999, S. 229]; Frankreich: 2.107 Angeklagte, 104 Todesurteile; Großbritannien: 1.085 Angeklagte, 240 Todesurteile [DB, 4. Wahlperiode, Drs. IV/3124 vom 26.2.1965]; UdSSR: 17.175 Verurteilte [Günther Wieland: Der Beitrag der deutschen Justiz zur Ahndung der in den besetzten Gebieten verübten Verbrechen. In: Europa unterm Hakenkreuz, Bd. 8, S. 356]).

Bei Kriegsende gab es auf dem Gebiet der Sowjetischen Besatzungszone 39.348 Lehrer und Lehrerinnen. Davon hatten zwei Drittel, exakt 28.719, der NSDAP angehört. Ungefähr 25.000 gingen in die Westzonen, weil sie in der SBZ auf Grund ihres Verhältnisses zur NSDAP aus ihren Positionen entfernt worden waren, »während man sie in den Westzonen alsbald wieder einstellte. Der Einfluß dieser faschistischen Lehrer auf die politische Atmosphäre in der BRD kann nicht unterschätzt werden«, meinte Reinhard Kühnl aus Marburg 1980.

Und Michael Jäger schrieb im *Freitag* 5/2000: »Mit der CDU Konrad Adenauers ergriff vor allem der deutsche Katholizismus die politische Macht. Seine verschiedenen Soziallehren wurden den Wahlbürgern als Wahrheit aufgedrängt, dabei hätte man ja auch an die vatikanische Verwicklung in Hitlers ›abendländische‹ Abwehr des Bolschewismus erinnern können. Diese Verwicklung setzte sich sogar fort. Die CDU war eine Formation des Übergangs, in der beträchtlich viele Leute, die faschistisch oder faschistoid gewesen waren, sich nach und nach zu westlichen Formaldemokraten umerziehen ließen. Sie ließen sich das gefallen, weil sie sich immer noch als antibolschewistisches Bollwerk fühlen durften.«

Werner Moche kennzeichnet in der *taz* vom 22. Januar 1990 die Situation wie folgt: »Wir leben in einem Land, in dem es ohne weiteres möglich und normal war, daß ehemalige Mitglieder der NSDAP führende Ämter und Stellungen in Politik, Justiz und Wirtschaft einnehmen konnten. Und es waren nicht nur ›einfache‹ Mitglieder. Ein ›furchtbarer Richter‹ konnte Ministerpräsident von Baden-Württemberg werden (Herr Filbinger), ein Kommentator der ›Nürnberger Gesetze‹ (1935) konnte Staatssekretär im Bundeskanzleramt und engster Berater des Kanzlers werden (Herr Globke). Ehemalige Mitglieder der NSDAP konnten Bundeskanzler und Bundespräsidenten werden. Alle diese Menschen wurden (und werden) als durchaus geeignet angesehen, in einem demokratischen Staat hohe und höchste Ämter zu bekleiden. Immer war die bundesrepublikanische ›Lesart‹: Sie waren nicht verantwortlich für die Naziverbrechen; was konnte man damals als einfaches Mitglied schon tun?« usw.

Neuerdings liest und hört man es ganz anders, nämlich: »Die SED hat abgewirtschaftet, auch einfache Mitglieder sind mitverantwortlich, also dürfen sie nicht in eine demokratische Regierung. Wie sind solche unterschiedlichen Beurteilungen möglich, besonders wenn man bedenkt, daß Mißwirtschaft, Rechtsverletzungen und Unterdrückung durch die SED wohl kaum mit den Verbrechen der Nazis auf eine Stufe zu stellen sind? Ich bin kein Kommunist, noch nicht einmal ein ›Sympathisant‹, aber ich habe noch ein wenig Sinn für historische Wahrhaftigkeit, und ich habe die historischen Tatsachen nicht einfach vergessen.«

Man muß dem in diesem Leserbrief Geschilderten noch einen weiteren Aspekt hinzufügen. Mit zunehmender Intensität und steter Regelmäßigkeit wird betont, eine der demokratischen Höchstleistungen der alten BRD und insbesondere der politischen Meisterschaft Adenauers hätte darin bestanden, die Nazis in die BRD integriert und zu wahren Musterdemokraten gewendet zu haben, da man eben auch nicht ohne den Sachverstand dieser Experten ausgekommen sei. Der Reichtum der BRD und ihre politische Stabilität sei nicht zuletzt diesen Experten zu danken.

Oftmals wird ergänzt, die DDR sei mit den Nazis faktisch ebenso verfahren. Auch die DDR hätte die Nazis nach politischem Bedarf und Kalkül tätig werden lassen, weshalb auch dem Antifaschismus kein echtes Anliegen, sondern bloße ideologische Machtrechtfertigung der SED-Spitze zugrunde gelegen habe. Nach Ansicht von Siegfried Stadler, der in der FAZ vom 14. Februar 1998 unter der Überschrift »Brauner Rock, rote Socken« seine Sicht zum besten gab, habe es eine »spezifisch ostdeutsche Bewältigungsstrategie des Antifaschismus« gegeben. Dieser habe aus Zuckerbrot und Peitsche bestanden. »Er erlaubte Enteignung und Bestrafungen, wobei der Vorwurf ›Faschist‹ willkürlich handhabbar war. Sein Angebot bestand andererseits in einem großzügigen Schlußstrich – unter der Voraussetzung, daß man sich dem ›Neuanfang‹ nicht verschloß, den die zweite deutsche Diktatur verhieß. Insofern galt es möglicherweise als Erfolgsbilanz, daß Mitte der fünfziger Jahre sich die SED zu fast einem Drittel aus ehemaligen NSDAP-Mitgliedern zusammensetzte.«

Die Historikerin Wilfriede Otto hingegen ermittelte rund 175.000 »ehemalige Offiziere, Oberfeldwebel, Feldwebel und Angehörige der NSDAP oder ihrer Formationen«. Und das bei insgesamt etwa anderthalb Millionen SED-Mitgliedern (und Kandidaten) im Dezember 1950. Über 200.000 kamen übrigens aus amerikanischer oder englischer Kriegsgefangenschaft, etwa 84.000 waren in sowjetischer.

4. Was beweisen Untersuchungen über die Integration ehemaliger Mitglieder der NSDAP?

Die SED-Führung hat westliche Dokumentationen mit den Namen von ehemaligen Nazis in mehr oder weniger wichtigen Positionen der DDR-Gesellschaft totgeschwiegen, aber keineswegs ignoriert. »Nach dem Erscheinen solcher Publikationen erfolgten durch die HA IX/11 umfassende Prüfungen zumeist im Rahmen speziell angelegter Vorgänge (SV 1/79, 3/82, 14/83)«, schrieben Generalmajor a. D. des MfS Dr. Karli Coburger und Oberstleutnant a. D. des MfS Dieter Skiba in ihrem Beitrag im Doppelband »Die Sicherheit«. Jedoch: »Nicht in einem einzigen Falle konnte bei den namhaft gemachten ›Nazis in der DDR‹ ein Tatverdacht der Beteiligung an NS-Verbrechen zweifelsfrei nachgewiesen werden.«

Und dennoch hat die SED-Spitze niemals dementiert. Das war die typische Vogel-Strauß-Methode der DDR: Tatsächlich oder scheinbar Unangenehmes wurde nicht öffentlich verhandelt. Das Schweigen wurde als Schuldeingeständnis gewertet – vor allem nach 1990. Vorwurfsvoll merkte darum der ostdeutsche Historiker Mario Keßler in seinem Buch »Die SED und die Juden« an: »Die DDR-Presse führte, oft mit vielen Einzelheiten, die nationalsozialistische Vergangenheit prominenter Politiker und Wirtschaftsführer der Bundesrepublik an. Doch arbeiteten ehemalige Nazis auch in der DDR an verantwortlicher Stelle.«

An anderer Stelle geht Keßler 1995 sogar soweit zu erklären: »Es ist kaum zuviel gesagt, wenn man festhält, daß sich durch eine ›Dosis‹ Antisemitismus des Regimes [*gemeint ist die DDR– D. J.*] sogar ehemalige kleine Nazis, Mittäter (nicht Mitläufer!) der Hitlerdiktatur in gewisser Weise ›rehabilitiert‹ fühlen konnten. Dies kann man freilich nicht mit Zitaten belegen.«

Jüngere PDS-Funktionäre (Matthias Gärner, Angela Marquardt und Halina Wawziniak) erklärten in ihrem Beitrag im *Neuen Deutschland* »Grenzen einer Logik: Helmut Kohl ist kein Linksradikaler« am 8. Mai 1999, Nazis hätten in der DDR Karriere machen können: »Es stimmt, daß in der BRD die NS-Geschichte nie aufgearbeitet wurde, daß eine Karriere unter Hitler nicht hinderlich war für eine Karriere unter Adenauer. Aber – mal abgesehen davon, daß gerade letzteres auch in der DDR nicht zwangsläufig ein Manko darstellte – dies ist nur eine Seite der Medaille.« Die Gnade der späten Geburt schützt, wie man sieht, weder vor Unkenntnis noch vor der Gefahr, dem oberflächlichen Zeitgeist zu erliegen.

Hermann Weber betonte zwar, daß mit der rigorosen Ausschaltung der Nationalsozialisten aus dem öffentlichen und beruflichen Leben die SMAD »eine weitgehende Entnazifizierung« erreichte. Aber 1999 ging er hinter seine früheren Feststellungen zurück und erklärte, daß »in beiden deutschen Staaten ehemalige Nazis wieder Funktionen« erhielten. Es zeige sich angeblich, »daß auch in der DDR NS-Tradition und Militarismus durchaus noch Spuren hinterlassen hatten«.

Der PDS-Europaabgeordnete André Brie verstieg sich im Sommer 2000 in einem Interview mit Blick auf den aktuellen Rechtsextremismus im Osten Deutschlands und dessen Ursachen gar zu der Behauptung: »Die DDR hat einen Antifaschismus postuliert, der nicht demokratisch erstritten wurde. In den konnte 1945 jeder problemlos reinschlüpfen.«

Interne Analysen von SED-Organen und des MfS aus den 50er Jahren über die Anzahl ehemaliger NSDAP-Mitglieder in der SED, den Kampfgruppen oder/und Leitungsgremien der Volkseigenen Betriebe veröffentlichte der *Spiegel* im Mai 1994 als Beleg für die These, wegen der inhaltlichen Gemeinsamkeiten von NSDAP und SED habe nur ein Stellungswechsel der Mitglieder von »Braun« nach »Rot« stattgefunden. Das Nachrichtenmagazin verfuhr m. E. wie stets nach der Methode, nur jene Fakten zu bringen, die die eigene Hypothese stützen – Gegenteiliges wird weggelassen. In diesem Falle die kritische Wertung eben jener Gremien, die damals die Zahlen zusammengetragen hatten. Sie wiesen ausdrücklich auf die Gefahren einer solchen Personalkonzentration hin. Vor allem nach dem 17. Juni 1953 wurde untersucht, ob möglicherweise in der sozialen Zusammensetzung der Betriebskollektive und Herkunft der Mitglieder politischer Sprengstoff sich angehäuft habe.

Abgesehen davon: An den Schalthebeln der Macht saßen jene Leute in der DDR nicht. Im Unterschied zur Bundesrepublik. »Unter den Kanzlern und Ministern in Bonn bildeten Widerstandskämpfer, Naziopfer und Emigranten die Ausnahme, in der Führungsspitze Ost-Berlins waren sie die Regel. Die Politiker der Bundesrepublik hatten in ihrer Mehrzahl das ›Dritte Reich‹ mitgetragen oder in irgendwelchen Nischen überstanden. Die Kommunisten hatten die größten Blutopfer gebracht; der Kampf und Widerstand gegen Hitler bildeten die prägende Erfahrung der Generation, die nach 1945 in Ost-Berlin an die Macht gelangte.« So urteilte 1996 Peter Bender in seinem 1996 in 2. Auflage erschienenen Buch »Episode oder Epoche? Zur Geschichte des geteilten Deutschland«.

Die Totalitarismustheorie ist für die wissenschaftliche Analyse ebenso unbrauchbar wie das als »Vergleichen« getarnte Gleichsetzen von »brauner« und »roter Diktatur«.

Die Fragwürdigkeit eines solchen Herangehens demonstrierte Hans Christoph Buch in der *taz* vom 3. Februar 1992. Um »Parallelen von Nazismus und Stalinismus« zu behaupten, meinte er, daß das »zeitweilige Bündnis« zwischen Hitler und Stalin »Ausdruck ihrer gegen die bürgerlichen Demokratien des Westens gerichteten Politik« gewesen sei. Diese These ist absurd.

Stalin – wie sehr man seine Sozialismusvorstellungen, die im Stalinismus mündeten, auch ablehnen und verurteilen muß –, war gegen die kapitalistische Gesellschaftsordnung. Hitler hingegen war nie ein Antikapitalist, weshalb er in seiner Rede zur Begründung des Ermächtigungsgesetzes auch erklärte: »Grundsätzlich wird die Regierung die Wahrnehmung der wirtschaftlichen Interessen des deutsche Volkes nicht über den Umweg einer staatlich zu organisierenden Wirtschaftsbürokratie betreiben, sondern durch stärkste Förderung der Privatinitiative unter Anerkennung des Privateigentums« (Nachzulesen in: Verhandlungen des Reichstags. VIII. Wahlperiode 1933. Bd. 457. Stenographische Berichte. 2. Sitzung vom 23. März 1933, S. 28). Die Errichtung der faschistischen Diktatur durch Hitler stützte und schützte die Existenz des

Kapitalismus in Deutschland, die am Ende der Weimarer Republik durch die bürgerliche Demokratie als Staatsform der politischen Herrschaft des Kapitals nicht mehr hinreichend gesichert zu sein schien.

Mindestens ebenso fragwürdig ist darum die Gleichsetzung einer Mitgliedschaft in der NSDAP und in der SED, die zum »Beweis« für die Nazifizierung der SED genommen wird. So wenig wie ehemalige NSDAP-Mitglieder, die einer der DDR-Blockparteien beitraten, diese nazifizierten, so gering war die »Faschismusgefahr«, die von jenen ausging, welche in verschiedenen Staatsorganen oder Institutionen der DDR tätig waren – als Angehörige der NVA, als Journalisten oder als Hochschullehrer.

Abgesehen vom tatsächlichen Gesinnungswandel dieser Personen waren die gesellschaftlichen Verhältnisse, die ein Fortwirken nazistischen Gedankengutes zur Folge hätten haben können, grundsätzlich andere.

Der Berliner Strafrechtler Volkmar Schöneburg wurde dafür angegriffen, daß er die antifaschistische Legitimation der DDR verteidigte. Er hatte recht, wenn er in seinem Beitrag für das Handbuch »Die SED« (1997) meinte, daß »Rechtsdenken und Rechtspraxis … 1945 in der SBZ als völliger Bruch mit der Theorie und Praxis des nazifaschistischen Staates« verstanden wurden. Der Angriff gegen Schöneburg wurde von einem Rezensenten im Berliner *Tagesspiegel* vom 8. Dezember 1997 damit begründet, daß »der Name ihres [*der DDR – D. J.*] Generalstaatsanwalts Ernst Melsheimer … im Handbuch zwar einmal genannt (wird), aber ohne jeden Hinweis auf seine NS-Vergangenheit; bei Schöneburg kommt er überhaupt nicht vor. Für ihn war – die Waldheimer Prozesse ausgenommen – ›die Durchführung der Mehrzahl der Prozesse gegen Nazi- und Kriegsverbrecher unanfechtbar‹.«

Ein Melsheimer (auf ihn komme ich später noch zurück), der keine Nazi- und Kriegsverbrechen begangen hat, als »Beweis« für den Nazismus der DDR!

5. Wie sollte man nach 1945 mit Nazi-Anhängern umgehen?

Wie war die Lage im Jahr 1945? Es gab einerseits Täter, die aktiv an den Verbrechen des deutschen Faschismus mitgewirkt und diesen erst möglich gemacht hatten. Andererseits gab es das Heer von Mitläufern, das der Nazipropaganda erlegen war. Millionen Deutsche hatten sich der NSDAP angeschlossen, ohne selbst aktive Nationalsozialisten geworden zu sein. Sie stellten das Gros der Hitler-Anhänger. »Niemand wird ernsthaft behaupten, in der Zeit der Naziherrschaft habe es nennenswerte Unterschiede im Verhalten der Ost- und der Westdeutschen gegenüber dem Staat gegeben: Die begeisterte Zustimmung war im Schwarzwald wohl kaum schwächer als im Thüringer Wald, die Bereitschaft zur Unterordnung in Frankfurt am Main kaum kleiner als in Frankfurt an der Oder, der antifaschistische Widerstand war in Sachsen genauso winzig wie der in Niedersachsen.« So urteilte Jurek Becker im September 1993 im *Spiegel*. Wohl wahr, die Geographie hatte noch nie primär Einfluß darauf, hinter welcher Fahne einer trottete.

Und deshalb galt das Potsdamer Abkommen vom 2. August 1945 für ganz Deutschland. Die Gesetzgebung des Alliierten Kontrollrats und die Rechtsvorschriften der Besatzungsmächte für ihre Besatzungszonen zielte landesweit auf Überwindung des Nazismus und Militarismus. Das Ziel alliierter Besatzungspolitik in Deutschland war neben der Entmilitarisierung und Demokratisierung die Entnazifizierung und die Bestrafung der Kriegsverbrecher.

Im Potsdamer Abkommen heißt es im Abschnitt III (Über Deutschland): »5. Kriegsverbrecher und jene, die an der Planung oder Verwirklichung nazistischer Maßnahmen teilgenommen haben, die Greueltaten oder Kriegsverbrechen nach sich zogen oder zum Ergebnis hatten, sind zu verhaften und vor Gericht zu stellen. Nazistische Führer, einflußreiche Nazianhänger und das leitende

Personal der nazistischen Einrichtungen und Organisationen sowie alle anderen Personen, die für die Besetzung und ihre Ziele gefährlich sind, sind zu verhaften und zu internieren. 6. Alle Mitglieder der nazistischen Partei, die mehr als nominell an ihrer Tätigkeit teilgenommen haben, und alle anderen Personen, die den alliierten Zielen feindlich gegenüberstehen, sind aus dem öffentlichen oder halböffentlichen Dienst und von verantwortlichen Posten in wichtigen Privatunternehmen zu entfernen. Diese Personen müssen durch Personen ersetzt werden, die nach ihren politischen und moralischen Eigenschaften für fähig befunden werden, an der Entwicklung wahrhaft demokratischer Einrichtungen in Deutschland mitzuwirken.«

Der Alliierte Kontrollrat bestimmte am 20. Dezember 1945 mit dem Kontrollratsgesetz Nr. 10 die Tatbestände der Kriegsverbrechen, Verbrechen gegen Frieden oder die Menschlichkeit sowie die Strafen für diese Verbrechen, definierte am 12. Januar 1946 diesen Personenkreis genauer und erließ am 12. Oktober 1946 eine gemeinsame Richtlinie für ganz Deutschland, nach der die Kriegsverbrecher, Nationalsozialisten, Militaristen und Industriellen, die das nationalsozialistische Regime gefördert und gestützt hatten, bestraft bzw. beurteilt werden sollten.

Die Direktive Nr. 38 unterschied fünf Gruppen: »1. Hauptschuldige, 2. Belastete (Aktivisten, Militaristen und Nutznießer), 3. Minderbelastete (Bewährungsgruppe), 4. Mitläufer, 5. Entlastete (Personen der vorstehenden Gruppen, welche vor einer Spruchkammer nachweisen können, daß sie nicht schuldig sind).«

Der Entnazifizierung im eigentlichen Sinne wurden die Angehörigen der Kategorien 2 bis 4 unterworfen.

Einerseits ging es um die Bestrafung der Naziverbrecher und andererseits um die Läuterung und Integration der Mitläufer in die neuen, zunächst durchaus in allen Besatzungszonen antifaschistisch geprägte Gesellschaft. Der Historiker Wolfgang Benz schreibt, daß die Entnazifizierung in der Praxis bereits vor dem Erlaß der Kontrollratsdirektive in Gang gekommen sei, wobei die vier Alliierten in ihren Besatzungszonen unterschiedlich verfuhren. »Die Briten handhaben das Problem am laxesten, in der französischen Zone gab es regionale Unterschiede, in beiden Zonen wurde die Entnazifizierung pragmatisch betrieben mit dem Ziel, die Funktionseliten auszuwechseln. In der sowjetischen Besatzungszone wurde am konsequentesten entnazifiziert und die Prozedur am schnellsten beendet, sie stand auch in engem Zusammenhang mit dem Umbau des ganzen Gesellschaftssystems, wie ihn die sowjetische Besatzungsmacht betrieb. Ende 1946 wurde zoneneinheitlich verfahren, NSDAP-Mitglieder, die mehr als nominell aktiv gewesen waren, wurden mit Entlassung aus öffentlichen Ämtern und anderen wichtigen Stellungen bestraft, zusätzlich mußten, je nach Kategorie, Arbeits-, Sach- und Geldleistungen erbracht, Kürzungen der Versorgungsbezüge, Einschränkung der Versorgung hingenommen werden, und die politischen Bürgerrechte wurden entzogen. Auch nur nominelle Nazis (›Mitläufer‹) durften nur nachrangig beschäftigt werden. Die letzte Phase der Entnazifizierung begann in der Ostzone im August 1947, als die Sowjetische Militäradministration befahl, mit dem Ziel der baldigen Beendigung (Frühjahr 1948) die Rehabilitierung der Minderbelasteten zu betreiben. Das Ziel war mit der Räumung wichtiger Positionen im öffentlichen Dienst, der Industrie und Wirtschaft erreicht.

Im Gegensatz zu den Westzonen blieben Entlassungen auf zwei Gebieten definitiv. Die innere Verwaltung war von ehemaligen Nationalsozialisten vollständig gesäubert worden, ebenso die Justiz. Dort hatte man 90 Prozent des Personals entlassen, die Mühen, ganz neue Leute auszubilden, und die daraus entstehenden Engpässe nahm man bewußt in Kauf.« So Benz in seinem 1993 in München in 3. Auflage erschienenen Band »Legenden, Lügen, Vorurteile. Ein Wörterbuch zur Zeitgeschichte«.

In der amerikanischen Zone, so Benz weiter, wurde ein riesiger bürokratischer Aufwand betrieben. 13 Millionen Fragebögen wurden ausgefüllt, deren Auswertung und Folgen in keinem Verhältnis zum Aufwand standen. »Ab Frühjahr 1948 wurde die Entnazifizierung, im Zeichen von Kaltem Krieg und Wiederaufbau, in der US-Zone hastig zu Ende gebracht. Diskreditiert blieb das Säuberungsverfahren in jedem Fall, auch deshalb, weil überall Fachleute durchkamen, die für bestimmte Funktionen unentbehrlich schienen.«

6. Warum in Westdeutschland auch Nazi-Aktivisten »integriert« werden konnten

Es war insofern kein Kunststück, die aktiven wie passiven Nazis für die westzonale und später bundesdeutsche Demokratie zu gewinnen. Beide Gesellschaftsordnungen, die vor 1945 und die nach 1945, fußten auf demselben Wirtschaftssystem. Das »Bertelsmann Lexikon Geschichte« (Ausgabe 1991) bestätigt das auch ausdrücklich. Faschismus ist »ein politisches System, das gekennzeichnet ist durch antiparlamentarische, oft antisemitische, totalitäre Führerstaatstendenzen und sich vielfach einer sozialrevolutionären Ausdrucksweise bedient. Der an die Macht gelangte Faschismus läßt jedoch die bestehende Gesellschaftsordnung grundsätzlich unangetastet ... Der herrschende Faschismus sucht ... den Ausgleich mit dem Großkapital, während er demokratisch-unabhängige Arbeiterorganisationen (Gewerkschaften, Arbeiterparteien) zerstört bzw. verbietet«.

Genau diese Hintergründe und Zusammenhänge waren grundsätzlicher Bestandteil der Erforschung des Faschismus durch die DDR-Geschichtswissenschaft. Es mutet daher eigenartig an, wenn im »Handbuch zur deutschen Einheit« 1996 erklärt wurde, daß die »Geschichtsinterpretationen und historischen Instrumentalisierungen der SED-Führung ... nicht nur eine spezifische-sozialistische DDR-Identität aufbauen (sollten), sie mußten gleichzeitig die offene Auseinandersetzung mit der NS-Vergangenheit verhindern und zusätzlich das eigene System legitimieren«.

Felix Philipp Lutz, der Verfasser des zitierten Beitrages im »Handbuch«, behauptet ferner, daß mit dem »selbstgerechten moralischen Anspruch der DDR, ein antifaschistischer Staat zu sein, ... der Aufgabe der Vergangenheitsbewältigung des Nationalsozialismus entsagt (wurde). Die Rechtsnachfolge Deutschlands bzw. des Dritten

Reichs wurde von der Bundesrepublik beansprucht, die DDR leistete in keiner Weise Wiedergutmachung, weder moralisch noch finanziell. Die Nazi-Vergangenheit wurde praktisch aus der politischen Kultur ausgeblendet, sie wurde externalisiert und auf die Bundesrepublik übertragen«. Lutze disqualifiziert sich als Historiker allein mit der Bemerkung, die DDR habe weder moralisch noch finanziell Wiedergutmachung geleistet.

Deutschland war in Postdam zur Zahlung von Reparationen verpflichtet worden. Und nachdem diese Art von Wiedergutmachung an die Sowjetunion und Polen von den Westzonen bzw. der Bundesrepublik nicht mehr geleistet wurde, mußte die SBZ/DDR auch noch diese Forderungen übernehmen. Per Saldo bedeutete dies: Bis 1980 leistete die BRD Wiedergutmachung in Höhe von 43 Milliarden Mark – die DDR war mit 66 Milliarden Mark belastet. Auf die Bevölkerungszahl bezogen brachte Ostdeutschland bis dahin »etwa das Fünffache an Wiedergutmachung auf«, errechnete der Postdamer Historiker und Stauffenberg-Biograph Kurt Finker. (Laut Brockhaus Enzyklopädie, 19. Aufl., Bd. 18, Mannheim 1992, S. 301, betrugen die Reparationen an die Westmächte 517 Millionen Dollar [Handelsflotte, Auslandswerte, Erträge von Demontagen].

»Die UdSSR zog nach westlichen Angaben Reparationsleistungen im Wert von 13 Milliarden Dollar aus ihrer Besatzungszone [Demontagen, Beschlagnahmen, Lieferungen aus der laufenden Produktion].« Demzufolge zahlte die SBZ/DDR an die Sowjetunion etwa 22mal soviel »Wiedergutmachung« wie Deutschland insgesamt an die Westmächte. Nun kann man der Sowjetunion möglicherweise vorwerfen, daß sie in bezug auf ihren späteren Bundesgenossen die falsche Politik betrieben habe – aber man kann der DDR gewiß nicht vorhalten, keine Wiedergutmachung geleistet zu haben für die Verbrechen des Hitlerreiches.)

Allerdings räumt das »Handbuch zur deutschen Einheit« 1996 ein, daß in der BRD die Vergangenheitsbewältigung im Laufe der Jahre auf vielfältige Weise vorangetrieben worden sei, »doch die justitielle Aufarbeitung muß kritisch gesehen werden«. Für die BRD ein folgenloses Eingeständnis. Dafür korrigierte man diesen »Fehler« seit 1990 in der juristischen Auseinandersetzung mit den Bürgern der DDR.

In der DDR beging man diese Form der Aufarbeitung bei der »Vergangenheitsbewältigung« nicht. Die Naziaktivisten wurden politisch und ökonomisch entmachtet und – soweit sie greifbar waren und ihnen Verbrechen nachgewiesen werden konnten – auch strafrechtlich zur Verantwortung gezogen. Die sozialökonomischen Wurzeln des Faschismus wurden analysiert und nach Feststellung der Verantwortung des deutschen Großkapitals auch die entsprechenden Konsequenzem gezogen.

»Vergangenheitsbewältigung« erfolgte also auf unterschiedlichen Ebenen. Die eine: eine ideologische »Entgiftung« der Massen, die Beseitigung der Naziideologie. Die andere: die ökonomische und politische Macht des Kapitals zu brechen sowie grundsätzliche sozialökonomische Veränderungen vorzunehmen.

Insofern mutet es sehr kühn an, wenn der bereits zitierte Lutz behauptet: »Der Nationalsozialismus ... spielt in der ehemaligen DDR nur eine untergeordnete Rolle, auch ist der Umgang mit der NS-Zeit offener und unverkrampfter als in der alten Bundesrepublik. Die SED-Ideologie mit ihrem Selbstverständnis von der DDR als antifaschistischem Staat hat sich im Selbstbewußtsein der Bevölkerung niedergeschlagen ... Für viele ist der Antifaschismus der legitimatorische Steinbruch, aus dessen Reservoir der Glaube an das prinzipiell Gute in der ehemaligen DDR abgeleitet wird. Die DDR wird als das Land betrachtet, das aus der Widerstandsbewegung hervorgegangen ist und einen konsequenten Bruch mit der NS-Vergangenheit vollzogen hat, was für die alte Bundesrepublik so nicht zutreffe.«

Und anderswo heißt es bei ihm: »Zusammen mit dem Mythos des Antifaschismus und anderem SED-Gedankengut wird einerseits eine endgültige Aufarbeitung des Nationalsozialismus blockiert und andererseits eine Tendenz zur Verklärung des SED-Staats deutlich.« Der Antifaschismus war in der Tat eine Säule der historischen Legitimation der DDR. So kommt es, daß Lutz zwar einerseits manches richtig erkennt, doch andererseits dafür die falschen Gründe nimmt.

Von den sozialökonomischen Gründen des Faschismus

Die sozialökonomischen Ursachen des Faschismus, die Verantwortung des deutschen Kapitals für Nazi-Diktatur und Krieg waren und sind kein Schulstoff in der Bundesrepublik. Der gesellschaftliche Kontext wird (wie auch bei anderen Themen) ausgeklammert. Männer machen Geschichte, und darum werden auch deutsche Katastrophen individualisiert. Schuld war Hitler.

Es wird zuweilen darüber gestritten, in welchem Umfang das deutsche Großkapital die Nazibewegung vor 1933 und ab wann intensiv unterstützt hat und ob das Überleben der NSDAP während der Weimarer Republik zeitweilig nur durch die Beiträge ihrer Mitglieder gesichert worden ist. Aber daß die faschistische Herrschaftsausübung eine Form der Systemerhaltung des deutschen Kapitalismus war, wird nicht debattiert oder gar gelehrt.

Das aber ist der entscheidende Grund dafür, daß die Akteure dieser politischen Macht ohne größere Probleme in das Herrschaftsgefüge der kapitalistischen Bundesrepublik integriert werden konnten. »Die 50er Jahre brachten das Kunststück zustande, die ehemaligen Nazis zu integrieren und zugleich die politische und ökonomische Verfassung der Bundesrepublik zur Negation des Nationalsozialismus zu erklären. Es galten, zumal unter den Bedingungen des heraufziehenden Kalten Krieges, die ermäßigten Maßstäbe der politischen Zweckrationalität«, meinte zutreffend Helmut König 1992. Und Gerd Irrlitz schrieb am 7. Oktober 2000 in der *FAZ* von einer »Periode konservativer Versiegelung der NS-Vergangenheit, mit der die Westrepublik die Rückkehr zum parlamentarischen Verfassungsstaat begann.« So läßt sich auch umschreiben, was damals geschah.

Den Nachgeborenen schien es in den 50er, 60er Jahren angezeigt, nicht nach der Vergangenheit ihrer Lehrer zu fragen. Der *Spiegel* höhnte 1998 im Zusammenhang mit der »verspäteten« Aufdeckung des Wirkens bundesdeutscher Historiker wie Theodor Schieder, Werner Conze und Hermann Aubin in der Nazizeit: »Seit 50 Jahren versuchen ganze Heerscharen von Historikern herauszufinden, wie es zum Holocaust kam. Auf die Spuren der damals dienstbaren Geister in der eigenen Zunft sind sie mit großer Verspätung gestoßen – aus naheliegenden Gründen. Wer nach dem Zweiten Weltkrieg als Nachwuchshistoriker in der Vergangenheit der Lehrstuhlinhaber wühlte, gefährdete sein Fortkommen.«

Wie durchgreifend konnte die westdeutsche »Vergangenheitsbewältigung« eigentlich sein, wenn die politisch Handelnden des

Nazireiches nach einer mehr oder weniger kurzen »Besinnungszeit« in der BRD wieder ein reiches Betätigungsfeld fanden?! Die Urteile nunmehr »demokratisch« geläuterter ehemaliger Nazirichter gegen Kommunisten und linke Demokraten in den 50er und 60er Jahren beantworten diese Frage eindeutig.

Nach einer relativ kurzen Periode der Verurteilung von Naziverbrechern durch die Alliierten tat die deutsche Neudemokratie in den Westzonen und später in der BRD den Nazis – von wenigen Ausnahmen abgesehen – grundsätzlich nichts mehr. Der Kalte Krieg hatte dieses Kapitel beendet. »Gerade der westliche Schulterschluß gegen die rote Diktatur verleitete nicht wenige Deutsche dazu, die braune Diktatur nur selektiv aufzuarbeiten. Deutsche Verbrechen wurden gegen die Greueltaten der Roten Armee, deutsche Vernichtungsaktionen gegen die Bombardierung Hiroshimas und Nagasakis oder Dresdens und Hamburgs gestellt. Abrechnungen wurden zu Aufrechnungen«, schrieb Manfred Funke 1995.

Für die Nazis in Bonner Diensten mag generell gelten, was Robert Jay Lifton für die von ihm interviewten früheren NS-Ärzte 1998 konstatierte. Kein einziger von ihnen kam, so Lifton, »zu einer klaren moralischen Bewertung dessen, was er getan hatte und wovon er ein Teil gewesen war. Sie konnten Vorfälle außerordentlich detailliert beschreiben, ja sogar ihre Gefühle mit einbeziehen und im allgemeinen mit erstaunlicher Offenheit reden – aber nahezu wie unbeteiligte Dritte. Die Erzähler waren in moralischer Hinsicht eigentlich nicht dabeigewesen.«

»Trauerarbeit«, wie sie von den Mitscherlichs benannt worden war, wurde von diesen Leuten weder gefordert noch geleistet.

Der US-amerikanische Hohe Kommissar, John McCloy, äußerte am 17. November 1949 zu Adenauer: »Wir haben von Zeit zu Zeit Gelegenheit gehabt, uns ernsthaft Sorgen zu machen über die Rückkehr von führenden Persönlichkeiten der früheren Naziperiode in bedeutende Positionen.« Adenauer erwiderte 1967 laut seinen »Erinnerungen 1945-1953«: »Ich verstehe die Sorgen, und ich muß sagen, daß ich mich manchmal innerlich sehr über gewisse Vorgänge ärgere. Wenn ich zum Beispiel sehe, daß der Gründer der Gestapo, der frühere Regierungspräsident Diehls von Köln, jetzt in Düsseldorf seine Memoiren erscheinen läßt, … so bedaure ich sehr, daß die Bundesregierung keine größeren Rechte hat, dagegen etwas zu unternehmen. Ich habe mich allerdings auch sehr gewundert, daß dieser Herr Diehls viele Monate lang Gast der alliierten Regierungen in Nürnberg gewesen ist.«

Worauf McCloy erwiderte: »Wenn Sie wieder einmal hören, daß wir mit einem Vertreter der Gestapo Feste feiern, bitte ich Sie doch, mich rechtzeitig zu benachrichtigen.«

»Ich versicherte«, so Adenauer, »daß ich das mit dem größten Vergnügen tun werde.«

Wir können unterstellen, daß es Adenauer in diesem Falle weniger um den Ruf der Amerikaner ging, der durch derart zwielichtige Gäste Schaden nahm. Es war der diplomatisch verklausulierte Hinweis darauf, daß den Amerikanern nicht das Recht zustünde, die Deutschen für ihre Haltung zu kritisieren. Was der Besatzungsmacht zustand, stand den Deutschen allemal zu.

Die ideologischen Grundlagen der »Integration« von Nazis

Adenauer und die Seinen machten den Westalliierten deutlich, daß es die antikommunistische Frontbildung erforderte, die »alten Kameraden« nicht mehr zu verfolgen. Deren Geisteshaltung kann an der sogenannten Generalsdenkschrift, den eidesstattlichen Erklärungen der chargierten Wehrmachtangehörigen zum Nürnberger Hauptkriegsverbrecherprozeß und an weiteren Veröffentlichungen über die Kriegszeit abgelesen werden. Zur beabsichtigten Wirkung derartiger Veröffentlichungen auf die »Konsumenten dieser Literatur« schreibt der renommierte Faschismusforscher Kurt Pätzold, daß diese »weit um die Fragen nach Kontinuität und Diskontinuität deutscher Geschichte herumgeleitet und direkt in die Befehlsstände und -wagen der Generale und Offiziere hineingeholt und gleichsam animiert (wurden), das Kriegsgeschehen aus dem Sehschlitz eines Panzers zu betrachten.« Und diese Panzer hatten gegen den »asiatischen Bolschewismus« gekämpft, der nunmehr bedauerlicherweise als Sieger in einem großen Teil Europas erschien. »Das strategische Interesse der USA an einem deutschen Wehrbeitrag kam ihr *(der Bundesregierung – D. J.)* jedoch zu Hilfe, denn die Militärs der ersten Stunde forderten ganz selbstverständlich: Ohne Freilassung der wegen Kriegsverbrechen verurteilten Kameraden kein deutscher Wehrbeitrag!«, urteilte der Politikwissenschaftler Kurt Sontheimer.

Die in der Nazizeit aktiven und antikommunistischen Eliten durften nicht weiter ins Abseits gestellt und ausgewechselt werden. Und diese »Eliten« waren sich der Tatsache des verordneten Antikommunismus wohl bewußt.

Harry Haffner, nach Freisler Chef des berüchtigten Volksgerichtshofes, hatte nach 1945 lange Zeit unter falschem Namen gelebt – nach eigenen Angaben mit Wissen eines Justizministers, eines Innenministers und des Verfassungsschutzes. 1953 teilte er dem Oberstaatsanwalt in Kassel mit, er sei der NSDAP am 1. Mai 1933 aus der Überzeugung beigetreten, daß die NSDAP die einzige Partei war, die dem Vordringen des Kommunismus Einhalt bieten konnte und zwar in letzter Stunde. Das tat er wohl, weil unterstellt wurde, daß der Oberstaatsanwalt genau diese Haltung teilte.

Der pathologische Antikommunismus/Antisowjetismus wurde und wird gemeinhin mit den stalinistischen Verbrechen begründet. Aber man war doch schon antikommunistisch, als es die Lager in der Sowjetunion und die Massengräber bei Katyn noch nicht gab!

Der Kampf gegen die revolutionäre Sozialdemokratie und später gegen die kommunistischen Parteien war kein Kampf *für* die Durchsetzung von Demokratie und Menschenrechten, sondern ein Kampf *gegen* jene, die die Allmacht des Kapitals brechen und eine menschenwürdige, gerechte Gesellschaft schaffen wollten. Insofern wurzelt diese Haltung tief in der deutschen Geschichte, auch wenn ihr stets ein aktuelles Mäntelchen umhängt. Und eine Spielart des latenten Antikommunismus (»Schlagt ihre Führer tot!« hieß es Anfang 1919) war der Antisowjetismus. Denn in Rußland war 1917 erstmals der Versuch unternommen worden, eine nichtkapitalistische Gesellschaft zu gründen. Daß dieses Experiment im Laufe von mehr als sieben Jahrzehnten riesige Opfer kostete, daß dem Stalinschen Staatsterror Millionen Menschen zum Opfer fielen, steht auf einem anderen Blatt. Auf dem Blatt, das hier zur Debatte steht, ist festgehalten: Die Sowjetunion hat die weltweite Spielwiese des Großkapitals um ein Sechstel reduziert. Sie hat ihm Absatzmärkte und Rohstoffe einfach weggenommen. Anderes außer dieser Feststellung war nur Propaganda. Das Wesen der Auseinandersetzung hat Bertolt Brecht 1935 auf dem Ersten Internationalen Schriftstellerkongreß zur Verteidigung der Kultur kurz, aber treffend benannt: »Kameraden, sprechen wir von den Eigentumsverhältnissen!«

Und deshalb fielen zu Beginn der 20er Jahre die Armeen jener Staaten in Sowjetrußland ein, deren Konzerne man enteignet hatte. Und darum rollten 1941 deutsche Panzer über den Bug. Und darum verbündeten sich nach 1945 die geschlagenen Deutschen mit den 1917 geschlagenen Briten, Franzosen und Amerikanern in einer gemeinsamen Front des Kalten Krieges gegen die Sowjetunion und deren Verbündete.

Wer das weiß, der findet es – im Unterschied zu manch westdeutschem Zeitgenossen – keinesfalls verwunderlich, daß die Frage angeblich noch immer »unbeantwortet (sei), warum nach dem Krieg so viele ehemalige Gestapomitarbeiter, Mitarbeiter des Reichssicherheitsamtes und der NS-Sondergerichtsbarkeit sowie einstige Kriegsgerichtsräte wieder zu Amt und Würden kamen und warum kaum Gerichtsverfahren zur justitiellen Aufarbeitung der NS-Gewaltverbrechen stattfanden«. So formulierte 1994 Beate Mazzi ihr Erstaunen, als sie über die Bemühungen der Ministerin für Wissenschaft, Forschung und Kultur von Schleswig-Holstein, Marianne Tidick, berichtete, die Nazizeit in Schleswig-Holstein aufzuarbeiten.

Man wechselte die Kappen, nicht aber Gesinnung.

Gideon Hausner, Generalstaatsanwalt Israels und Ankläger im Jerusalemer Eichmann-Prozeß, schrieb über die Verhandlung vor dem Berufungsgericht im März 1962. Er machte auf die Kontinuität beim Geschäftemachen aufmerksam. Bruchlos liefen Unternehmerkarrieren nach 1945 weiter. Wer davor wußte, wie Geld und politisches Kapital zu beschaffen waren, der wußte es auch danach. Und war wieder mit dabei. Die »Kleinen« fing man, die »Großen« ließ man laufen. »Mit bitteren Worten verglich Dr. Servatius Eichmanns Situation auf der Anklagebank in Jerusalem mit der Kurt Bechers, der inzwischen so reich geworden war, daß er viele Millionen deutscher Mark an Vermögenssteuer zahlte. Dafür, erklärte der Verteidiger, habe Eichmann kein Talent. Auch besitze er nicht die Gewandtheit eines Veesenmayer, der ›alles vergaß‹, oder die Schlauheit und das Geschick des Professors Six, der es verstanden hatte, sich trotz all seiner dunklen Taten in der Vergangenheit in eine geachtete Stellung im heutigen Deutschland zu manövrieren. Bei diesem Argument hatte Dr. Servatius meine volle Sympathie. Es ist in der Tat empörend, wie viele an den Nazigreueln aktiv Beteiligte praktisch straflos davongekommen sind.«

Nur deutsche Generäle haben die Erfahrung des Kampfes mit den Russen

Konrad Adenauer hatte den »westlichen Freunden« unentwegt deutlich gemacht, daß es für die Wiederaufrüstung in Westdeutschland zwingend sei, die »Diffamierung des deutschen Soldaten« aufzugeben und eine »befriedigende Regelung der Frage (zu finden), wie mit den teils zu recht, teils zu unrecht wegen Kriegsverbrechen verurteilten Personen zu verfahren ist«. Am 16. November 1950 bat Adenauer »um die schnellstmögliche Beendigung aller Kriegsverbrecherprozesse und die Umwandlung aller noch nicht vollstreckten Todesurteile in Freiheitsstrafen«.

Am 5. April 1951, kein halbes Jahr später, legte der Bundeskanzler nach und empfahl den Hohen Kommissaren laut seinen »Erinnerungen«: »Jede Armee habe ihre eigenen Methoden; das gelte insbesondere für die Russen. Nun habe aber weder ein amerikanischer noch ein französischer noch ein englischer General bisher mit den Russen gekämpft. Die deutsche Generäle hätten darin Erfahrungen!«

Es sei zu erwägen, »ob es nicht gut wäre, wenn diese Experten mit ihrem sachverständigen Urteil von den maßgebenden westalliierten militärischen Stellen herangezogen würden.«

In einer Unterredung mit dem US-Außenminister John Foster Dulles am 7. April 1953 bekräftigte Adenauer seinen Standpunkt und erklärte, daß es die künftige Rekrutierung erschweren würde, »falls Leute, denen Kriegsverbrechen nicht nachgewiesen seien, weiterhin in Gefängnissen säßen. Bei dem Aufbau des deutschen Verteidigungskontingentes würden zunächst 60.000 bis 70.000 Freiwillige, vor allem Spezialisten, gebraucht. Es würde schwer sein, hier die besten Leute zu bekommen, falls bis dahin nicht Erleichterungen einträten.«

Bekanntlich ließen sich die Westalliierten darauf ein. Den verurteilten Kriegsverbrechern wurde Gnade zuteil.

57

Auf entsprechende Vorhaltungen erklärte Staatssekretär und Bundespressechef von Eckardt, die Rolle einer Armee in Deutschland hänge nicht davon ab, von welcher Art von Generälen sie geführt würde, sondern von der parlamentarischen Kontrolle, die über sie ausgeübt werde.

Der DDR-Außenminister Otto Winzer reagierte darauf polemisch. »Wie sieht denn die parlamentarische Kontrolle in der Bundesrepublik aus? Da gibt es oder gab es eine berühmte Einrichtung, den sogenannten Personalgutachter-Ausschuß. Von den 38 Mitgliedern dieses Personalgutachter-Ausschusses sind 16 hohe Offiziere und Generale in der Naziwehrmacht gewesen …

Wundern Sie sich da, daß die überwiegende Mehrzahl der Generale der Bundeswehr Generale in der Hitlerwehrmacht waren, und daß nicht ein einziger darunter ist, der kein hoher Hitleroffizier war?« Der Umgang mit den DDR-Eliten war nach 1990 selbstverständlich ein anderer. Sie waren als Akteure einer nichtkapitalistischen Gesellschaftsordnung nicht gefragt. Die faschistischen deutschen Generale hatten den Kapitalismus nicht in Frage gestellt, wie das die DDR-Generale taten. Der »Austausch der Eliten« wurde folgerichtig mit politischer Strafverfolgung begleitet.

Die Methodik der »entnazifizierenden Integration«

Der Bundestag hatte am 15. Dezember 1950 Empfehlungen an die Bundesländer für eine einheitliche Beendigung des Entnazifizierungsverfahrens gegeben. In den einzelnen Bundesländern wurden Entnazifizierungs-Schlußgesetze erlassen, das letzte verabschiedete Bayern am 15. Dezember 1954.

Der Bundestag beschloß am 11. Mai 1951 das »Gesetz zur Regelung der Rechtsverhältnisse der unter Art. 131 des Grundgesetzes fallenden Personen«. Es hatte zur Folge, daß beispielsweise im Land Schleswig-Holstein im Februar 1954 ungefähr 6.000 ehemalige Angehörige des öffentlichen Dienstes aus der NS-Zeit wieder im Regierungsdienst arbeiteten. Die Vorgabe des Paragraphen 13 des Artikels 131, wonach mindestens 20 Prozent der Gesamtzahl der Planstellen für Altnazis bestimmt sein *mußten* (nicht etwa *konnten*), war damit weit übererfüllt. Die Quote lag bei 50 Prozent.

Am Ende zeigte sich, daß die Zahl der ehemaligen Mitglieder der NSDAP, die in den Ämtern der BRD beschäftigt waren, größer war als die Zahl der NSDAP-Mitglieder in Ämtern des Dritten Reiches.

Hingegen wurde »ein Teil des deutschen Widerstandes gegen Hitler unter Ausnahmerecht gestellt«, schreibt 1993 Conrad Taler im *Leviathan* 2/1993: »Gleichzeitig (konnten) alte Nazis in führende Positionen zurückkehren ..., angefangen von mordverdächtigen ehemaligen SS-Leuten bei Polizei und Verfassungsschutz über ehemalige Blutrichter Hitlers im Justizdienst bis hin zum Mitverfasser des amtlichen Kommentars zu den Nazi-Rassegesetzen, Hans Globke, im Bundeskanzleramt und den ehemaligen NSDAP-Mitgliedern im Auswärtigen Amt. Rund 85 Prozent der einstigen mittleren und hohen NSDAP- und SS-Funktionäre, soweit sie vor 1933 Beamte waren oder von der braunen Diktatur in Schlüsselstellungen gesetzt worden waren, bekamen wieder ihre vollen Pensionen, unter ihnen auch der Ankläger im Prozeß gegen die Männer des 20. Juli, Oberreichsanwalt Lautz, Hitlers Justizminister Schlegelberger und alle sonstigen blutbefleckten NS-Juristen.

Die Summe der Pensionszahlungen an diesen Personenkreis übertraf im Bundeshaushalt 1958 fast um die Hälfte den Betrag aller Wiedergutmachungsleistungen an Opfer des NS-Regimes nach dem Bundesentschädigungsgesetz.«

Norbert Frei meinte 1999, daß es zu den verbreiteten Irrtümern bei der Beurteilung der »131er«-Gesetzgebung gehöre, alle Wiedereingestellten seien politisch belastet gewesen. Tatsächlich waren nicht alle belastet, aber sie wurden auch nicht dazu angehalten, die objektiv vorhandene Kontinuität ihrer antikommunistisch geprägten Gesinnung abzulegen. Dem Grunde nach sieht auch Frei das, wenn er darauf aufmerksam macht, daß jene äußerst zögerlich in die neue nachfaschistische Gesellschaft integriert worden wären, die nach den Verfolgungen durch das Naziregime Anspruch auf Wiedergutmachung hätten, der sogar gesetzlich fixiert worden wäre – pikanterweise an demselben Tag, an dem die »131er«-Gesetzgebung zur Entlastung der Nazis beschlossen worden wäre.

Geht man von den Zahlen aus – mit dem Wirksamwerden der »131er«-Gesetzgebung zogen ungefähr 30.000 in die Amtsstuben der BRD –, dann wird sichtbar, daß nicht die Integration ehemaliger

NSDAP-Mitglieder und anderer Mitläufer das eigentliche »Ärgernis« war, sondern daß auch und vor allem Nazi- und Kriegsverbrecher in einflußreichen Positionen wieder das Sagen bekamen.

Die DDR kritisierte das scharf. Aber es wurden in ihren Veröffentlichungen ausschließlich Nazi- und Kriegsverbrecher angeprangert. Die Millionen ehemaligen NSDAP-Mitglieder, die ihren Platz in der bundesdeutschen Gesellschaft gefunden hatten und verschiedene Berufe und Tätigkeiten ausübten, wurden aus gutem Grund ignoriert. Es ging immer um rund 3.000 Personen, gegen die sich die juristischen und propagandistischen Angriffe richteten, darunter Blutrichter und -staatsanwälte.

1956 hatten 80 Prozent der am Bundesgerichtshof tätigen Richter bereits im Justiz- und Staatsdienst des Dritten Reiches gearbeitet. Nach offiziellen Angaben aus dem Jahre 1960 amtierten etwa 70 Prozent aller Richter und Staatsanwälte schon unter Hitler.

Aus dem Auswärtigen Dienst des NS-Staates übernahm das Bonner Auswärtige Amt 83 Botschafter und Abteilungsleiter, was immerhin 84 Prozent des Personals ausmachte. »Ähnlich hoch war der Anteil einstiger Beamter des Hitlerstaates unter den Ministerialdirigenten und Ministerialräten im Bundesinnenministerium. Auch die Bundeswehr, der Justiz- und Polizeiapparat übernahmen jene schuldbeladenen Erfüllungsgehilfen Hitlers«, recherchierte 1991 der Berliner Publizist Hans George. »Im Mai 1959 zählte die Bonner Wehrmacht 139 Generale und Admirale. Alle 139 waren schon in der Hitler-Wehrmacht hohe Offiziere gewesen. Alle haben sie sich, teilweise in den höchsten Stellen, bis 5 Minuten nach zwölf an Hitlers Weltherrschaftsplänen aktiv beteiligt«, hieß es in einer 1960 in der DDR erschienenen Dokumentation.

Zu den bemerkenswertesten Neuerscheinungen zu diesem Thema gehört das Buch von Dieter Schenk »Auf dem rechten Auge blind. Die braunen Wurzeln des BKA« (Köln 2001). Für die Beamten des Bundeskriminalamtes konstatiert Schenk: »Sie zeigten weder Mitleid noch schwörten sie ihrer Gesinnung ab.« Der Autor, Honorarprofessor und selbst früherer Kriminaldirektor beim BKA, erklärte im Dezember 2001 anläßlich der Herausgabe seines Buches über die braune Vergangenheit des BKA in einem Interview im Kanal *3sat*, das Braunbuch der DDR habe »nur einen Makel: Es untertreibt«. Diese Aussage bezieht sich auf die Anzahl der dort auf-gelisteten Nazis in Bonner Diensten. Schenk betonte, man wisse heute, daß das »Braunbuch«Autoren nicht annähernd alle einschlä-gigen Namen aufführten, »was sich unter anderem dadurch erklärt, daß den DDR-Historikern die Benutzung des Berlin Document Center nicht gestattet war. Aus dem BKA sind zum Beispiel nur drei Namen enthalten«. Schenk betonte, »daß das Bundeskriminalamt von Nazi-Tätern aufgebaut wurde – eine Tatsache, die bis heute schwer zu begreifen ist. 1959 bestand der Leitende Dienst des BKA aus 47 Beamten – bis auf zwei hatten alle eine braune Weste. Für das rechtsstaatliche Selbstverständnis des BKA ist es rückblickend als moralische Katastrophe zu bewerten, daß fast die Hälfte der 47 BKA-Chefs als NS-Verbrecher im kriminologischen Sinne bezeich-net werden müssen.«

Mit anderen Worten: Die NS-Vergangenheit bestand beileibe nicht lediglich aus einer Mitgliedschaft in der NSDAP oder in der SS, sondern in begangenen Verbrechen. Das BKA wurde »zu einer Versorgungsanstalt für alte Nazis und Verbrecher« gemacht. Das Erbe der Nazigeneration, so Schenk, wirke noch heute. »Wer glaubt, daß mit dem Ausscheiden der Generation so genannter Alt-Krimi-nalisten, der Spuk ein Ende hatte, irrt. Das wachsame Auge des BKA blickte stets nach links und hatte Rechtsextremismus und Rechtster-rorismus nie im Fadenkreuz. Die Langzeitwirkung ist bis heute zu spüren und kommt insbesondere in der Halbherzigkeit zum Aus-druck, mit der Rechtsradikalismus, Antisemitismus und Fremden-feindlichkeit bekämpft werde.«

»Wenn die Leute von der SG (Sicherungsgruppe) als Kommuni-stenhasser bezeichnet wurden, dann hatte das seine Berechtigung; man wird sogar das Gefühl gehabt haben, eine Art Avantgarde des kalten Krieges anzugehören, denn hatte man nicht schon immer den ›Feind im Osten‹ bekämpft. Für Nationalsozialisten waren jüdische und bolschewistische ›Untermenschen‹ nahe Verwandte. ... Sicher-lich ist dem Staat zuzubilligen, gegen Spionage vorzugehen und Ver-rat zu bestrafen, doch bei der Verfolgung des linken Extremismus lagen die Dinge anders. Denn von den staatlichen Maßnahmen war die eigene Gesinnung nicht zu trennen, und die Kriminalisierung nahm da ihren Anfang, wo ein dubioser ›Kommunismusverdacht‹

vorlag, während der Bereich des Rechtsextremismus weitgehend unbeachtet blieb.«

Jörg Osterloh, wissenschaftlicher Mitarbeiter am Hannah-Arendt-Institut für Totalitarismusforschung an der TU Dresden, nannte die Gründe, warum sich die militärische Führung der Wehrmacht im Zweiten Weltkrieg auf die nationalsozialistische Vernichtungspolitik im Osten einließ. Zu diesen gehört der »extreme und im Offizierskorps der Wehrmacht weit verbreitete Antibolschewismus«, der sich »deutlich bei der Ausarbeitung der ›verbrecherischen Befehle‹ und bei der Zusammenarbeit der Wehrmacht mit den Einsatzgruppen im Osten sowie der Gestapo in Deutschland« zeigte. Wilhelm Deist, ehemals Historiker am Militärgeschichtlichen Forschungsamt, unterstrich: »Das von den Nationalsozialisten propagierte Feindbild vom ›jüdischen Bolschewismus‹ war daher den Militärs durchaus vertraut. Im Kampf gegen diesen ubiquitären Feind schien jedes Mittel erlaubt. Vor diesem Hintergrund muß die weitgehende Akzeptanz der verbrecherischen Befehle im höheren Offizierskorps der Wehrmacht und die Rolle der führenden Militärs im Vernichtungskrieg gegen den sowjetischen Gegner gesehen und beurteilt werden.«

Es verwundert insofern, wenn Rolf-Dieter Müller, Historiker am Militärgeschichtlichen Forschungsamt, meint, die Geschichte der Wehrmacht sei der politischen Instrumentalisierung beider Seiten verfallen, »angestachelt durch die Diffamierungskampagne der DDR, die eine ungebrochene Kontinuität von den Hitler-Generalen zu Bundeswehr und NATO behauptet«.

So einfach war es denn doch nicht.

In den sowjetischen Kriegsgefangenenlagern gelangten nicht wenige ehemalige Wehrmachtangehörige zu erhellenden Einsichten. 1943 schlossen sie sich zum Nationalkomitee »Freies Deutschland« (NKFD) zusammen, die höheren Chargen gründeten den Bund der Offiziere (BDO). Mir ist kein Fall bekannt, daß einer aus diesem Kreis in die Bundeswehr eingetreten sei – dort wollte man mit solchen »Verrätern« nichts zu tun haben. Hingegen fanden diese, die ihre antifaschistische Gesinnung etwa als Frontbevollmächtigte des NKFD oder in anderer Form unter Beweis gestellt hatten, in der DDR eine neue Heimat und eine neue Aufgabe.

Exemplarisch vielleicht die Biographie des Grafen Heinrich von Einsiedel. Der junge Wehrmachtleutnant und nach eigenem Bekunden glühende Nationalsozialist wurde bei Stalingrad vom Himmel geschossen. Die Lehre war heilsam. Von Einsiedel wurde schließlich Vizepräsident des NKFD. Die offizielle Bundesrepublik hatte nichts mit ihm im Sinn. 1994 zog der Urenkel Bismarcks für die PDS in den Bundestag ... Sieht so eine »politische Instrumentalisierung« der Wehrmacht von »beiden Seiten« aus? Nein, bereits in der Wehrmacht schieden sich vor deren Untergang die Geister.

Die DDR verwies zu Recht in ihren Dokumentationen auf die Tatsache, daß offensichtlich Unbelehrbare gerade wegen ihrer antikommunistischen Überzeugung in den Aufbau des Bonner Staates (und seiner Armee) einbezogen wurden.

Erinnert sei an den Staatssekretär im Bundesinnenministerium, Ritter Hans von Lex. Am 23. März 1933 hatte er Hitlers Ermächtigungsgesetz zugestimmt, bis 1945 diente er im faschistischen Reichsinnenministerium. Als es später wieder gegen den alten Feind ging, schien er bestens geeignet, den Antrag der Bundesregierung zum Verbot der KPD durchzusetzen. Am 5. Juli 1955 erklärte er in Goebbelscher Diktion: »Sie ist ein gefährlicher Infektionsherd im Körper unseres Volkes, der Giftstoffe in die Blutbahn des staatlichen und gesellschaftlichen Organismus der Bundesrepublik sendet.«

Die »Volksgesundheit« lag den Antikommunisten schon immer sehr am Herzen.

Der Historiker Clemens Vollnhals, Leiter einer Abteilung beim BStU, schrieb im April 1995 in *Das Parlament*: »In den Westzonen stellte die Rückflut ehemaliger NSDAP-Mitglieder die bürokratische Kontinuität in den Ämtern weitgehend wieder her. Dennoch fand keine Renazifizierung statt, so skandalös auch viele Personalentscheidungen erschienen (und es häufig genug auch tatsächlich waren). Die Wiedereingestellten paßten sich, sei es aus besserer Einsicht oder als ›Zwangsdemokraten‹, den neuen normativen Vorgaben an und entfalteten keine neonazistischen Aktivitäten. Zu bedenken ist auch, daß jede bürokratische Massenentnazifizierung allein an dem hohen Erfassungsgrad der deutschen Gesellschaft durch das NS-Regime scheitern mußte. Schließlich zählte die NSDAP bei Kriegsende rund sechs Millionen Mitglieder (›Altreich‹); hinzu kamen weitere Millionen von Personen, die einer der zahlreichen NS-Organisationen angehört hatten.«

Und Vollnhals hat recht, wenn er meint: »Die Bildung einer konsensfähigen Demokratie bedurfte der Integration und ließ sich nicht auf der dauerhaften Ausgrenzung großer Bevölkerungsteile aufbauen. Als problematisch erweist sich im historischen Rückblick deshalb weniger der vielschichtige, insgesamt jedoch geglückte Integrationsprozeß des Millionenheeres ehemaliger Nationalsozialisten, sondern in erster Linie die mangelnde Sensibilität im Umgang mit der NS-Vergangenheit. So hätte es der jungen Bundesrepublik gut angestanden, wenn hohe und höchste Ämter in Politik, Verwaltung und Justiz ausschließlich Personen vorbehalten geblieben wären, deren Vergangenheit keiner peinlichen Rechtfertigung bedurfte.«

Diese Peinlichkeit blieb der DDR erspart. Und das mit Vorsatz, weil sie eben nicht »hohe und höchste Ämter« mit belasteten Personen besetzte. Während in der Bundesrepublik Antikommunismus als hinlängliche Qualifikation genügte, war es in der DDR der Antifaschismus.

Und eben dies wird der DDR seit 1990 als »antidemokratisch« vorgehalten und auch von Vollnhals mit der falschen Feststellung garniert, in der DDR sei die Auseinandersetzung mit der faschistischen Belastung der »Elterngeneration« ausgeblieben, während man eine solche in der BRD insbesondere mit der 68er Bewegung radikal verwirklicht hätte.

In einer Art »kollektiver Amnesie«, so Eckart Gillen in der *Berliner Zeitung* vom 10. Februar 2001, seien in der DDR die eigentlich schuldigen Anhänger des deutschen Faschismus integriert worden. Beweis: Mitte der 50er Jahre habe die SED-Mitgliedschaft zu fast einem Drittel aus ehemaligen NSDAP-Mitgliedern bestanden.

Und wie viele waren es bei der CDU oder den anderen bürgerlichen Parteien der Bundesrepublik?

Richtig ist, und diese Kritik an der DDR hat ihre Berechtigung: Zunehmend geriet der Antifaschismus zum Ritual, er erschöpfte sich in wiederkehrenden Übungen und wurde besonders von nachwachsenden Generationen, die keinen persönlichen Bezug zu Krieg und Faschismus hatten, mehr oder weniger als lästige Pflicht gesehen. Der Auftrag permanenter Auseinandersetzung mit der Vergangenheit reduzierte sich auf die Übungen, die sein mußten. Die Einschränkung der Demokratie fand ihren Niederschlag in der Einschränkung eines aktiven Antifaschismus. Was aber nicht hieß, daß es keine individuelle Aneignung antifaschistischer Grundüberzeugungen gab – wie es eben auch Demokraten in der »Diktatur des Proletariats« gab. Deformation der Demokratie bedeutete ja nicht deren Abschaffung, sondern allenfalls deren Einschränkung.

Allerdings offenbart die heutige Bundesrepublik, daß ihr Verhältnis zur 68er Bewegung, die ja angeblich die Inkarnation des demokratischen Aufbruchs und Ausdruck der Selbstläuterung und -reinigung des demokratischen Gemeinwesens bedeutete, mehr als zwiespältig ist. Bekanntlich protestierten damals junge Leute nicht nur gegen den Muff von tausend Jahren unter den Talaren, sondern auch gegen die Notstandsgesetze, gegen den Vietnam-Krieg, gegen die Medienmacht eines Pressekonzerns und gegen die verkrusteten Strukturen in der Gesellschaft.

Danach begann der lange Marsch durch die Institutionen. Einige, die sich damals auf den Weg machten, sind heute Minister. Und nachdem die Herrschenden in dieser Republik die DDR zur Strecke gebracht hatten, richteten sich die Kanonen der Medienmonopole auch gegen sie – stellvertretend für jene, die 1968 aufbegehrten. Offenkundig wollte man wieder in die Verhältnisse der Adenauerzeit zuück.

Das heißt: Geht es gegen die DDR und ihr Erbe, beruft man sich gern auf die Urgewalt der Demokratiebewegung von 1968. Beruft man sich hingegen auf 1968, wenn man mehr Demokratie einfordert, bekommt man es mit der Allmacht der Antidemokraten zu tun. Mehr Demokratie zu wagen ist heute mehr denn je ein Wagnis.

Den 68ern wird das Verdienst abgesprochen, die Nazivergangenheit zum Thema gemacht zu haben. »Es wäre … vermessen, ihnen die Autorschaft eines Bewußtseinswandels im Umgang mit dem Nationalsozialismus zuzuschreiben.« So Thomas Schmidt in der *FAZ* vom 3. Februar 2001. Ihre Wirkung wird darauf reduziert, in den Familien die Vergangenheit aufgerufen zu haben, was allerdings in der Tat in seinen Folgen kaum objektivierbar ist.

Der Beweis dafür, daß eine individuelle Auseinandersetzung mit der nazistischen Vergangenheit Wirkung erzielt habe, wurde weder in der Bundesrepublik noch in der DDR angetreten. Es gibt darüber keine wissenschaftlichen Untersuchungen.

Allerdings gibt es Belege dafür, wie die Erziehung zum Antifaschismus in Ost wie in West betrieben wurde und welche Wirkungen dies zeitigte. Die Auseinandersetzung mit dem Faschismus erfolgte beispielsweise im künstlerischen Bereich, und man kann feststellen, ob und wie die Hervorbringungen rezipiert wurden. Besucherzahlen bei Filmen und Ausstellungen, Verkaufszahlen bei Büchern und Schallplatten kamen nicht durch Zwang zustande oder weil die Literatur preiswert war. In der DDR wurden Lebensmittel grundsätzlich subventioniert (über den Sinn müssen wir hier nicht diskutieren). Da aber auch Kunst und Kultur als ein notwendiges »Lebensmittel« betrachtet wurde, gab es hier ebenfalls Zuwendungen, um durch den Preis nicht Menschen von der Teilnahme auszuschließen. Jeder sollte die Möglichkeit haben, ins Kino, ins Theater, in Ausstellungen und in Museen gehen zu können. Jeder sollte Bücher lesen können – etwa den Buchenwald-Roman »Nackt unter Wölfen« von Bruno Apitz. Er wurde bis 1992 weit über zwei Millionen Mal gekauft …

Erinnert sei auch an das 1947 veröffentlichte Buch Victor Klemperers »LTI« (Lingua Tertii Imperii = Sprache des Dritten Reiches), das in der DDR in hoher Auflage erschien, während es in Westdeutschland erst in den 60er Jahren debattiert wurde. Daß manche dogmatische Engstirnigkeit und Parteiborniertheit dem sozialistisch-humanistischen wie antifaschistischen Anliegen künstlerischer Gestaltung großen Schaden verursachte, ist inzwischen hinlänglich bekannt und dokumentiert.

Beispielsweise brachte 1945/46 Fritz Lettow, der als Häftlingsarzt vier Konzentrationslager durchlitten hatte, seine Erinnerungen zu Papier. Vermutlich war es einer der ersten authentischen Dokumentationen über die Nazigreuel, die nach der Befreiung entstanden. Obgleich Genosse Lettow es bis zum »Verdienten Arzt des Volkes« brachte, vermochte er es nicht, in der DDR einen Verlag zu finden, der dieses wohl einmalige Zeugnis veröffentlicht hätte. Die Zentralleitung des Komitees der Antifaschistischen Widerstandskämpfer verhinderte die Drucklegung, weil Lettows realistische Darstellung nicht die heroischen Stereotype bediente. Und der Gedenkstätte in Buchenwald, die das Manuskript archivierte, wurde von Berlin aufgetragen, es besser unter Verschluß zu halten. Es sei doch sehr subjektiv und damit fragwürdig. Lettows Buch erschien erst nach seinem Tode 1998 in der edition ost, inzwischen gibt es auch eine Taschenbuchausgabe eines großen Münchner Verlages. 2002 erschien in Paris die französische Ausgabe.

Natürlich: Der DEFA-Film »Die Abenteuer des Werner Holt« hatte auch sein Gegenstück in Bernhard Wickis »Die Brücke von Remagen«. Aber die unzähligen Filme und Publikationen, die die vermeintliche Landserromantik behandelten, oder Memoiren von Nazigrößen, Militaria-Trödel und Auktionen, auf denen Reliquien der NS-Zeit verhökert wurden – all das kannte man in der DDR nicht. Und: Die Zahlen über Rezeption und Nichtrezeption bestimmter Kunstwerke und »Kunstwerke« sprechen eine klare Sprache.

Es kann nicht an der Tatsache vorbeigegangen werden, daß noch heute die Erinnerung an nazistische Untaten Protest nicht nur von Rechts hervorruft. Auch wenn man Goldhagens Thesen über den allmächtigen Antisemitismus der Deutschen als Grundlage ihres Mitwirkens beim Massenmord an den Juden nicht unbedingt akzeptiert, so ist es doch bedenklich, daß allein das Aufrufen der Erinnerung in den Altbundesländern Ablehnung hervorrief.

Noch entlarvender war der Widerstand gegen die Wehrmachtsausstellung. Bei der vorgeblichen Wandlung der ehemaligen Nazis zu »Demokraten« ist die Reaktion der alten »ehrlichen Soldaten« und der jungen »sauberen Deutschen« recht unverständlich.

Bemerkenswert ist, daß – entgegen der Behauptung, die Erziehung in der DDR sei verantwortlich für den Rechtsextremismus unter Jugendlichen in den neuen Bundesländern – hinsichtlich der Reaktion auf die Wehrmachtsausstellung in Städten der neuen Bundesländer angemerkt wird, daß die Rolle der faschistischen Wehrmacht in den Schulen der DDR hinreichend dargestellt worden sei. Deshalb habe es solche neonazistischen Proteste wie in den alten Bundesländern nicht gegeben.

Was denn nun?

Man biegt sich die Fakten, wie man sie gerade benötigt.

7. DDR-Veröffentlichungen über »Nazis in Bonner Diensten«

Die von der DDR publizierten Dokumentationen richteten sich keineswegs dagegen, daß ehemalige NS-Mitläufer in die Gesellschaft integriert worden waren. Sie zeigten vielmehr, daß Naziverbrecher und ehemals einflußreiche Naziaktivisten im Rahmen der Stabilisierung des Kapitalismus und der antikommunistischen Front in der Bundesrepublik eine führende Rolle spielten. Die »alten Eliten« dominierten die Justiz, den Geheimdienst, die Polizei, das Militär, sie waren im höheren Staatsapparat, in der Außenpolitik, an den Universitäten und anderen Wissenschaftseinrichtungen vertreten.

Man habe auf »Steine aus den Trümmern des alten Justizgebäudes« zurückgreifen müssen, weil man sich in der Praxis mit der Aufgabe eines radikalen Neuaufbaus »schon bald überfordert« gezeigt hätte, heißt es 1991 bei Ralph Angermund in *Das Parlament*. Andererseits sei eine entschlossene Entnazifizierung der Justiz »auch daran« gescheitert, »daß das Ausmaß individueller Schuld auch unter den Richtern und Staatsanwälten in den massenhaft durchgeführten Entnazifizierungsverfahren nicht zu ermitteln« gewesen sei. Immerhin hatten nicht wenige der neuen BRD-Funktionsträger beispielsweise in der Nazi-Justiz verantwortlich am Vernichtungsfeldzug gegen »rassische« und andere »Volksschädlinge« mitgewirkt. Weit über 16.500 Todesurteile ergingen gegen Mitglieder des Widerstandes, gegen »Asoziale« und »Fremdvölkische«. (Die Zahlen der politisch motivierten Todesurteile schwanken. Martin Hirsch, ehemaliger Bundesverfassungsrichter, vermutet bis zu 50.000 Todesurteile, die von zivilen sowie Sonder- und Kriegsgerichten verkündet wurden. Ingo Müller meint unter Hinweis auf die Angaben im Braunbuch Kriegs- und Naziverbrecher, daß die Zahl von 80.000 Justizopfern der Realität am nächsten käme [vgl. Furchtbare Juristen, München 1989, S. 201]. Im Zusammenhang mit Untersuchungen, die im Land Nordrhein-Westfalen über die Nazi-Sondergerichte durchgeführt wurden, schreibt Ulrich Sander von der VVN/BdA im ND vom 20. Dezember 1994: »Auf 800 Todesurteile der regionalen Sondergerichte gegen deutsche Zivilisten, Kriegsgefangene und ›Fremdarbeiter‹ ist man bei Untersuchungen der Justizbehörde allein fürs heutige Nordrhein-Westfalen gestoßen. Hinzu kommen 700 weitere Bluturteile, über die keine Akten mehr existieren. In Nazi-Deutschland hatten Sondergerichte in 55 Städten 12.000 mal die Todesstrafe verhängt. Hinzu kommen 5.000 Todesurteile des Volksgerichtshofs und rund 30.000 Todesurteile der Kriegsgerichte, davon 20.000 vollstreckte.«)

Von »Erbgesundheitsgerichten« wurden mindestens 200.000 Sterilisierungen »Fortpflanzungsunwürdiger« angeordnet. Über 2.000 »Entmannungen« wurden gerichtlich angeordnet, rund 14.900 Justizgefangene wurden der SS zur »Vernichtung durch Arbeit« ausgeliefert. Die Justizbehörden duldeten die Euthanasiemorde.

Die DDR wies auf die personelle Kontinuität hin. Das war einerseits legitim, weil es solches in der DDR nicht gab. Andererseits auch politisch notwendig, um zu zeigen, daß die zweite deutsche Republik die richtigen Lehren aus der Geschichte gezogen hatte. Das Thema wurde folglich Gegenstand der deutsch-deutschen Auseinandersetzungen.

Als das Material über die Vergangenheit des Staatssekretärs Globkes am 28. Juli 1960 in der DDR-Hauptstadt präsentiert wurde, richtete ein Journalist an Albert Norden die Frage: »Was ist zu der Ankündigung des Westberliner Innensenators Lipschitz zu sagen, daß er demnächst Listen über Nazis veröffentlichen werde, die angeblich in der DDR hohe Funktionen einnehmen?«

Der Herausgeber antwortete: »Wenn die Leute sehen, daß wir mit Listen über die schwerbelasteten, aktiven Nazi- und Kriegsverbrecher an der Spitze des Bonner Staates aufwarten, kommen sie mit solchen Geschichten. Wir klagen die Globkes und Oberländer nicht an, weil sie Mitglieder der NSDAP gewesen sind. Den einfachen Nazis, die ihre Pflicht tun, die sich dem Gesetz gegenüber richtig verhalten, will niemand etwas. Was wir feststellen und festhalten wollen ist: Wo sind in Deutschland faschistische Kriegsverbrecher und prominente Nazis wieder an der Macht und tun dasselbe, was sie im Dritten Reich getan haben? Wir klagen die Globkes und Oberländer darum an, weil sie Millionen Menschen entweder direkt ermordeten oder die intellektuellen Urheber, Mitorganisatoren und Fürsprecher dieser schrecklichen rassistischen Politik, dieser Politik der Herrenrasse, gewesen sind.

Bonn kann keinen einzigen finden, der bei uns in der DDR an prominenter Stelle steht und dem irgendein solches Verbrechen nachgewiesen werden könnte. Wir haben – und tun das noch – früheren Nazis die Chance gegeben, sich politisch zu rehabilitieren. Es sind meist solche, die rechtzeitig, oft unter eigener Gefahr und unter Androhung oder gar Vollstreckung der Sippenhaft für ihre Familien, mit Hitler gebrochen haben und auf die Seite des Antifaschismus übergegangen sind, die seit 15 Jahren im Kampf gegen die Elemente des Krieges und des Faschismus eine positive Rolle spielen.«

Bei den von der DDR genannten Nazis in »Bonner Diensten« handelte es sich grundsätzlich um jene, die sich mit Wort und Tat in den Dienst des deutschen Faschismus gestellt hatten und auch nach dem Ende der Naziherrschaft weder die Unterstützung des Kapitalismus aufgaben, der den Nazismus hervorgebracht hatte, noch ihren Antikommunismus überwanden. Das ist leicht festzustellen, wenn man das »Braunbuch« zur Hand nimmt.

»Kriegs- und Naziverbrecher in der Bundesrepublik«: Das Braunbuch

Bereits die 1. Auflage von 1965 nannte über tausend Namen »solcher Personen, »die durch führende Tätigkeit bei der Vorbereitung und Durchführung der nazistischen Verbrechen und Aggressionsakte tatsächlich schwer belastet sind und entweder unmittelbar an Massenmorden teilgenommen, dafür Befehle erteilt oder sie als intellektuelle Urheber vorbereitet haben«. Dabei handelte es sich, wie es hieß, um »in beträchtlichen Größenordnungen« tätige Nazis: 151 Minister und Staatssekretäre, 100 Generäle und Admirale der Bundeswehr, 828 hohe Justizbeamte, Staatsanwälte und Richter, 245 leitende Beamte des Auswärtigen Amtes, der Botschaften und Konsulate, 297 hohe Beamte der Polizei und des Verfassungsschutzes, wobei es sich um nachweislich aktive Nazis handelte, die teilweise sogar der Kriegsverbrechen beschuldigt wurden. Auch die Zahlen der neben den Nazieliten in den bundesdeutschen Staatsdienst integrierten mittleren und unteren Angehörigen des Nazi-Apparates waren exorbitant.

Bonn war sich im übrigen dieses Problems durchaus bewußt. Adenauer richtete zur Jahreswende 1953/54 eine Kommission zur Aufarbeitung von Geschichte und Folgen des NS-Staates ein. Zu deren Vorsitzenden wurde Hans Globke bestimmt, mithin: Der Kanzler machte den Bock zum Gärtner. Die Kommission sollte ermitteln, ob tatsächlich Ex-Nazis, wie Zeitungen gelegentlich berichteten, Posten und Einfluß in der Bundesrepublik erlangt hätten. Sollte das der Fall sein, so Adenauer, seien »die Anstrengungen zu verstärken, ehemalige verantwortliche Funktionsträger im öffentlichen Dienst … zu entfernen«. Die Kommission fand, bis auf wenige Ausnahmen, keine »Belasteten«, die von ihren Posten zu entfernen waren. (Zum Vergleich: Für die »Reinigung« nach 1990 bedurfte es nicht des Nachweises, gegen DDR-Gesetz gehandelt zu haben, um entlassen zu werden. Es reichte allein die Tatsache, ein höherer Partei- oder Staatsfunktionär gewesen zu sein oder, beispielsweise, dem MfS angehört zu haben oder für dieses tätig gewesen zu sein. Dazu kreierte die Eppelmann-Kommission des Deutschen Bundestages die Kategorie der »objektiv Kompromittierten«.)

Die Globke-Kommission übersah beispielsweise: Von mehr als 3.000 Militärrichter im Dienste Hitlers war nicht einer nach 1945 juristisch belangt worden, aber mehrheitlich noch im Dienst.

Und nicht nur diese waren in der »neuen« Ordnung an- und untergekommen. Als Beispiel nannte Norden Otto Ambros – bis 1945 Vorstandsmitglied der IG-Farben, Sonderbeauftragter für Forschung und Entwicklung beim »Beauftragten für den Vierjahresplan«, Hermann Göring, und Leiter des Sonderausschusses »Chemische Kampfmittel«. Ambros war verantwortlich für den Bau des vierten Buna-Werkes der IG-Farben in Auschwitz, in dem allein für dieses Unternehmen 370.000 KZ-Häftlinge und Zwangsarbeiter schuften mußten. In einem Brief hatte Ambros die »neue Freundschaft mit der SS« als »sehr segensreich« bezeichnet. Von den Nazis war Ambos mit dem Ritterkreuz zum Kriegsverdienstkreuz dekoriert worden. In Nürnberg verurteilt, saß er inzwischen wieder in zahlreichen Aufsichtsräten und gehörte damit zu den wichtigen Wirtschaftskapitänen der Bundesrepublik, die sich bekanntlich nicht nur um die Wirtschaft sorgten.

Das Braunbuch nannte als belastet: den amtierenden Bundespräsidenten Heinrich Lübke, 20 Mitglieder des Bundeskabinetts und Staatssekretäre; 189 Generäle, Admirale und Offiziere der Bundeswehr, die zum Teil auch in NATO-Stäben arbeiteten; 1.118 hohe Justizbeamte, Staatsanwälte und Richter; 244 leitende Beamte des Auswärtigen Amtes, der Botschaften und Konsulate; 300 leitende Beamte der Polizei, des Verfassungsschutzes und anderer Bundesministerien. In die 3. Auflage 1968 kamen weitere 515, zum Teil schwer belastete Bonner Staatsfunktionäre. Die in der 1. Auflage des »Braunbuches« Genannten waren überwiegend noch immer »in Bonner Diensten« aktiv, einige waren zu Staatspensionären geworden – nicht zuletzt als Folge ihrer Nennung im »Braunbuch«, allerdings ohne daß sie gerichtlich für ihre Untaten in der Nazizeit zur Verantwortung gezogen worden wären. Das große Interesse, das das Braunbuch auch international fand, bewirkte unter anderem die Herausgabe von Übersetzungen in englischer, französischer und spanischer Sprache.

Vom »Eifer« der BRD bei der Verfolgung von NS-Verbrechern

Der »Eifer« bundesdeutscher Stellen bei der Verfolgung von NS-Verbrechen sei nachfolgend an einigen Beispielen dargestellt. Das 1936 gegründete Reichskriegsgericht fällte 1.189 aktenkundige Todesurteile, von denen 1.049 vollstreckt wurden. Nach Feststellung von Ralph Giordano hat die NS-Justiz »zwischen 1933 und 1945 etwa 32.000 Todesurteile gefällt, davon über 30.000 zwischen 1941 und 1944. Von 1942 an, dem Jahr der Kriegswende, haben NS-Richter durchschnittlich 720 Personen im Monat zum Tode verurteilt. Bis auf ganz geringe Ausnahmen sind die Verantwortlichen dieses justitiellen Enthauptungswesens davongekommen, darunter alle Mörder in der Robe. Bundesjustiz – NS-Justiz: die untilgbare Schmach!«, urteilte der Kölner Autor und selbst NS-Verfolgter.

In diesem Kontext ist mir folgende Anmerkung wichtig: Im »Schlußbericht« der Bundestags-Enquetekommission »Überwindung der Folgen der SED-Diktatur im Prozeß deutscher Einheit« (BT-Drs. 13/11000 vom 10. Juni 1998) wird zum Beweis für den »SED-Unrechtsstaat« im allgemeinen und der »Unrechtsjustiz« im besonderen mitgeteilt, daß in der »SBZ/DDR von deutschen Gerichten in der Zeit von 1945 bis 1981 in erster Instanz 372 Todesurteile verkündet« worden seien, von denen nicht alle erstinstanzlichen Urteile vollstreckt wurden. Nachgewiesen seien 206 Vollstreckungen. »Wegen des Tatvorwurfs von NS-Verbrechen wurde in 136 Fällen die Todesstrafe verhängt« und in 88 Fällen vollstreckt. »Der Vorwurf der Begehung von Staatsverbrechen, Spionage und Wirtschaftsverbrechen lag 72 Todesurteilen zugrunde, von denen 52 vollstreckt wurden.« Wegen vorsätzlicher Tötungsdelikte wurde die Todesstrafe in 164 Fällen verhängt und in 66 Fällen vollstreckt. Bei 6 verkündeten Todesurteilen ist die Strafvollstreckung nicht geklärt (a .a. O., S. 37/38).

Das genügte, die DDR-Justiz als »Blutjustiz« zu diffamieren und Hilde Benjamin, Richterin der DDR und spätere langjährige Justizministerin, als »Blutrichterin« zu apostrophieren, obgleich Hilde Benjamin lediglich in zwei Fällen die Todesstrafe verkündet hatte.

Keiner der etwa 100 führenden Juristen – darunter alle Oberlandesgerichtspräsidenten und Generalstaatsanwälte, die am 23./24. April 1941 an der vom Reichsjustizminister nach Berlin einberufenen Beratung teilnahmen, bei der ihnen Staatssekretär Franz Schlegelberger die geheime Euthanasieaktion T4 zur »Vernichtung unwerten Lebens« erläuterte und anwies, daß alle eingehenden Strafanzeigen gegen die Euthanasiemorde von der Generalstaatsanwälten unbearbeitet an das NS-Justizministerium weiterzuleiten waren – wurde je vor Gericht gestellt.

1965 eröffnete der hessische Generalstaatsanwalt Fritz Bauer ein Verfahren, in dem er allen noch lebenden Teilnehmern der Konferenz wegen Beihilfe zum Mord in 71.088 Fällen den Prozeß machen wollte. Das Verfahren wurde nach seinem plötzlichen Tod im Juni 1968 zunächst auf Eis gelegt und 1970 sang- und klanglos eingestellt. Die *Frankfurter Rundschau* schrieb am 6. Februar 1989: »Die 15 Aktenbände, in denen Fritz Bauer seine Ermittlungsergebnisse gegen die Teilnehmer der Apriltagung im ›Haus der Flieger‹ gebündelt hatte, verschwanden spurlos. Auf dem rund 100 Meter langen Weg vom Gebäude der Bonner Staatsanwaltschaft zum Gebäude des Amtsgerichts wurden sie niemals mehr gesehen.«

Die Staatsanwaltschaft unterließ es, die Öffentlichkeit über die Einstellung des Verfahrens zu informieren. Bekannt wurden die Fakten erst 1984. Es mutet wie ein Hohn an, wenn die *taz* 1996 in einer Rezension schreibt: »Fritz Bauers im Buch abgedruckte Anklageschrift gegen zwanzig führende Juristen gilt heute als eines der bedeutendsten Dokumente zur Rechtsgeschichte in der Bundesrepublik.«

Und im *Spiegel* 36/99 schrieb der Historiker Götz Aly zum gleichen Komplex: »In der Zivilverwaltung des besetzten Ostgalizien waren die Landräte, nach der österreichischen Verwaltungstradition Kreishauptleute genannt, für den Massenmord administrativ zuständig – überwiegend Juristen. Anders als die Chargen der Polizei wurde nach 1945 nicht einer von ihnen bestraft. Ihre soziale Zusammensetzung zeigt sich in den Nachkriegsfunktionen: Oberregierungsrat in Hildesheim Heinz Albrecht, Kreisdirektor von Wipperfürth Viktor von Dewitz, Rechtsanwalt in Düsseldorf Hermann Görgens, angesehener links-liberaler Journalist in Hamburg Klaus Peter Volkmann (Pseudonym Peter Grubbe), Staatssekretär in Niedersachsen Otto Wendt, Leiter des Deutschen Industrie-Instituts Ludwig Losacker (ehemals Amtschef beim Distriktgouverneur in Lemberg), Geschäftsführer der Gesellschaft für Kernforschung Josef Brandl, Richter am Bundesverwaltungsgericht Hans-Walter Zinser, Sozialminister in Schleswig-Holstein Hans-Adolf Asbach. Diese Herren, die in den ersten Jahrzehnten zur Elite der Bundesrepublik gehörten, hatten sich alle kraft Amtes mit der Vernichtung von insgesamt 500.000 ostgalizischen Juden befaßt.«

Peter Steinbach, der die Diskussion über die NS-Verbrechen in der »deutschen Öffentlichkeit nach 1945« untersucht hatte, kam 1981 zu dem Schluß, es werde vielfach behauptet, daß in der BRD ehemalige Nationalsozialisten in führende Positionen von Verwaltung, Wirtschaft, Justiz und Militär gelangten, wodurch die schonungslose Abrechnung mit Verbrechen der Vergangenheit unmöglich sei. Dabei werde auf singuläre Fälle verwiesen, die zu Recht öffentlich kritisiert würden, aber eben doch Einzelbeispiele seien und durch die öffentliche Meinung und politische Kontrollmechanismen überprüft und korrigiert würden. Sodann äußerte er sein Unverständnis darüber, daß es zu den seines Erachtens »kaum erklärbaren Phänomenen der öffentlichen Meinung (gehöre), daß sie sich so willig von den Schuldthesen etwa der DDR beeindrucken ließ. Durch ihre Farbbücher ... erzielte die DDR, so scheint es, fast mehr Publizität als die westdeutsche Seite durch ihre NSG-Verfahren.« NSG steht für »nationalsozialistische Gewaltverbrecher«.

Zweifellos hing dieses »Phänomen« mit der Tatsache zusammen, daß die von der DDR vorgelegten Beweise für die Schuld der in das bundesdeutsche Gesellschaftssystem »integrierten« Nazis offenkundig überzeugender waren.

Nur einige Beispiele – allerdings keine unbedeutenden

Ich will hier nicht die Verzeichnisse jener NS-Belasteten wiederholen, die in der BRD nach 1945 agieren konnten, sondern nur einige der »wiederverwendeten« NS-Exponenten, gewissermaßen die Spitze des Eisberges, benennen.

Hans Karl Filbinger (*1913): CDU; Innenminister von Baden-Württemberg von 1960 bis 1966, danach Ministerpräsident bis August 1978. Als Anklagevertreter beantragte Filbinger am 16. Januar 1945 die Todesstrafe für den 22jährigen Matrosen Walter Gröger und leitete im März 1945 die Vollstreckung. Sein Sturz begann mit dem Aufsatz Rolf Hochhuths in der *Zeit* vom 17. Februar 1978, der Filbinger als »furchtbaren Juristen« brandmarkte. Bald nach dem Fall Gröber wurden auch Todesurteile gegen zwei nach Schweden geflohene Fahnenflüchtige bekannt, an denen Filbinger als Richter ebenfalls mitgewirkt hatte. Filbinger bezeichnete diese Urteile als »Phantomurteile«, da sich die Verurteilten außerhalb des Machtbereichs der deutschen Militärjustiz befunden hätten – wobei er allerdings zu erwähnen vergaß, daß Schweden noch unmittelbar vor Kriegsende Fahnenflüchtige an Deutschland auslieferte.

Filbingers Verteidigungsversuch mündete in der Feststellung: »Was damals Recht war, kann heute kein Unrecht sein.«

Unter dem Druck der zu Recht empörten Öffentlichkeit mußte Filbinger dann zurücktreten. Seitens der CDU wurde eine »Ehrenerklärung« für Filbinger abgegeben. Filbinger blieben Dienstvilla, das Großkreuz des Bundesverdienstordens, der Ehrenvorsitz in der CDU des Landes Baden-Württemberg und achtzehn Jahre lang die Präsidentschaft des Studienzentrums Weikersheim, das zuweilen als »rechte Kaderschmiede« bezeichnet wurde.

Dr. Wolfgang Immerwahr Fränkel: Der nach einem Gutachten der NS-Gauleitung Kurhessen »überzeugte Anhänger der nationalsozialistischen Bewegung« war Reichsanwalt beim Reichsgericht Leipzig. Er war unter anderem mit der 1940 eingeführten sogenannten Nichtigkeitsbeschwerde befaßt. Diese war darauf gerichtet, auch rechtskräftige Urteile in Strafverfahren durch das Reichsgericht zu kassieren, um die Strafe zu vermindern oder zu erhöhen. »1951 wurde Fränkel Bundesanwalt. Als er 1962 zum Generalbundesanwalt ernannt werden sollte, wurde er … über eine eventuelle Mitwirkung an Todesurteilen im Rahmen der Nichtigkeitsbeschwerde befragt. Fränkel verneinte eine solche Mitwirkung«, heißt es bei Günter Plum in seinen »Anmerkungen«, die in Hannah Arendts »Eichmann in Jerusalem« 1990er Ausgabe veröffentlicht sind. Kurze Zeit nach Fränkels Ernennung am 30. März 1962 zum Generalbundeswalt wurden belastende Unterlagen bekannt. Die von der DDR vorgelegten Beweise überführten Fränkel, an über 30 Todesurteilen beteiligt gewesen zu sein. Im Ergebnis des gegen Fränkel durchgeführten Disziplinarverfahrens wurde dieser im Juli 1965 vom BGH als dem Dienstgericht des Bundes »vom Vorwurf eines fahrlässigen Verhaltens bei der Prüfung seines Erinnerungsbildes« freigesprochen. Das Disziplinargericht vermochte Fränkel trotz der vorhandenen Beweise nicht als überführt anzusehen, »bei seinen Auskünften gegenüber dem damaligen Bundesjustizminister sein Gedächtnis an jene verhältnismäßig wenigen Einzelvorkommnisse aus seiner mehrjährigen, umfangreichen, weit zurückliegenden Tätigkeit nicht genügend angespannt zu haben«, wie Bernt Engelmann zitierte.

Heinrich Brentano, damals CDU/CSU-Fraktionsvorsitzender im Deutschen Bundestag, schrieb zu Fränkel in einem Brief vom 12. Juli 1962 an den Staatssekretär im Bundesjustizministerium, Walter

Strauß, er »habe das ungute Gefühl, ... ›daß hier ein Mann von sogenannten Kollegen gedeckt wurde, der auf die Anklagebank, aber nicht auf den Richterstuhl gehört‹. Harsche Kritik am ›schlechten Geist‹ im Bundesverfassungsgericht verband sich mit der Empörung darüber, ›daß es eines Hinweises aus der Zone *(gemeint ist die DDR – D. J.)* bedurfte, um den höchsten Vertreter der Bundesanwaltschaft zu Fall zu bringen.‹ Die Sache ›ekle‹ ihn ›im höchsten Maße‹ an«, zitiert Michael Lemke 1993 dieses Schreiben.

Reinhard Gehlen (1902-1979): Generalmajor und Leiter der Abteilung »Fremde Heere Ost« (FHO) in Hitlers Generalstab des Heeres. Er äußerte während des Krieges: »Der Russe ist objektiv minderwertig; er ist somit als rechtloses Ausbeutungsobjekt anzusehen, zwecks hoher Arbeitsleistung kärglich am Leben und auf niedrigstem Wissensniveau zu erhalten.« Gehlen ergab sich am 22. Mai 1945 der US-Armee und stand bald als *Organisation Gehlen* im Dienst des US-Geheimdienstes. 1956 wurde die Organisation als »Bundesnachrichtendienst« (BND) in deutsche Dienste rücküberführt. Gehlen leitete den BND von 1956 bis 1968.

Dr. Hans Maria Globke (1898-1973): Oberregierungsrat im nazistischen Innenministerium. Verfasser (gemeinsam mit seinem Vorgesetzten Staatssekretär Wilhelm Stuckart) eines offiziellen Kommentars zu den Nürnberger Rassegesetzen, der »in Sprache und Argumentation eine juristische Exegese des Unrechts und der Barbarei« war, wie Stephan Reinhardt 1995 urteilte. Von 1953 bis 1963 war Globke Staatssekretär Adenauers im Bundeskanzleramt. »Bis zuletzt war G. an der Schaffung der Rechtsgrundlagen für die Judenverfolgung beteiligt ... Nach 1945 zunächst als Angehöriger der nat.-soz. Führungsschicht verhaftet, wurde G. später als ›Mitläufer‹ eingestuft und konnte – nun CDU-Mitglied – seine Beamtenlaufbahn fortsetzen«, heißt es im Großen Lexikon des Dritten Reiches von Friedemann Bedürftig und Christian Zentner (Hrsg.). Im 1999 in Freiburg erschienenen »Ploetz: 50 Jahre Deutschland« heißt es zu Globke höchst »neutral« und »neutralisierend«: »1932-45 Ministerialrat im Reichsinnenministerium; Verfasser eines Kommentars zu den Nürnberger Gesetzen; 1953-63 als Staatssekretär im Bundeskanzleramt unter Adenauer von administrativem und politischem Einfluß.«

Im übrigen: Die Papiere Globkes, schreibt Norbert Frei, »mit dessen Namen das Thema ›Vergangenheitsbewältigung‹ verbunden ist wie mit keinem anderen, sind im Archiv für Christlich-Demokratische Politik weiterhin nur wenigen Forschern zugänglich, zu denen die Witwe von Hans Globke nach Beratung durch die Stiftung Vertrauen schöpft.«

Es wurde in der Bundesrepublik zur Entlastung Globkes verbreitet, dieser habe mit seinem Kommentar beabsichtigt, die nazistischen Rassen-Gesetze in ihrer Anwendung zu entschärfen. (Strauß schrieb in seinen »Erinnerungen« 1989: »Globke hatte diesen Kommentar zu den Nürnberger Gesetzen von 1935 in der Absicht geschrieben, sie rechtlich einzugrenzen, aber in den fünfziger Jahren hatte niemand den Mut, dies in der deutschen Öffentlichkeit klar auszusprechen.« Und Mary Ellen Reese [»Organisation Gehlen, S. 294, Anm. 19]: »Viele untadelige Zeugen eilten ihm *(Globke – D. J.)* jedoch zur Seite, und es gelang ihm, seinen Beitrag zu den Gesetzen als Versuch zur Milderung des Schicksals der Juden hinzustellen.« Und in der »Enzyklopädie des Holocaust. Die Verfolgung und Ermordung der europäischen Juden« [Bd. I, 2. Aufl., München-Zürich 1998, S. 546] hieß es: »Adenauer akzeptierte Globkes Behauptung, daß er versucht habe, die von Hitler geforderten gesetzlichen Maßnahmen zu mildern.«)

Globkes vermeintliche Irrführung irritiert ein wenig. Wieso wurde sein Kommentar dann in der Nazizeit so gelobt? Fielen die Nazis auf seine »Abschwächungen« herein? Offenkundig merkten sie das nicht. Der berüchtigte Präsident des Volksgerichtshofes Roland Freisler jedenfalls meinte, »auf die Gediegenheit der Kommentierung der Gesetze und zugehörigen Verordnungen besonders hinzuweisen, erübrigt sich. Der Kommentar kann wohl in keiner Handbücherei eines Rechtswahrers fehlen.«

Bei Michael Lemke, Historiker und Mitarbeiter beim Forschungsschwerpunkt Zeithistorische Studien Postdam, heißt es in den *Vierteljahresheften für Zeitgeschichte* 1/1993: »Der Persönlichkeit Hans Globkes gerecht zu werden, fällt auch heute noch schwer. Schon zu Lebzeiten geriet ihm zum Nachteil, daß jedermann zwar seine Mitarbeit am Kommentar zu den ›Nürnberger Gesetzen‹ bekannt war, weitgehend unbekannt blieb aber, daß er ›den Opfern eben dieser Nürnberger Gesetze in vielen Einzelfällen mit Rat und Tat geholfen (hat)‹.«

1980 hatte Klaus Gotto in Stuttgart eine Entlastungsschrift herausgegeben, die die These von der Hilfe für Opfer zu beweisen suchte und »Persilscheine« für Globke brachte. Lemke bezeichnet in seinem Artikel in den *Vierteljahresheften* den Beitrag in Gottos Buch von Robert Kempner, ehemaliger Kollege Globkes im Preußischen Ministerium des Innern und späterer US-Anklagevertreter im Nürnberger Hauptkriegsverbrecherprozeß, als »aufschlußreich«.

In der Tat ist das Zeugnis Kempners von einer merkwürdigen Zurückhaltung geprägt. Lediglich seine Bemerkungen über Globkes angeblich nicht vorhandene Verantwortung bei der *Ausarbeitung* der Nürnberger Rassegesetzgebung ist von einiger Relevanz, obwohl das Nazi-Innenministerium den Kommentar am 11. März 1936 ausdrücklich mit den Hinweis empfahl, dieser hätte »schon deswegen besondere Bedeutung ..., weil die beiden Verfasser am Zustandekommen der Rassengesetzgebung amtlich beteiligt waren und daher zu ihrer Auslegung in erster Linie berufen sind«.

Der gewissenhafte Beamte Globke hat diese Feststellung jedenfalls damals nicht korrigieren lassen. Daß Kempner behauptet, »Kenner der damaligen Sachlage« hätten erklärt, daß dieser Kommentar eine besonders für sogenannte Mischlinge günstige Interpretation enthalten hätte, mag zutreffen. Gegenüber der Gesamtrolle, die der Kommentar gespielt haben dürfte, ist diese »Entlastung« mehr als fragwürdig.

Zu Globke meinte der Mitbegründer des Zentralrats der Juden in Deutschland, Norbert Wollheim, in einem 2000 erschienenen Buch zur Geschichte der Juden in Deutschland nach 1945: »Wir wußten genau, was er getan hat, sein Kommentar über die Rassengesetzgebung hat vielen das Leben gekostet. Aber Adenauer meinte, er habe vielen das Leben gerettet mit dem Kommentar.« Das Schlimmste sei, so erklärte Inge Deutschkron im gleichen Band, daß Dr. Hans Globke die rechte Hand Adenauers gewesen sei. »Sich so einen Mann an die Seite zu holen, ist mir unerklärlich. Und das ist nicht das einzige, was man Globke ankreiden kann, als er im Innenministerium bei den Nazis arbeitete. Es gibt heute Stimmen, die behaupten, er hätte den Juden geholfen, so was sind ja Gerüchte, was zählt, ist die Tatsache, was geschrieben stand in diesem Kommentar.« Globke schuf »unter anderem durch die Produktion personenstandsrechtlicher Erlasse (z. B. Unterscheidung zwischen sogenannten ›Voll- und Halb-Juden‹ und ähnliche Differenzierungen) wichtige verwaltungstechnische Voraussetzungen für die Durchsetzung der Morde.«

Friedemann Bedürftig meinte im »Lexikon Deutschland nach 1945« (Hamburg 1996): »Seine Bedeutung liegt weniger in seiner politischen Rolle als in der Beispielhaftigkeit seines Falles für den Umgang mit der NS-Vergangenheit: Der Jurist Globke trat nie der NSDAP bei, wurde aber als Ministerialrat im Reichsinnenministerium einer der eifrigsten Verfechter der Entrechtung der Juden. Er verfaßte einen Kommentar zu den Nürnberger Rassegesetzen, setzte sich für das zwangsweise Führen der Vornamen ›Sara‹ und ›Israel‹ durch Juden ein und zeichnete 1944 persönlich einen Erlaß ab, der den Übergang des Vermögens ermordeter Juden auf das Reich regelte. Nach dem Krieg … behauptete Globke stets, mit seinen Kommentaren die NS-Gesetze abgemildert zu haben.« Allerdings war Globke deshalb nie Mitglied der NSDAP, »weil sein Aufnahmeantrag in die NSDAP vom 24. Oktober 1940 nach Einspruch Martin Bormanns vom Obersten Parteigericht im Februar 1943 schließlich abgelehnt wurde.« So Robert Wistrich 1983 und Herman Weiß 1998.

Die DDR hatte frühzeitig Materialien über die nazistische Vergangenheit Globkes veröffentlicht und ihn 1963 nach einem Prozeß in Abwesenheit zu lebenslangem Zuchthaus verurteilt. (1992 haben zwei ehemalige MfS-Offiziere, Günter Bohnsack und Herbert Brehmer, die Echtheit der im Verfahren vorgelegten Dokumente in Zweifel gezogen, indem sie behaupteten: »In diesem *[Globke-Fall – D. J.]* wie in anderen Entlarvungsfällen erhielt das MfS den Auftrag, die erforderlichen Dokumente zu beschaffen. Wenn die vorhandenen Akten nicht ausreichen, wurden sie durch ›Zugaben‹ ergänzt. In den ersten Jahren der Abteilung Aktive Maßnahmen war die Beschaffung und Fälschung historischer Quellen ein Schwerpunkt ihrer Tätigkeit.« Bezogen auf die Dokumentationen über die NS-Vergangenheit bundesdeutscher Politiker bleiben beide Autoren den detaillierten Beweis für ihre

Behauptung allerdings schuldig, sie werden fortan aber als vermeintliche »Insider« als Kronzeugen zitiert. Der einzige etwas fragwürdige Fall – die Unterschrift Lübkes unter eine Bauzeichnung, bei der eine unkonturierte Unterschrift zur Verdeutlichung nachgezogen wurde – ist aber wohl kaum als Fälschung anzusehen.)

Zutreffend schrieb Ralph Giordano 2000: »Die Adenauer-Ära war ein brauner Epilog ... Nicht nur, daß sie straffrei davonkamen, sie konnten auch in allen Sparten ihre Karriere weiter fortsetzen. Die Funktionselite der alten BRD war bis in die Siebziger nahezu identisch mit der unter Hitler. Und das war Adenauers Werk. Adenauer ist für mich der Schöpfer der zweiten Schuld. Der auch einen Mann wie Globke nicht nur aufgebaut, sondern gehalten hat, sein erster Staatsminister, die graue Eminenz der Adenauer Ära, dieser Mann, der ein 300-Seiten-Opus zu den sogenannten Nürnberger Rassegesetzen zum Schutz des deutschen Blutes und der deutschen Ehre geschrieben hat, was sich jetzt als nichts anderes als die erste Stufe in das Inferno der Gaskammern erweist. Und wenn Globke das vorher nicht wußte – die Geschichte hat es erwiesen. Und einen solchen Mann zur grauen Eminenz der ersten Legislaturperiode der zweiten deutschen Demokratie, der BRD, zu machen, zeugt von einem Ungeist, der unüberbietbar ist.«

Am 10. Juli 1999 schrieb Georg Paul Hefty: »Adenauer hielt jedoch an ihm unerschütterlich fest. Damit gab er ein Signal all den Beamten und Angestellten des öffentlichen Dienstes, die schon in der Nazi-Zeit in der Staatsverwaltung, aber außerhalb der direkt von der NSDAP-Führung besetzten Posten gearbeitet hatten.«

Am 9. Oktober 1999 öffnete in Leipzig eine Ausstellung des »Zeitgeschichtlichen Forums«. Entgegen nunmehr gesamtdeutsch gesicherter Erkenntnis hieß es dort: »Die SED-Propaganda stellt die Bundesrepublik dar, als wirke in ihr der Nationalsozialismus weiter. Sie diffamiert hohe Beamte, Politiker und Militärs wegen ihrer Funktion und Tätigkeit in der NS-Zeit und schreckt dabei nicht vor Verleumdungen zurück ... Ein Ziel der Angriffe ist vor allem Hans Globke, Staatssekretär im Bonner Bundeskanzleramt. Der Name des Juristen ist verbunden mit dem Kommentar zu den Nürnberger Gesetzen, die 1935 zur Entrechtung der deutschen Juden führen.« Der »Jurist« wird zum Opfer der »SED-Propaganda«.

Doch zu weiteren Exponenten des NS-Staates, die in der Bundesrepublik Karriere machten.

Mathias Hoogen: Kriegsgerichtsrat bei der Luftwaffe und Oberstabsrichter bei der Kurlandarmee. Auf seinen Antrag hin wurde der Soldat Felix Stolz am 18. Juli 1944 wegen Fahnenflucht zum Tode verurteilt und hingerichtet. 1949 war er Bundestagsabgeordneter der CDU, später Vorsitzender des Rechtsausschusses des Bundestags und 1964 Wehrbeauftragter des Bundestags.

Kurt-Georg Kiesinger (1904-1988): Bundeskanzler der BRD (1966-1969); 1933 NSDAP; 1940 wissenschaftlicher Hilfsarbeiter im Auswärtigen Amt. 1943-1945 war er stellvertretender Abteilungsleiter der rundfunkpolitischen Abteilung und Verbindungsmann zum Reichspropagandaministerium von Joseph Goebbels. In einem von Kiesinger unterzeichneten Bericht vom 21. August 1940 über eine Reise mit Rundfunkberichterstattern heißt es über den Zweck der Reportagen: »1. den Hörern einen Eindruck zu geben von der unwiderstehlichen Kraft der deutschen Waffen im Kriege. 2. von der Haltung und Leistung des Siegers während des Krieges und nach der Beendigung der Kampfhandlungen ... Von der Kraft der deutschen Waffen zeugen die Berichte über die Spuren des Krieges in Belgien und Frankreich.« 1949-1980 (mit Unterbrechungen) CDU-Bundestagsabgeordneter; 1958-1966 Ministerpräsident von Baden-Württemberg.

Dietrich Klagges (1891-1971): SS-Obergruppenführer. Seine Behandlung in der BRD ist hinsichtlich des Ernstes und des tatsächlichen Effekts der Abrechnung mit den »normalen« Naziaktivisten exemplarisch. Klagges war 1925 in die NSDAP eingetreten. Als Innenminister des Landes Braunschweig hatte er den staatenlosen Österreicher Adolf Hitler im Februar 1932 zum braunschweigischen Regierungsrat ernannt und auf diese Weise zum deutschen Staatsbürger gemacht. Das befähigte Hitler, staatliche Funktionen in Deutschland zu übernehmen. Unter Klagges hatten in Braunschweig bereits 1933 Folterungen von Landtagsabgeordneten, Verhaftungen von 1.500 Stahlhelmern und Sozialisten begonnen; zehn Sozialisten wurden in Rieseberg (Landkreis Helmstedt) erschossen. Einer Terroraktion der SS fielen 16 Menschen zum Opfer. »Im April 1950 wurde Klagges vom Schwurgericht Braunschweig zu lebenslangem Zuchthaus verurteilt. Grundlage war das Kontrollratsgesetz 10 der Siegermächte, das Verbrechen gegen die Menschlichkeit betraf. Dieses Gesetz der Alliierten wurde Anfang der fünfziger Jahre aufgehoben. Damit begann im Fall Klagges der deutsche Teil der juristischen Bewältigung: Der Bundesgerichtshof hob das Urteil auf und wies es an das Landgericht Braunschweig zurück zur Neufestsetzung des Strafmaßes mit der Maßgabe, daß sie ausschließlich auf Grund deutscher Gesetze erfolge. Die Folge war eine erstaunliche Milde: Das Urteil wurde im November 1952 zunächst auf 15 Jahre reduziert. Und das Oberlandesgericht Braunschweig entließ Klagges im Oktober 1957 aus dem Zuchthaus – drei Jahre vor Ablauf der Haftzeit«, schrieb die »Welt am Sonntag« am 27. November 1994.

Damit war es aber nicht genug. 1970 erstritt sich Klagges eine Pensionsnachzahlung in Höhe von 100.000 DM. Der 6. Senat des Bundesverwaltungsgerichts begründete 1969 den Rentenanspruch Klagges, der ursprünglich Lehrer von Beruf war, in folgender Weise: »Die Sozialversicherung ist Ausdruck einer allgemeinen sozialen Grundhaltung des Staates im Sinne des Sozialstaatsgedankens«. Der 2. Senat urteilte 1970 zum Fall Klagges, daß das System der Sozialversicherung von strafrechtlicher und moralischer Schuld unabhängig sei.

Bei den Hoheitsträgern der DDR gilt diese Rechtsauffassung merkwürdigerweise nicht.

Heinrich Lübke (1894-1972): Bundespräsident (1959-1969); in der Nazizeit Mitwirkung am Bau nazistischer Konzentrationslager und Rüstungsanlagen; 1945 CDU, Landwirtschaftsminister in Nordrhein-Westfalen (1947-1952), danach Bundesminister im gleichen Ressort. »Mit Kriegsbeginn 1939 Mitarbeiter im Bau- und Ingenieurbüro Schlempp ... hatte er als dessen stellv. Leiter seit 1944 Bauten für das mit Zwangsarbeitern betriebene Raketenwaffenprogramm durchzuführen, die nach 1960 Gegenstand erheblicher Anwürfe wurden«, hieß es im Biographischen Wörterbuch zur deutschen Geschichte von 1995. Lübke habe, so weiter, während seiner Amtszeit als Bundespräsident zunehmend Kritik erregt, »zumal ein spürbares Nachlassen seiner Kräfte ... unverkennbar war und die massiven Angriffe der DDR gegen seine Tätigkeit 1944/45 mit bemerkenswertem Ungeschick abgewehrt und auch durch die von Bundesinnenminister Lücke 1966 vorgelegten Dokumentationen nicht entkräftet wurden.«

Mit den Veröffentlichungen der DDR zu Lübke setzte Bonn auf die Behauptung, das MfS habe das Material gefälscht. Nach 1990 wurden Anstrengungen unternommen, um die Fälschungsthese zu belegen. Entlastung für Lübke brachten aber auch jene ehemaligen MfS-Offiziere nicht, die 1992 in »Auftrag Irreführung« behaupteten: »Über Lübke fanden sich im Archiv der Abteilung IX/11 Akten, die seine Tätigkeit in einer Baugruppe namens Schlempp während der Nazizeit dokumentierten. Es gab auch Baupläne für Baracken; aber daß diese für Gefangene in Konzentrationslagern gedacht waren, ging aus den Zeichnungen nicht hervor, auch aus jenen nicht, an denen Lübke mitgearbeitet hatte. So konnte nur unterstellt werden, daß er von der späteren Nutzung wußte. Beweisen ließ sich diese Behauptung aufgrund der Akten jedoch nicht. Also ergänzten wir das vorliegende Material, so daß es zweifelsfrei ›bewies‹, was wir beweisen wollten: daß Bundespräsident Lübke dereinst mitgebaut hatte an den KZ der Nazis. Die Verfälschungen wurden mit großer Sorgfalt angefertigt, damit sie einer Prüfung standhielten. So waren die Deckblätter derartig geschickt bearbeitet worden, daß sogar Kriminalisten der Humboldt-Universität nicht dahinterkamen. Und trotzdem gab es schon damals Indizien dafür, daß etwas nicht stimmte. So hatte Norden bei der Durchsicht der Akten moniert, daß Lübkes Unterschriften zu schwach seien, die Genossen sollten sie ›erkennbar‹ machen. Das taten sie, und bald hatte das Bundeskriminalamt die Nachbesserungen entdeckt.«

Die CDU gab der »Gauck-Behörde« das »Dossier Lübke« in Auftrag. Bereits 1994 wurde geliefert, danach kehrte bei der CDU merkwürdige Stille ein. Die *Berliner Zeitung* schrieb am 9. März 1994, der Grund werde darin bestehen, daß die Unterlagen zu belegen scheinen, »daß Heinrich Lübke sehr wohl wissentlich und tatkräftig an der Konzipierung und dem Aufbau von Arbeits- und Konzentrationslagern in Deutschland beteiligt war«. Von Fälschung des Materials konnte keine Rede sein. So liege auch ein Schreiben eines MfS-Offiziers vom 15. Dezember 1966 an Minister Mielke vor, in dem es heißt: Diese Dokumente »sind in ihrer Echtheit über jeglichen Zweifel erhaben und bergen insofern keine politischen

Gefahren«. Die Zeitung weiter: »Eine Lübke-Unterschrift aber wurde von der Stasi tatsächlich manipuliert. Der Grund ist banal: Albert Norden bemängelte in der Vorbereitung der Pressekonferenz 1966, daß eine Unterschrift Lübkes unter der Bauzeichnung einer KZ-Baracke nicht deutlich genug zu erkennen war. Durch Vergrößerung der Schautafeln war sie nur noch mit Mühe leserlich. Oberst Halle, der von seiten des MfS die Lübke-Kampagne betreute, nahm sich Nordens Kritik zu Herzen – und ließ den Namenszug einfach nachziehen.« 2001 legte Jens-Christian Wagner, Leiter der KZ-Gedenkstätte »Dora-Mittelbau« Nordhausen, in seinem Buch »Produktion des Todes – Das KZ Mittelbau Dora« neue Dokumente vor, die Lübke schwer belasten. Das, was damals von der DDR publiziert worden war, war echt – bis auf den Aktendeckel. Wagner konstatierte gegenüber dem *Spiegel*: »Die Unterlagen aus Neu-Staßfurt waren authentisch. Doch das reichte Ost-Berlin nicht, weil das Wort KZ in den Unterlagen nicht vorkam. Also stellte die Fälscherwerkstatt der Stasi zwei Aktendeckel her, auf denen das böse Wort vom Konzentrationslager zu lesen war. Dieser Schwindel flog auf. Damit war das gesamte Material diskreditiert.«

Dr. Franz Schlüter (1907): Amtsgerichtsrat, Ankläger und »Vollstreckungsleiter« beim Oberreichsanwalt des VGH, der 21 Todesurteile unterzeichnete; er war bis zu seiner Pensionierung 1970 Senatspräsident beim Bundespatentamt in München.

Franz Schlegelberger (1876-1970): NSDAP seit 1938; von 1931 bis 1942 Staatssekretär im Justizministerium, nach dem Tode des Justizministers von 1941 bis 1942 dessen Nachfolger. Als er mit 66 Jahren in den Ruhestand trat, erhielt er von Hitler neben einem persönlichen Dankschreiben eine Gratifikation von 100.000 RM. 1947 wurde er im Nürnberger Juristenprozeß von einem US-amerikanischen Militärgerichtshof zu einer lebenslangen Freiheitsstrafe verurteilt. In der Urteilsbegründung wurde unter anderem dargelegt, daß Schlegelberger (und die anderen Angeklagten) »das Justizministerium als ein Werkzeug zur Vernichtung der jüdischen und polnischen Bevölkerung, zur Terrorisierung der Einwohner der besetzten Gebiete und zur Ausrottung des politischen Widerstandes im Inland« benutzt hätte. Schlegelberger wurde 1951 wegen Krankheit aus der Haft entlassen und 1951 begnadigt. Bereits 1950 erhielt er eine Pension von monatlich 2.894 DM (das Siebenfache des damaligen Durchschnittseinkommens mittlerer Beamter) und eine Pensionsnachzahlung in Höhe von 160.000 DM für seine Haftzeit. Schlegelberger wurde in der BRD zwar nicht mehr direkt »wiederverwendet«, aber die bundesdeutschen Streicheleinheiten waren keineswegs geeignet, ein Unrechtsbewußtsein bei ehemaligen Nazijuristen zu entwickeln.

Prof. Erich Schwinge: Militärstrafrechtler an der Universität Marburg. Er verfaßte einen vielbenutzten Kommentar zum Militärstrafgesetzbuch von 1936, in dem es unter anderem heißt: »Beherrschende Stellung kommt im Wehrstrafrecht demjenigen allgemeinen Gesichtspunkt zu, ohne den der innere Zusammenhalt der Truppe und die Schlagkraft der Wehrmacht nicht gewährleistet werden kann: dem Gedanken der Manneszucht.« Während des Krieges lobte Schwinge gesetzliche Regelungen, die eine uferlose Strafverschärfung vorsahen, da es dadurch möglich geworden sei, »in jedem Einzelfall … bis zur Todesstrafe zu gehen.« Schwinge selbst verfuhr als Kriegsgerichtsrat bzw. Oberstabsrichter gnadenlos. Er verurteilte einen 17jährigen wegen Bagatelldiebstahls zum Tode. Das Urteil erschien selbst Himmler überzogen, so daß er es kassierte. Schwinge verurteilte noch im Februar 1945 einen Obergefreiten zum Tode, der sich durch Selbstverstümmelung einem neuerlichen Fronteinsatz hatte entziehen wollen. Nach 1945 wirkte Schwinge weiter als Professor für Straf- und Strafprozeßrecht, Militär- und Kriegsvölkerrecht und wurde 1954 Rektor der Universität Marburg.

Zur Wirkung des »Aufstands« der jungen Generation

Unmut über diese Art der »Vergangenheitsbewältigung« regte sich nicht nur in der DDR, sondern auch in der Bundesrepublik. Vor allem bei der jüngeren Generation entstand im Laufe der Zeit ein gewisses Unbehagen über die reibungslose personelle Integration der Altnazis. Zumal unübersehbar war, daß sich »konservatives« Denken dieser »Eliten« auch in der Verfolgungs- und Unterdrückungspraxis gegen linke und liberale Demokraten niederschlug. Insbesondere die Abwertung antifaschistischen Widerstandes bis 1945, das Verbot der

KPD im Jahre 1956 und die rigorose Verfolgung von Kommunisten und anderen linken Demokraten in den Prozessen nach dem Verbot der KPD (im krassen Gegensatz zur Zurückhaltung bei der Verfolgung von Naziverbrechern) provozierten Widerspruch.

Die Auseinandersetzung mit dem deutschen Faschismus brachte seither eine umfangreiche Literatur hervor. Konsequenzen aber wurden kaum gezogen. Jetzt, nachdem unmittelbar Beteiligte nicht oder kaum noch zur Verantwortung gezogen werden können, tut man es. So verurteilte der 99. Deutsche Ärztetag in Köln im Juni 1996 anläßlich des 50. Jahrestages des Nürnberger Ärzteprozesses die Verbrechen von NS-Medizinern. Der Gehörlosenpfarrer Hans Jürgen Stepf sah sich zu einer Leserzuschrift im Berliner *Tagesspiegel* (16. Juni 1996) veranlaßt, in der es unter anderem hieß: »Spät, zu spät für viele Opfer wird Trauer für die Betroffenen bekundet, jetzt, wo keiner der damaligen Ärzte mehr praktiziert ... Ein Beitrag im Dt. Ärzteblatt vom 22. Oktober 1987 über die ›Zulässigkeit einer Sterilisation geistig Behinderter aus eugenischer oder sozialer Indikation‹ zeigt, daß der Ärztetag damals nicht willens war, den Opfern der Zwangssterilisationen gegenüber sein Bedauern zum Ausdruck zu bringen. Die Ärzte, die im ›Dritten Reich‹ eine Zwangssterilisation durchführten, haben danach durch ihre Gutachten eine Rehabilitierung und Anerkennung der Opfer verhindert. Allein Berlin hat Zwangssterilisierte als rassisch Verfolgte anerkannt. Jetzt, nach 50 Jahren, kommt das Bedauern ... für viele Opfer zu spät.«

Norbert Frei konstatiert 1999 in »Das Erbe der Mörder«, daß die BRD ab Mitte der 50er Jahre das Bekenntnis zu den »Lehren aus der Vergangenheit« in eine »antitotalitäre Frontstellung (verwandelte), der die Abgrenzung gegenüber der überwundenen braunen Diktatur zusehends weniger galt als die Auseinandersetzung mit der gegenwärtigen roten«. Frei hielt es deshalb für eine besondere Ironie, »daß die Bundesrepublik entscheidende Anstöße zu einem kritischeren Umgang mit der Vergangenheit gegen Ende der fünfziger Jahre ausgerechnet aus der DDR ereilten. Ein Regime, das sich selbst auf den längst schon hohl gewordenen Antifaschismus zurückgezogen hatte, entdeckte im Vorwurf der ›unbewältigten Vergangenheit‹ ein vorzügliches Instrument zur politisch-moralischen Diskreditierung der Bonner Demokratie. Mit Kampagnen beispielsweise gegen Hans

Globke, den Staatssekretär im Kanzleramt und vormaligen Kommentator der Nürnberger ›Rassegesetze‹, gegen den nationalsozialistischen ›Ostexperten‹ und dann zum Vertriebenenminister berufenen Theodor Oberländer oder ganz pauschal gegen ›Hitlers Blutrichter in Adenauers Diensten‹ ließ sich Wirkung erzielen – bei der westdeutschen Jugend ebenso wie im westlichen Ausland.«

Es ist merkwürdig, daß ausschließlich Propagandagründe für die Aktionen der DDR ins Feld geführt werden. Völlig übersehen wurde und wird, daß es in der DDR tatsächlich Sorge, wenn nicht gar Furcht gab, daß die »wiederverwendeten« Naziaktivisten Morgenluft wittern und erneut einen »Ritt gen Osten« wagen könnten. Schließlich hatte selbst Kurt Schumacher auf dem Parteitag der SPD 1948 in Hannover erklärt: »Die Nazis von gestern konnten bleiben, wer sie waren. Sie brauchten sich nicht entscheidend zu ändern. Sie sind jetzt in der Lage, die Formen der Demokratie zu handhaben, ohne ein positives Verhältnis zu ihrem Inhalt zu gewinnen. Das gilt besonders von beträchtlichen Teilen des Beamtentums, die stärker von Nazismus als von der Weimarer Republik geformt sind.«

8. Der »Fehler«, der nicht wiederholt werden darf

Nach 1989 wurde das Problem des schonenden Umgangs mit den Nazis noch einmal akut. Nach dem Anschluß der DDR begann die Abrechnung mit den Akteuren der Deutschen Demokratischen Republik. Auf die Frage, warum Strafverfolgung nun, entgegen dem eindeutigen Wortlaut von § 315 des Einführungsgesetzes zum Strafgesetzbuch (EGStGB) und gegen das Rückwirkungsverbot des Art. 103 im Grundgesetz, gegen angebliche Regierungskriminelle realisiert werde, hieß es, daß man bei den »SED-Tätern« der »zweiten deutschen Diktatur« auf keinen Fall den Fehler begehen wolle und dürfe, den man bei den NS-Tätern – gewissermaßen versehentlich – begangen habe.

Bei Gelegenheit der Verurteilung des Richters Reinwarth wegen seiner Mitwirkung an Todesurteilen in der DDR räumte der Bundesgerichtshof am 16. November 1995 ein: »Der Senat verkennt nicht, daß Maßstäbe, wie sie in der Bundesrepublik Deutschland bei der Beurteilung von NS-Justizunrecht angewandt worden sind, weit weniger streng waren. Die Erkenntnis, daß eine Todesstrafe nur dann als nicht rechtsbeugerisch anzusehen ist, wenn sie der Bestrafung schwersten Unrechts dienen sollte, hätte in einer Vielzahl von Fällen zur Verurteilung von Richtern und Staatsanwälten des nationalsozialistischen Gewaltregimes führen müssen. Derartige Verurteilungen gibt es trotz des tausendfachen Mißbrauchs der Todesstrafe, namentlichen in den Jahren 1939-1945, nur in sehr geringer Zahl.«

Die Rede ist weiter von einer »insgesamt fehlgeschlagene(n) Auseinandersetzung mit der NS-Justiz« und davon, daß »sich bei der strafrechtlichen Verfolgung des NS-Unrechts auf diesem Gebiet erhebliche Schwierigkeiten ergeben« hätten. »Einen wesentlichen Anteil an dieser Entwicklung hatte nicht zuletzt die Rechtsprechung des BGH«, hieß es selbstkritisch zur Vergangenheit der eigenen Institution.

Den im September 1990 erst- und letztmalig beim Deutschen Juristentag in München anwesenden DDR-Juristen erklärte der Juristentagspräsident Harald Franzki, warum man sich nach 1945 derart nachsichtig verhalten habe. Man habe »Verständnis für Irrtum und ideologische Befangenheit gezeigt und den meisten die Chance zur Einsicht, inneren Umkehr und Mitarbeit am Wiederaufbau der Demokratie eröffnet.« Er sagte das wohl auch in der Annahme, man würde sich ähnlich nachsichtig bei den DDR-Juristen verhalten.

Daß man genau dies nicht vorhabe, machte Rudolf Wassermann am 19. Oktober 1990 in der *Welt* klar. »Mit den Staatsfunktionären der ehemaligen DDR würde strenger verfahren als seinerzeit mit den NS-Richtern bei der Entnazifizierung. Dieses Argument ist jedoch verfehlt. Der bundesrepublikanischen Justiz ist immer wieder angekreidet worden, daß sie den Richtern der NS-Zeit gegenüber zu lax verfahren sei. Jetzt besteht die Chance, es besser zu machen. Wird sie nicht ergriffen, so steht ein neuer Justizskandal ins Haus, der die Bundesrepublik nicht weniger belasten wird als der frühere.«

Und der das »SED-Unrecht« in Sachsen verfolgende Leipziger Oberstaatsanwalt Martin Uebele erklärte, er habe es »immer bedauert, daß die bundesdeutsche Justiz bei der Aufarbeitung der NS-Justiz versagt« habe. Aber das könne nicht daran hindern, DDR-Juristen nun zu bestrafen, da es »keine Gleichheit im Unrecht« gäbe, denn »wenn ein Bankräuber entlaufen ist, kann sich nicht der Einbrecher darauf berufen«, zitierte ihn am 1. Dezember 1997 *Neues Deutschland.*

In die Kategorie der »Fehler« gehört die Rasanz, mit der die von den westlichen Alliierten verurteilten Nazi- und Kriegsverbrecher auf Drängen bundesdeutscher Instanzen sukzessive freigelassen wurden. »Anders als es von den Gründern des Nürnberger Tribunals angestrebt wurde, haben die Verfahren das Geschichtsbild der Deutschen *(gemeint sind die Westdeutschen – D. J.)* nicht beeinflußt. Diese empfanden die Urteile zumeist als Willkürtat der Sieger und übten organisierten Druck auf den US-Hochkommissar McCloy aus, die Vollstreckung der Strafen auszusetzen«, heißt es dazu in der »Enzyklopädie des Holocaust von 1998. »Auf Drängen der Kirchen, der Bundesregierung und der parlamentarischen Parteien setzte ab 1951 eine Gnadenpraxis ein, die zur Umwandlung von zwölf der 25 Todesurteile in Strafhaft und bis zum Jahr 1958 zur Entlassung der letzten Inhaftierten führte. Diese knüpften an ihre unterbrochene gesellschaftliche Laufbahn an und behielten zumeist die beamtenrechtlichen Versorgungsansprüche. In Artikel 7,1 des Überleitungsvertrags der Pariser Verträge, die 1955 die staatliche Souveränität der Bundesrepublik herstellten, wurde die Rechtswirksamkeit aller alliierten NS-Verurteilungen niedergelegt. Später gab die Bundesrepublik dieser Vereinbarung eine andere Auslegung. Nach Auffassung der Bundesregierung und des Bundesgerichtshofs vom 9. Januar 1959 entbehren die Nürnberger Urteile der Rechtsnatur.«

Daß die Art und Weise, in der die »Wiedereingliederung« der Nazis in die bundesdeutsche Gesellschaft vollzogen wurde, kein »Fehler« war, hat Norbert Frei mit seinem unter dem bezeichnenden Titel »Vergangenheitspolitik« erschienenen Buch unmißverständlich deutlich gemacht. Der Begriff »Vergangenheitspolitik« bezeichnet nicht einen beliebigen Umgang mit der NS-Vergangenheit, sondern exakt bestimmbare Ereignisse und Vorgänge in der deutschen Innenpolitik der Jahre 1949 bis 1954. »Die Vorstellung, die schon seit Jahren nur noch aufgrund alliierten Drucks ertragenen Sühnemaßnahmen würden mit der Restituierung deutscher Staatlichkeit umgehend beendet, war im Herbst 1949 fester Bestandteil des kollektiven politischen Erwartungshorizonts. Anders gesagt: Im Anfang war, noch vor Adenauer, die Idee der Amnestie.« Beteiligt waren alle deutschen politischen Kräfte – mit Ausnahme der Kommunisten –, die in der Bundesrepublik agierten: die Bundesregierung und die Opposition, die politischen Parteien und die Kirchen, die Heimkehrer- und Soldatenverbände, die Printmedien.

Merkwürdig der Entlastungsangriff, den ein Rezensent des Buches in der FAZ vom 10. August 1996 für die Kirchen führt: »Mit starkem Engagement für die wegen Kriegsverbrechen verurteilten Männer traten in den ersten Jahren nach dem Krieg einzelne kirchliche Würdenträger auf. Was hier zu Recht scharf akzentuiert wird, ist zugleich unangemessen einseitig gezeichnet, denn ›die Kirchen‹ engagierten sich nicht nur für die Begnadigung von Kriegsverbrechern, sondern auch für den Aufbau und die Konsolidierung des demokratischen Staats.« Terminologisch verräterisch waren in der BRD mit der Zeit aus den Nazi- und Kriegsverbrechern »Kriegsverurteilte« geworden, um die sich die Adenauer-Regierung mit rührender Sorge bemühte.

Norbert Frei erinnerte daran, daß bis zur Einrichtung der Zentralen Stelle der Landesjustizverwaltungen zur Aufklärung nationalsozialistischer Verbrechen noch acht Jahre ins Land gingen, aber bereits 1949 beim Bundesjustizministerium eine »Zentrale Rechtsschutzstelle angegliedert worden (war), deren Aufgabe es war, jedem deutschen Häftling im Ausland und in den alliierten Gefängnissen in Landsberg, Werl und Wittlich, aber auch den in Spandau einsitzenden Verurteilten aus dem Nürnberger Hauptprozeß, eine optimale Verteidigung zu garantieren.«

Ingo Müller, Autor des Buches »Furchtbare Juristen« und renommierter Kenner der Sachlage, hat in einer Diskussionsveranstaltung die These formuliert, daß diejenigen, die »rot« mit »braun« gleichsetzten, Nazi-Täter weit besser als kommunistische behandelten, und belegte seine Ansicht unter anderem mit dem Beispiel des Oberstaatsanwaltes Bernhard Jahntz. Dieser hatte sieben Jahre benötigt, um von 67 ehemaligen Richtern des Volksgerichtshofes zwei zu vernehmen und sodann beide Verfahren einzustellen. »Derselbe Mann hat später auf die Frage geantwortet, warum er für die Anklageerstellung im Falle Honecker nur ein Jahr gebraucht habe: ›Der Zeitgeist war damals ein anderer.‹«

Es hätte sich, so Müller, »abweichend vom Gesetz« der politische Wille durchgesetzt, rote und braune Täter völlig unterschiedlich zu behandeln, zitierte ihn die *taz* vom 20. Januar 1993. Die »NS-Eliten waren Fleisch vom Fleische der Herrschenden in der Bundesrepublik, die DDR Eliten waren es nicht. Man braucht sie nicht, aber man will sie auch nicht. Deshalb die politische Strafverfolgung, deshalb das Rentenstrafrecht, deshalb die Abwicklung. Deshalb sind auch ihre ›Mitläufer‹ wesentlich schlimmer als die ›Mitläufer‹ Hitlers«, konstatierte MdB Uwe-Jens Heuer im *ND* vom 22. August 1998.

Da wir es wegen der ideologischen Rechtfertigung der Strafverfolgung von DDR-Amtsträgern (insbesondere mit der erwähnten Entschuldigungsbegründung des BGH) zu tun haben, soll hier auf das Juristische verwiesen werden. Es war kein »Fehler«, sondern politische Absicht, die Nazis in der Bundesrepublik nicht zu verfolgen. (Dabei soll keineswegs übersehen werden, daß von den Westalliierten, später von den Gerichten der BRD durchaus auch Nazi- und Kriegsverbrecher zur Verantwortung gezogen wurden: In der »Enzyklopädie des Holocaust« ist von mehr als 800 Todesstrafen die Rede, allerdings ist nicht bekannt, wieviele Urteile vollstreckt wurden. Von sowjetischen Tribunalen wurden offiziell 17.866 Personen verurteilt.) »Im Jahre 1950 entfielen in der aus den drei westlichen deutschen Besatzungszonen kurze Zeit vorher gebildeten Bundesrepublik Deutschland die von den Alliierten nach dem Kriegsende auferlegten Beschränkungen für die deutsche Justiz.

Für die deutschen Strafverfolgungsorgane wäre nun der Weg für eine systematische Aufklärung und Ahndung aller nationalsozialistischen Verbrechen frei gewesen. Sie fand jedoch auch weiterhin nicht statt«, konstatieren die Autoren der 1998 erschienenen »Enzyklopädie des Holocaust«. »Die Gründe für diese Unterlassungen sind nur zum Teil in der seinerzeit meist noch unzureichenden personellen und Sach-Ausstattung und einer mangelnden Kooperation der Strafverfolgungsorgane zu suchen. Entscheidend war vielmehr, daß die Deutschen *(gemeint sind die Westdeutschen – D. J.)* zu dieser Zeit dem Streben nach Wiedererlangung und Sicherung der durch die Kriegsereignisse verlorengegangenen wirtschaftlichen Existenz Vorrang gaben. Angesichts der mit der Entnazifizierung gemachten negativen Erfahrungen waren nur wenige an einer weiteren Auseinandersetzung mit den nationalsozialistischen Untaten und deren strafrechtlicher Aufarbeitung interessiert. Deutsche Politiker waren sich bewußt, daß auf Intensivierung der Verfolgung nationalsozialistischer Verbrechen gerichtete Initiativen in Wählerkreisen nicht populär waren. Hinzu kam, daß wegen der ständig wachsenden Spannungen zwischen Ost und West auf beiden Seiten ein Drängen auf eine deutsche Wiederbewaffnung zu erkennen war. Dies hatte andererseits ein nachlassendes Interesse der Alliierten an einer Ahndung nationalsozialistischer Verbrechen zur Folge. Ihren deutlich sichtbaren Ausdruck fand diese Tendenz in der Begnadigung der in den ersten Jahren nach Kriegsende von den Militärgerichten zu schwersten Strafen verurteilten NS-Verbrecher.«

Von 1945 bis zum 1. Januar 1986 leiteten die Staatsanwaltschaften auf dem Gebiet der BRD gegen 90.921 Beschuldigte strafrechtliche Ermittlungen wegen des Verdachts der Beteiligung an nationalsozialistischen Straftaten ein. Rechtskräftig verurteilt wurden nur 6.479 Angeklagte (vgl. Albrecht Götz: Bilanz der Verfolgung von NS-Straftaten, Köln 1986). Davon wurden – vor der Abschaffung der Todesstrafe – zwölf zum Tode und 160 zu lebenslanger Freiheitsstrafe verurteilt. Auch hier griff dann die Begnadigungskonzeption, wobei in den Verfahren selbst bei der Strafhöhe oftmals schon größte Milde gewaltet hatte. Unerfindlich, aber vom Zeitgeist geprägt, heißt es in der »Enzyklopädie« über die in der DDR durchgeführten Strafverfahren, daß bis 1949 vor deutschen Gerichten der SBZ »8.055 Personen wegen angeblicher NS-Verbrechen verurteilt« wurden.

Die Dokumentation »Die Haltung der beiden deutschen Staaten zu den Nazi- und Kriegsverbrechen« (Berlin 1965) führt auf den Seiten 33-66 detailliert an, wegen welcher Verbrechen die Verurteilungen erfolgten. Die DDR-Dokumentation nennt für den Zeitraum von 1945 bis 1964 12.807 Verurteilungen. In der Berliner Zeitung vom 23./24. September 1989 wurde berichtet, daß bis zum Februar 1989 in der DDR 12.879 Nazi- und Kriegsverbrecher verurteilt wurden. Selbst wenn man akzeptiert, daß es sich bei den in den Waldheim-Prozessen von 1950 Verurteilten nur zum Teil um schuldige NS-Verbrecher gehandelt hat und die Personenzahl 3.432 von der Gesamtzahl der Verurteilungen abzieht, bleibt ein »Rest« von 9.475 rechtskräftig und rechtmäßig Verurteilten.

Es gehört schon Kaltschnäuzigkeit dazu, die 1996 erfolgte Verurteilung eines DDR-Richters wegen seiner Todesurteile in den Waldheim-Prozessen von 1950 einerseits dazu zu benutzen, um erstmals höchstrichterlich von einem »folgenschweren Versagen der bundesdeutschen Nachkriegsjustiz« im Umgang mit den Nazi-Richtern zu sprechen, und um andererseits das »milde« Urteil gegen den DDR-Juristen damit zu begründen, daß man wegen des damaligen »Fehlers« der bundesdeutschen Justiz heute nicht ganz so streng urteilen dürfe. Die Kommentatorin im *Tagesspiegel* vom 5. Februar 1996 jubelte anläßlich der Entscheidung des Bundesverfassungsgerichts, daß dieses Urteil »wieder deutlich und unmißverständlich Menschenwürde und Menschenrechte über nationales (Un)Recht« stelle. Von Rechtsbeugung der bundesdeutschen Gerichte zugunsten der Nazis war bei der Kommentatorin ebensowenig die Rede wie davon, daß Rechtsbeugung nunmehr gegen die DDR-Amtsträger praktiziert wurde und wird.

Die deutsche Sozialdemokratie hatte kräftig daran mitgewirkt, daß Nazi- und Kriegsverbrecher amnestiert wurden. Nachdem alle gesetzlichen Voraussetzungen für eine Amnestierung geschaffen worden waren, stellte die SPD allerdings plötzlich Versuche fest, das »Konzept der ›Integration durch Amnestierung‹« zu überdehnen. Der SPD-Bundestagsabgeordnete Walter Menzel, Vorsitzender des Verfassungsschutz-Ausschusses konstatierte »angesichts maßloser Urteile gegenüber Kommunisten und übergroßer behördlicher Langmut gegenüber Rechtsradikalen« in der Haushaltsdebatte 1955: »Durch diese Amnestie wurden alle jene, die sich vor 1945 an hilflosen und wehrlosen Menschen so mörderisch und viehisch vergangen hatten, begnadigt, wenn nicht mehr als drei Jahre Freiheitsstrafe zu erwarten waren. Das ist es, was unser Rechtsgefühl auf das tiefste verletzt: daß Menschen vor dem Richterstuhl so verschieden und nicht gleich behandelt werden.«

Angesichts der Tatsache, daß die SPD sich bis heute der Beendigung der Strafverfolgung von DDR-Amtsträgern ebenso widersetzt wie der Rehabilitierung der Opfer des Kalten Krieges durch die BRD-Justiz und der Amnestierung von BRD-Bürgern, die für das MfS der DDR tätig waren, scheint es angebracht, an ihren Genossen Menzel und dessen Bundestagsrede von 1955 erinnern. Es wäre an der Zeit, daß die SPD ihre Sünden bei der Begünstigung von NS-Tätern dadurch wiedergutmachte, indem sie die Verfolgung von DDR-Amtsträgern und von Kundschaftern der DDR mittels entsprechender gesetzgeberischer Maßnahmen endlich beendete. Das schließt auch die Rehabilitierung von BRD-Opfern des Kalten Krieges ein. Und in Parenthese sei vermerkt: Man wünschte sich hinsichtlich einer Beendigung der politischen Strafverfolgung von DDR-Bürgern seitens der evangelischen und der katholischen Amtskirche das gleiche Engagement, wie sie es an den Tag legten, als sie sich für die Amnestierung der Nazi- und Kriegsverbrecher einsetzten.

Wäre es tatsächlich ein »Fehler« gewesen, so saumselig mit der Verfolgung von NS-Tätern umgegangen zu sein, dann hätte man spätestens seit 1990 mit dem Beginn der Strafverfolgung der DDR-Bürger Gelegenheit gehabt, die laufenden oder hinzugekommenen »Fälle« nazistischer Vergangenheit konsequent zu verfolgen. Geschehen ist das allerdings nicht.

9. Die Archive des MfS sind geöffnet – nun kann man die Nazis in der DDR verfolgen

Vollmundig kündigte man zu Beginn der 90er Jahre an, daß mit dem Zugriff auf das MfS-Archiv mit Nazi-Akten endlich auch die versteckten Nazis aufgespürt und rechtsstaatlich verfolgt werden könnten. Ohne dafür Beweise zu haben wurde unterstellt, das MfS habe alte Nazis geschont, um sie nach Bedarf zu erpressen. Ebenso wurde behauptet, die DDR hätte die Übergabe vorhandener Akten verweigert, wenn die BRD um Rechtshilfe gebeten hätte. Das tat sie aber nicht.

Die Bundesbehörden verhielten sich abstinent – auch in Bezug auf die ihnen schon länger zugänglichen Unterlagen. Bekanntlich zögerte man von 1967 bis 1993, die NS-Akten des US-amerikanisch verwalteten *Berlin Document Center* zu übernehmen. Erst am 1. Juli 1994 gliederte man das BDC ins Bundesarchiv ein. Es war gewiß kein Zufall, daß das am 6. Januar 1988 verabschiedete Bundesarchivgesetz den Zugang zu den Akten streng einschränkte. Laut § 5 Abs. 6 ist die Benutzung von Archivgut »nicht zulässig, soweit 1. Grund zu der Annahme besteht, daß das Wohl der Bundesrepublik Deutschland oder eines ihrer Länder gefährdet würde, oder 2. Grund zu der Annahme besteht, daß schutzwürdige Belange Dritter entgegenstehen.« Eine hübsche Begründung liest man bei Sylvia Zacharias in der *Welt* vom 1. Juli 1994: »Im Gegensatz zu den Stasi-Unterlagen enthält das BDC keine Opfer-Akten. Deshalb gibt es auch kein allgemeines Einsichtsrecht.«

Das für den einfachen Bürger lange Zeit faktisch unzugängliche BDC-Archiv enthält 75 Millionen Aktenseiten über die nationalsozialistische Bewegung: 10,7 Millionen Mitgliederakten der NSDAP, Personalunterlagen von 550.000 SA-Männern, von 300.000 SS-

Angehörigen (darunter 60.000 SS-Offiziers-Akten), von 490.000 Mitgliedern des NS-Lehrerbundes. Vorhanden sind Unterlagen des obersten NSDAP-Parteigerichts, Materialien der Einwanderungszentralstelle, 180.000 Dokumente der Reichskulturkammer, 240.000 Unterlagen des Rassen- und Siedlungshaupamtes sowie mehr als 50.000 Akten des Volksgerichtshofs.

»Von den Amerikanern am Kriegsende sichergestellt, sind sie seitdem nur einer extrem eingeschränkten Öffentlichkeit zugänglich. Nur Akten von bereits rechtskräftig verurteilten Nazis dürfen eingesehen werden«, schrieb Gerd Nowakowski am 22. April 1989 in der *taz* über den Zustand des Bestandes. »Archivarische Grundregeln sind nie beachtet worden: es gab nie eine Bestandsaufnahme und eine sachliche Zuordnung. Ein Archivschlüssel mit Querverweisen fehlt, und die Akten sind weder geordnet noch gegen Verlust numeriert.«

Als es dann ernst wurde mit der Übernahme dieser Aktenbestände, türmte die Bundesregierung ein unüberwindbares Hindernis auf. Für den Zugang zu diesen Akten gilt das Bundesarchivgesetz, dessen Regelungen zum Persönlichkeitsschutz, so Nowakowski in der *taz*, nun zum letzten Schützengraben der Alt-Nazis werden. »Nach dem Archivgesetz dürfen Akten erst 30 Jahre nach dem Tod der Betroffenen verwertet werden; steht das Todesjahr nicht fest, beginnt die Nutzung erst 110 Jahre nach der Geburt. Nicht nur die auf Demokraten umgeschulten Nazis, sondern auch all die untergetauchten NS-Mörder haben so ihre Ruh.«

Diese Regel gelten für MfS-Akten natürlich nicht. Was das NS-Archiv des MfS und dessen angeblichen Mißbrauch angeht, ist Ulrich Ramm zu folgen, der in der *jungen Welt* vom 12. Juni 1999 über das Buch von Dagmar Unverhau »Das NS-Archiv des MfS« urteilte: »Insgesamt gesehen können die in der Werbung für das Buch verwendeten Thesen, daß das MfS die im NS-Archiv lagernden Akten für ›Erpressungen in und außerhalb der DDR‹, ja sogar ›zur Vereitelung von Strafverfahren‹ genutzt hat, im großen und ganzen nicht bestätigt werden. Sicherlich wurden mit Hilfe der vor allem in der Zeit des Nationalsozialismus angelegten Akten die diversen Grau-, Schwarz-, Weiß- und sonstigen ›Farb‹-Bücher der DDR angefertigt, in denen die Karrieren von NS-Personal in der

Bundesrepublik angeprangert wurden. Aber es fehlt der Beweis der Verfasserin, daß es sich hierbei um Fälschungen, einseitige Auslegungen oder sonstige wahrheitswidrige Publikationen handelte. Über die Nutzung des Archivs für Repressionen des MfS nach innen erfährt der Leser auch nicht viel.«

Bei der Übergabe von NS-Dokumenten durch die DDR an die bundesdeutschen Behörden wurde von einigen Interessierten damals selbstverständlich orakelt, daß es sich um Fälschungen handeln würde. Im Ausstellungskatalog »Justiz und Nationalsozialismus« des Bundesjustizministeriums 1989 in Köln heißt es dazu: »Die Dokumente sind echt, zu Fälschungen besteht keine Notwendigkeit, denn die DDR, Polen und die Tschechoslowakei verfügen über genügend belastendes Material.«

Auch der ehedem honorige Nazi-Verfolger Simon Wiesenthal lieferte seinen Beitrag zur Verteufelung der DDR. Er behauptete, die DDR hätte die Aufklärung des Naziterrors massiv behindert und NS-Unterlagen beiseite geschafft, um untergetauchte Nazis im Westen zur Agententätigkeit erpressen zu können. Nach dem Untergang der DDR erklärte Wiesenthal 1991, er wolle die Fälle ehemaliger Nazis aufdecken, die seiner Ansicht nach – geschützt durch das DDR-Regime – der Strafverfolgung entgehen konnten. Er stelle ein Dossier für den damaligen Bundesjustizministers Klaus Kinkel zusammen, das mehrere Hundert Namen enthalte. Wörtlich behauptete Wiesenthal: »Die DDR hat viele Nazis mit dem Wissen über ihre Vergangenheit erpreßt und als Spione eingesetzt. Viele in Westdeutschland lebende DDR-Spione waren von der DDR erpreßte ehemalige Nazis.«

Als Beispiel nannte er den Fall Felfe. Weil dadurch wichtige Fakten und Zeugenaussagen fehlten, hätten viele Prozesse gegen mutmaßliche Naziverbrecher abgebrochen und Verfahren eingestellt werden müssen. In Fortsetzung dieser Beschuldigung meldete 1995 die *taz*, daß »im Stasi-Archiv über NS-Verbrecher ... Hunderte von mutmaßlichen Tätern entdeckt worden (seien), die zum Teil noch heute unerkannt in Westdeutschland leben«. Die 1958 eingerichtete Zentrale Stelle der Landesjustizverwaltungen zur Aufklärung nationalsozialistischer Verbrechen in Ludwigsburg habe aus den acht Regalkilometern laufender Stasi-Akten eine Liste mit rund 1.500

Namen erstellt, und gegen »weit über hundert Beschuldigte (werde) vorermittelt«. Diese Meldung ist insofern bemerkenswert, als sie einerseits suggerieren soll, daß das Ministerium für Staatssicherheit Nazis absichtlich gedeckt habe und andererseits eine ungeahnte Verfolgungsintensität demonstriert wurde, die man über die Jahre der Zweistaatlichkeit vergeblich bei der bundesdeutschen Verfolgung von NS-Verbrechen suchte. Nach einem bekannten Wort verhielten sich in der BRD die Staatsanwälte bei der Fahndung nach NS-Verbrechern wie Jagdhunde, die zur Jagd getragen werden mußten.

Der antinazistische bundesdeutsche Verfolgungseifer wird schon dadurch illustriert, daß der Zentralen Erfassungsstelle in ihren besten Zeiten nach 1965 lediglich insgesamt 121 Mitarbeiter, davon 48 Staatsanwälte zur Verfügung standen. Hinzu kamen mehr als 200 Staatsanwälte und Untersuchungsrichter, die bei den Staatsanwaltschaften und Gerichten der BRD mit der Verfolgung von NS-Verbrechen befaßt waren.

Zum Vergleich sei erwähnt, daß beim Bundesbeauftragten für die Unterlagen des ehemaligen Ministeriums für Staatssicherheit der DDR, der sogenannten Gauck-, nunmehr Birthler-Behörde, anfänglich 3.000 Mitarbeiter tätig waren. Allerdings hat diese Behörde auch nachzuweisen, daß die DDR ein repressiv-terroristisches Unrechtssystem und schlimmer als der Nazifaschismus war.

Welche hingebungsvolle Tätigkeit der Verfolgungswahn zu erzeugen vermag, wird allein daran sichtbar, daß ein Heer von Mitarbeitern damit beschäftigt ist, zerrissene Akten des MfS zu »rekonstruieren«. Zur Zeit wird das per Hand getan. Wenn es nicht gelingt, Computer für diese Arbeit zu programmieren, dann wird das Zusammensetzen der in 15.000 Säcken gesammelten Aktenschnipsel 375 Jahre dauern.

Keine Tätigkeit in Deutschland scheint derzeit so perspektivreich zu sein wie diese.

10. Die Entnazifizierung in der SBZ und in der DDR

Es steht außer Frage: Nach 1945 konnten sich die antifaschistisch-demokratischen Einrichtungen in Deutschland die Menschen nicht aussuchen. Das Volk war, wie es war. 1945 gehörten 8,5 Millionen Deutsche der NSDAP an, davon waren im April 1937, spätere Angaben gibt es nicht, 824.000 Funktionäre der Nazi-Partei auf Hitler vereidigt. Es wäre völlig absurd gewesen, sie alle juristisch zu belangen. Mitläufer und Mitmacher mußten in die neue Gesellschaft integriert, die Aktivisten aber verurteilt werden.

Michael Richter erklärte 1991 in einer von der Bundeszentrale für Politische Bildung verbreiteten Publikation, die Sowjetische Militäradministration in Deutschland (SMAD) hätte in ihrem Besatzungsgebiet »eine formal sehr weitgehende Entnazifizierung« durchgeführt und vor allem aus dem öffentlichen Dienst ehemalige Mitglieder von SS und Gestapo sowie Funktionäre der NSDAP entlassen«. Es heißt weiter: »Anders als in den Westzonen, wo beim Neuaufbau des Berufsbeamtentums auch ehemalige Mitglieder der NSDAP wieder als Richter und Staatsanwälte arbeiteten, wurden 1946 in der SBZ 85 Prozent aller Richter und Staatsanwälte durch unbelastete ›Volksrichter‹ ersetzt.« Gleichzeitig behauptete Richter aber auch, daß in den Internierungslagern der Sowjetischen Besatzungsmacht von 150.000 deutschen Gefangenen »rund 70.000 durch eine gezielte Vernichtungspolitik (Hunger und Krankheit) ums Leben« gekommen seien.

Bei der Durchsicht von Akten über sowjetische Speziallager in Ostdeutschland in Moskau wurden keine Dokumente gefunden, die »eine vorsätzliche Vernichtungsabsicht« belegen. Das ist das Fazit einer Forschungsarbeit von Historikern der Universitäten Hagen und Jena, des russischen Staatsarchivs sowie der Gedenkstätten Buchenwald und Sachsenhausen, das Ralf Possekel 1998 bei der

Vorstellung der dreibändigen Publikation »Sowjetische Speziallager in Deutschland 1945 bis 1950« zog. Possekel führte die hohe Sterblichkeit vor allem auf eine »strukturelle Grausamkeit des sowjetischen Herrschaftsapparats« zurück, was immer damit gemeint sein soll.

Bemerkenswert ist, daß die Kritiker der Ernährungslage in den Lagern offenkundig nie die Frage stellen, wie diese außerhalb des Lagers oder in der vom Krieg verwüsteten Sowjetunion war.

Es wird mit keiner Silbe daran erinnert, daß der Faschismus nur durch die rigorose Zerschlagung des erbitterten Widerstandes der Nazis beseitigt werden konnte. Bis zur letzten Patrone kämpfend hinterließ das Hitlerregime »verbrannte Erde«. Die sowjetische Bevölkerung hungerte nicht weniger als die deutsche, deren fanatischer Teil Goebbels noch zugejubelt hatte, als dieser am 18. Februar 1943 im Berliner Sportpalast den »totalen Krieg« proklamierte.

Der »totale Krieg« führte zu den Internierungslagern, nicht die vermeinliche Vernichtungspolitik der Russen.

Zur Entnazifizierung in der sowjetischen Zone meinte Helmut H. Müller in seinem Buch »Schlaglicher deutscher Geschichte«, 1996 in Mannheim erschienen, daß die sowjetische Militäradministration »die Säuberungen relativ schnell und rigoros« durchgeführt habe, »vor allem in der Justiz, in der Verwaltung und bei den Lehrern«. Diese korrekte Feststellung wurde aber durch einen Nebensatz entwertet. Man »reihte aber ebenso rasch ehemalige nominelle NSDAP-Mitglieder in die neuentstandene SED ein«. Ebenso falsch und diffamierend war die andere Unterstellung, die Udo Scheer in der »taz« vom 26. September 1995 verbreitete: »Der propagandistisch inszenierten Läuterung vom Faschismus stellte die SED ein stilles Integrationsangebot gegenüber. Dankbar traten 175.000 zuvor in NS-Organisationen Involvierte in ihre Reihen ein.« Ähnliches erklärte Karl Dietrich Bracher in seinem Vortrag vor der »Eppelmann-Kommission«: »Gewiß wurde in dieser zweiten Diktatur die Liquidierung des Nationalsozialismus radikaler betrieben als im Westen, doch verzichtete man gegebenenfalls keineswegs auf die Dienste ehemaliger NS-Anhänger und Funktionäre.«

War das wirklich so?

Der Parteivorstand der SED erklärte in seinem Beschluß »SED und nominelle Pgs« vom 20. Juni 1946 unter anderem, daß »auch die nominellen Mitglieder der NSDAP auf Grund ihrer Mitgliedschaft zur Nazipartei einen Teil Schuld und Mitverantwortung für die verbrecherische Hitlerbande auf sich geladen (haben). In den verflossenen Jahren haben aber zahlreiche ehemalige einfache Mitglieder der Hitlerpartei ... loyal beim demokratischen Wiederaufbau mitgearbeitet. Sie haben damit bekundet, daß ihre frühere Einstellung falsch war, andere sind auf dem Wege, anzuerkennen, daß sie nur durch die Eingliederung in die demokratische Ordnung und durch eigene praktische Mitarbeit wiedergutmachen können, was sie in der Vergangenheit an Schuld auf sich geladen haben.«

Als Konsequenz aus dieser Entwicklung wurde festgestellt: »Alle früheren einfachen Mitglieder der Nazipartei, die nicht besonders belastet sind und sich als aktive Mithelfer an der neuen demokratischen Ordnung betätigen, sollen als Staatsbürger anerkannt und behandelt werden.«

Im übrigen enthielt bereits die Kontrollratsdirektive Nr. 38 vom 12. Oktober 1946 eine bemerkenswerte Festlegung. In Artikel IV, wurde definiert, wer »minderbelastet« sei: »Wer nach dem 1. Januar 1919 geboren ist, nicht zur Gruppe der Hauptschuldigen gehört, jedoch als Belasteter erscheint, ohne aber ein verwerfliches oder brutales Verhalten gezeigt zu haben und nach seiner Persönlichkeit eine Bewährung erwarten läßt.«

In den ostdeutschen Ländern wurden in Ausführung dieses Grundsatzes im Frühjahr 1947 Gesetze erlassen, die für die betreffenden Personen die vollen staatsbürgerlichen Rechte wiederherstellten. Analoge Festlegungen wurden auch in der amerkanischen Zone getroffen.

Die Sowjetische Militäradministration erließ am 16. August 1947 den Befehl Nr. 201. Nach der Feststellung, daß in der SBZ Umfassendes zur Säuberung der öffentlichen Behörden, staatlichen und wichtigen Privatunternehmen von ehemaligen aktiven Faschisten, Militaristen und Kriegsverbrechern geleistet wurde, sei es nun an der Zeit, entsprechend den Bestimmungen der 4. Sitzung der (alliierten) Außenminister in Moskau einen Unterschied zu machen zwischen ehemaligen Nazi- und Kriegsverbrechern einerseits und andererseits den »nominellen, nicht aktiven Faschisten, die wirklich fähig sind, mit der faschistischen Ideologie zu brechen und zusammen mit den demokratischen Schichten des deutschen Volkes an den allgemeinen Bemühungen zur Wiederherstellung eines friedlichen demokratischen Deutschlands teilzunehmen«. Dieser Befehl stellte die nominellen Nazis mit den übrigen Bürgern rechtlich gleich, indem er die »Beschränkung der politischen und bürgerlichen Rechte« aufhob und insbesondere das aktive und passive Wahlrecht gewährte.

Durch den Befehl Nr. 35 vom 26. Februar 1948 »Auflösung der Entnazifizierungskommissionen in der sowjetischen Besatzungszone Deutschlands« wurde deren Tätigkeit mit dem 10. März 1948 beendet. Am 16. Juni 1948 lizensierte die SMAD die Zulassung der Nationaldemokratischen Partei Deutschlands (NDPD). Diese Partei sollte insbesondere ehemaligen Wehrmachtsangehörigen eine Möglichkeit antifaschistischen politischen Engagements geben. Am 9. November 1949 beschloß die Volkskammer der DDR das Gesetz über den Erlaß von Sühnemaßnahmen und die Gewährung staatsbürgerlicher Rechte für ehemalige Mitglieder und Anhänger der Nazipartei und Offiziere der faschistischen Wehrmacht.

Das Fragwürdige begann dort, wo Nazi- und Kriegsverbrecher nicht zur Verantwortung gezogen wurden und trotz (oder wegen?) ihrer nazistischen Belastung in die politische Führung integriert wurden. In der SBZ/DDR passierte das nicht.

Zwischen 1945 und 1948 wurden in der Sowjetischen Besatzungszone insgesamt 520.000 Nazis aus der öffentlichen Verwaltung und der Industrie entfernt. Clemens Vollnhals bezweifelt diese Zahl in einem Beitrag im *Parlament* 18/1995 und meint, realistisch seien 200.000 Entlassungen. Den Zweifel verstärkt er, indem er die Entnazifizierung in den westlichen Besatzungszonen lobte. Diese erfolgte ab 1946/47 durch deutsche Spruchkammern. »Entnazifizierung und Rehabilitierung (verschmolzen dabei) zu ein- und demselben Prozeß, da die individuelle Fallprüfung fast immer zur Rücknahme der Entlassungen führte. In der Praxis billigten die Spruchkammern nahezu allen Betroffenen das Recht auf den politischen Irrtum zu und ließen häufig Gnade vor Recht gehen«.

Ganz anders sei dagegen die politische Säuberung in der SBZ verlaufen. »Hier wurde sie zur Durchsetzung des kommunistischen Machtanspruchs in Staat und Gesellschaft instrumentalisiert.« Die

Zahl der Entlassungen mit 500.000 sei von den DDR-Historikern angegeben worden, »um den antifaschistischen Gründungsmythos der DDR zu belegen«. Von 39.348 Lehrerinnen und Lehrern gehörten 28.179 der NSDAP an, das waren 71,1 Prozent. 28.835 Lehrerinnen und Lehrer wurden als belastet entlassen. In der Justiz lag der Anteil der NSDAP-Mitglieder an der Gesamtzahl der Beschäftigen bei etwa 90 Prozent. Bis zum Frühjahr 1946 waren alle belasteten Richter und Staatsanwälte aus den Ämtern entlassen. Von den 999 zugelassenen Rechtsanwälten waren Ende 1949 noch 224 (22 Prozent) ehemalige Mitglieder der NSDAP.

11. Die Namenslisten der »Nazis« im Dienste der DDR

In der Bundesrepublik reagierte man auf die entsprechenden Veröffentlichungen der DDR mit ähnlichen Publikationen, in denen die braune Vergangenheit von Partei- und Staatsfunktionären entlarvt wurde. Das erste umfassende Material lieferte der »Untersuchungsausschuß Freiheitlicher Juristen« (UfJ) mit seiner Broschüre »Ehemalige Nationalsozialisten in Pankows Diensten«. Die Schmähschrift erlebte mehrere Auflagen. Der UfJ war 1949 vom amerikanischen Geheimdienst CIA gegründet worden und wurde auch von dort finanziert und gesteuert. Sein Leiter Horst Erdmann war zuvor vom Offizier der Berliner Operationsbasis der CIA, Henry Hecksher, angeworben worden und arbeitete in dessen Auftrag. Auch an der Spitze des 1952 gegründeten »Freundeskreises des UfJ« stand mit Dr. Günther Birkenfeld vom »Kongreß für kulturelle Freiheit« ein Vertreter einer von der CIA gegründeten und finanzierten Organisation. 1958 mußte Erdmann zurücktreten, da er sich als krimineller Hochstapler zu erkennen gegeben hatte. Wenig später löste sich die Organisation auf.

1970 veröffentlichte John Dornberg in München eine Auflistung: »Von 500 Volkskammerabgeordneten während der Legislaturperiode 1954 bis 1958 waren 20 nazistisch belastet. Nach den Wahlen von 1958 waren es 49, von 1963 bis 1967 stieg ihre Zahl auf 53. Allerdings gehörten nur 8 der SED und die übrigen der NDP an, die ohnehin nur die Aufgabe hat, Nazis kleinen und mittleren Kalibers eine neue politische Heimat zu bieten.« (Nebenbei: dem 1. Deutschen Bundestag gehörten 56 ehemalige NSDAP-Mitglieder an.)

Klaus Schroeder und Jochen Staadt bemerkten in der Beilage zum *Parlament* vom 20. Juni 1997, daß im Laufe der Zeit »28 NSDAP-Mitglieder in das ZK der SED, 50 in die Volkskammer und 12 in die Position eines Ministers bzw. stellvertretenden Ministers« gelangt seien. Und Simon Wiesenthal wußte es in einem Interview mit der *jungen Welt* vom 1. August 1992 noch besser: »Wir haben insgesamt etwa 450 ehemalige Nazis in führenden Stellungen in der DDR gefunden – Journalisten, Professoren, Mitglieder der Volkskammer, Militärs.«

Die bis 1989 umfangreichste Namensliste bot das 1981 mit 424 Seiten und 876 Namen veröffentlichte Buch von Olaf Kappelt: »Braunbuch DDR. Nazis in der DDR« (Kappelt I). Nach der Öffnung der DDR-Archive ergänzte Kappelt dieses »Braunbuch DDR« und promovierte 1997 damit an der Universität Würzburg, Titel der Dissertation: »Die Entnazifizierung in der SBZ sowie die Rolle und der Einfluß ehemaliger Nationalsozialisten in der DDR als ein soziologisches Phänomen« (Kappelt II).

Von den dort aufgeführten 249 Personen sind 222, d. h. etwa 92 Prozent, bereits 1981 genannt worden. So sensationell ergiebig waren offenkundig die DDR-Akten nicht. Allerdings ist die Quelle, aus der Kappelt schöpfte, nicht uninteressant: »Ein Großteil des zur Veröffentlichung gelangten Materials«, so Kappelt 1981 in dem Buch, basiere »auf früheren dokumentarischen Zusammenstellungen des Untersuchungsausschusses freiheitlicher Juristen in Berlin«.

Als Forschungsziel behauptet Kappelt, er wolle das Phänomen erklärbar machen, »inwieweit frühere Nationalsozialisten in der DDR zu neuem Einfluß und Macht gelangen konnten«.

Real gab es einen solchen nazistischen Einfluß in der DDR nicht. Das konnte schon deshalb nicht der Fall sein, weil die Führungsspitzen von jenen besetzt wurden, die konsequente Antifaschisten waren und das mit ihrem Handeln auch bewiesen hatten.

»Bisher«, so Kappelt mit Bezug auf »Nazis« in DDR-Diensten, hätte »dieses Phänomen wenig Beachtung (gefunden), es durfte in der DDR nicht wahrgenommen werden, und im Westen wurde es als Phänomen ignoriert, obwohl es existent war.« Otto von Habsburg bescheinigte Kappelt 1981: »Die vorliegende Dokumentation ist ... eine brauchbare Waffe gegen jene, die Deutschland *(gemeint war die BRD – D. J.)* diskreditieren wollen. Man wird ... zeigen, daß die sogenannte DDR und nicht die Bundesrepublik das geistige Erbe Hitlers übernommen hat.«

1981 orakelte Kappelt: »Erst ein Öffnen der offiziellen Archive in Ost-Berlin dürfte das ganze schreckliche Ausmaß kommunistischer Kumpanei mit ehemaligen Nationalsozialisten ans Tageslicht bringen.« Jedoch: Als es soweit war, erwies sich die vermutete Fürchterlichkeit als Schimäre. Seiner Liste von 1981 fügte Kappelt weitere Namen hinzu, so daß er, beide Publikationen zusammengenommen, auf 904 Personen kam, die angeblich als »Nazis« in DDR-Diensten gestanden hätten. Diese Zahl war Kappelt und anderen Anlaß genug, der DDR die Bezeichnung »antifaschistischer Staat« abzuerkennen. Das Buch Kappelts von 1981 ist in sieben Kapitel und einen umfangreichen biographischen Anhang gegliedert. Die Kapitelüberschriften suggerieren bereits Fürchterliches:

»1. Der Stellvertreter des Führers: Ein NSDAP-Mitglied als Stellv. DDR-Staatsratsvorsitzender

2. Vom NSDAP-Mitglied zum DDR-Minister

3. Die Partei hat immer Recht, NSDAP-Mitglieder im Zentralkomitee der SED

4. Nationalsozialisten in den Blockparteien und in der Nationalen Front der DDR

5. Abgeordnete einer Diktatur – Frühere NSDAP-Mitglieder in der DDR-Volkskammer

6. Nationalsozialisten in Schulen, Hochschulen und Akademien der DDR

7. Agitation und Propaganda, NSDAP-Mitglieder als Journalisten, Schriftsteller und Publizisten in der DDR.«

Kappelt II ist ähnlich strukturiert. In unserem Zusammenhang interessiert besonders der Hauptteil »Typisierung ehemaliger Nationalsozialisten und ihr Rollenverhalten vor 1945 und unter kommunistischem Primat«.

»*1.1. Der Typus des Täters:*

Gauleiter, Amtsleiter und Ortsgruppenleiter der NSDAP;

Gestapospitzel und SD-Mitarbeiter;

Von SS-Führern und KZ-Wächtern;

SA-Führer und andere Kämpfer der NSDAP;

Von Reichsjugendführern der NSDAP und anderen HJ-Führern;

Antisemitische Schriftsteller, Günstlinge von Kriegsverbrechern und ein Mitglied des 1. Kabinetts von Adolf Hitler;

Ministerialbürokratie und Reichsforschungsräte;
Furchtbare Juristen;
Führerqualitäten bei DASF, DRK und RAD;
Ritterkreuzträger, NS-Führungsoffiziere und die Generalität.
1.2. Wandlung vom Täter- zum Mitläufertypus.
1.3. Vom Mitläufer- zum Tätertypus:
Die HJ-Generation;
Affinität der Macht;
Vom NS-Mitmacher zum DDR-Schrittmacher.
1.4. Der Typus des ewigen Mitläufers:
Der Untertanengeist blieb erhalten;
Der Kampf um die sog. nominellen Parteigenossen;
Neue Möglichkeiten für Fachleute.«

Jeder Abschnitt ist zum Beweis mit Personennamen »angereichert«. Neben Daten, Funktionsbezeichnungen, Einsatzgebieten usw., die im allgemeinen den Tatsachen entsprechen – auf Abweichungen von dieser Regel wird bei den entsprechenden Personen eingegangen –, werden dann Vermutungen, Bewertungen und Beurteilungen in pejorativer Diktion mitgeteilt. Im einzelnen ist sowohl bei Kappelt I wie bei Kappelt II in den Kapiteln aufbereitet, *wie* man die Tatsachen lesen und bewerten soll. Allerdings werden die genannten Personen nicht explizit beschuldigt, Nazi- und Kriegsverbrechen begangen zu haben.

Die Demagogie gipfelt Kappelt in der Ernennung des »alten Nationalsozialisten« Heinrich Homann, des Vorsitzenden der Nationaldemokratischen Partei Deutschlands (NDPD), zum »Führerstellvertreter«. Die Vorsitzenden der sogenannten Blockparteien gehörten bekanntlich dem Staatsrat an und firmierten als Stellvertreter des Staatsratsvorsitzenden. Zwei Vorsitzende gab es in der Geschichte der DDR – Walter Ulbricht und Erich Honecker. Diese beiden nun zum »Führer« zu erklären, also mit Hitler auf eine Stufe zu stellen, ist nicht nur ahistorisch, sondern eine Infamie. Honecker hat unter diesem Hitler 10 Jahre im Zuchthaus gelitten, Ulbricht wurde von diesem Barbaren ins Exil getrieben.

Kappelt wertete die Tatsache, daß Mitglieder der NDPD, die nicht selten ehemalige Wehrmachtangehörige waren, sich konsequent und offen für die Friedenspolitik der DDR sowie für die

Sicherheit und Stabilität dieses Staates beispielsweise auch beim Dienst in den bewaffneten Kräften einsetzten, zur nazistischen Einwirkung um. Dann hätte er – gemäß dieser Logik – aber 1990 heftig die Alarmglocken läuten müssen, als die CDU mit den »bürgerlichen« Blockparteien der DDR fusionierte.

Ich verzichte darauf, Namen und Funktionen aufzulisten, die Kappelt in seinen Büchern vorführte. Er nennt, weil sie Angehörige der NSDAP, des SD, der SS, der Gestapo oder Offiziere der Wehrmacht waren oder *gewesen sein sollen*, Menschen aus allen gesellschaftlichen Bereichen: Mitglieder des ZK der SED oder des Staatsrates der DDR, Abgeordnete der Volkskammer oder von Bezirks- oder Kreistagen, Minister oder Staatssekretäre, Rektoren von Universitäten und Institutsdirektoren, Chefredakteure und Journalisten, LPG-Vorsitzende und Direktoren Volkseigener Betriebes, Angehörige der bewaffneten Kräfte, Staats- und Parteifunktionäre.

Beweise für verbrecherische Handlungen, die die nazistischen Anschuldigungen rechtfertigen würden, lieferte Kappelt jedoch nicht. Die – tatsächliche oder vermutete – Mitgliedschaft in der NSDAP oder in einer anderen nazistischen Organisation nimmt er bereits als hinlänglichen Beleg einer fortdauernden nazistischen Gesinnung.

Die Reaktion der DDR-Obrigkeit auf die »Enthüllungen«

Oberstleutnant Dieter Skiba, der letzte Leiter der Unterabteilung IX/11 des MfS, bestätigte mir, daß nach dem Erscheinen von Kappelts »Braunbuch DDR« seine Abteilung mit der Recherche beauftragt wurde. »Wir haben das Buch als Gegenschlag zu dem in der DDR erschienenen ›Braunbuch‹ aufgefaßt. Trotzdem sind die damit betrauten Mitarbeiter gewissenhaft und sorgfältig den dort behaupteten Dingen nachgegangen. In vielen Fällen konnten wir die Angaben weder bestätigen noch widerlegen, in einigen aber bewahrheiteten sie sich doch. Es waren allerdings nur politisch belastende, nie strafrechtlich relevante Hinweise. Und manche ›Vorwürfe‹ waren einfach nur lächerlich.«

Einige bei Kappelt aufgeführte Personen hatten die Zugehörigkeit zur NSDAP bzw. zu anderen nazistischen Organisationen in der

Tat verschwiegen. Zum Teil war das absichtlich geschehen, zum Teil auch aus Unkenntnis, da sie von der listenmäßigen Überführung in die NSDAP nichts gewußt hatten. Bereits im Jahre 1963 hatte die Zentrale Parteikontrollkommission (ZPKK) der SED nach entsprechenden Veröffentlichungen in der BRD 53 Personen überprüft. Der Bericht der ZPKK über die Überprüfung wurde am 6. Juni 1963 im Sekretariat des ZK der SED ausgewertet. Auf der Basis des im Parteiarchiv der SED befindlichen Berichtes faßte Wilfriede Otto in ihrer 2000 erschienenen Mielke-Biographie zusammen: »Bei 11 Personen ergaben sich aus den Überprüfungen keine Probleme. Bei den 39 Aussprachen erwähnten 15 Personen zum ersten Mal, daß sie von ihrer Überführung in die NSDAP gewußt hatten; 7 von ihnen wurden von Bezirksleitungen der SED zur Verantwortung gezogen. Für die restlichen 24 Personen traf in der Mehrzahl die listenmäßige Überführung von der Hitlerjugend in die NSDAP zu.«

Selbstkritisch muß eingestanden werden: Die DDR legte um jene, deren Biographie vor 1945 in ihrem Verständnis nicht ganz makellos war, einen ideologischen *cordon sanitaire*. Man setzte sich damit öffentlich nicht auseinander, man sprach darüber nicht einmal. Mit einer solchen Defensivhaltung öffnete man Räume für Spekulationen und Gerüchte. Fragen zu stellen provozierte die Gegenfrage, ob man der westlichen, also der feindlichen Propaganda erlegen sei. Nur hinter vorgehaltener Hand wurde das eine oder andere diskutiert. Die DDR-Obrigkeit glaubte offenbar, das Thema durch Totschweigen »bewältigen« zu können, was bei den entfalteten Kommunikationsbeziehungen von West nach Ost von vornherein illusorisch war und nur negative Wirkung hatte: Die SED wolle dieses Thema einzig deshalb unterdrücken, weil sie etwas zu verbergen habe, also nicht ehrlich sei. In *Disput* 12/1994 behauptete der Unterhaltungskünstler Bernd Heller sogar, wegen Bruchs dieses Tabus verhaftet worden zu sein. Er habe geglaubt, alles sagen zu dürfen, weshalb er zu einem Funktionär gesagt habe, dieser sei in der NSDAP gewesen. Wörtlich: »Der war auch in der Liste drin, wegen der ich in der DDR in den Knast gegangen bin.«

Es entspricht jedoch keinesfalls der Realität, daß die NS-Vergangenheit nach 1945 in jedem Falle und total verschwiegen wurde. Insbesondere ehemalige Wehrmachtoffiziere gingen offen damit um und begründeten ihren Gesinnungswandel. Dabei leistete die NDPD einen wesentlichen Beitrag. Voraussetzung war allerdings einerseits die erklärte Distanzierung von der nazistischen Vergangenheit und andererseits, daß die Betreffenden keine Nazi- und Kriegsverbrechen zu verantworten hatten.

Was geben die Listen der »Nazis« in DDR-Diensten her?

Bei der Zusammenstellung der Listen von vermeintlich Belasteten in der DDR ist die Neigung spürbar, Personen mit einiger Prominenz zu treffen. Das läßt sich vielleicht damit erklären, daß in der Regel »Nobodys« keinerlei Einfluß auf den Gang der Dinge nehmen. Und das sollte ja schließlich nachgewiesen werden: Wie diese »rotlackierten Altnazis« die Geschicke der DDR lenkten.

Kriterium für die Aufnahme in Kappelts Liste war die einfache Mitgliedschaft in der NSDAP oder/und die Zugehörigkeit zur SS bzw. Waffen-SS. Die Zusammenstellung erfolgte offensichtlich nach der Methode: Exponenten der DDR ja, Dissidenten nein.

Wo Schuld wegen einer eventuell herausgehobenen Stellung in der Nazizeit vermutet wurde, deutete Kappelt dies mit konjunktiven Formulierungen an. Beweise blieb der Autor stets schuldig. Er konnte es drehen und wenden wie er wollte: Von der DDR nicht verfolgte Kriegs- und Naziverbrecher waren nicht auszumachen. Es gab sie ja, anders als in der BRD, in verantwortlichen Funktionen der DDR grundsätzlich nicht.

Das schloß nicht aus, daß einige Genannte vielleicht sogar schuldig waren. Doch so lange individuelle Schuld nicht bewiesen ist, gilt im deutschen Recht die Unschuldsvermutung. Nicht der vermeintliche Täter muß seine Unschuld nachweisen, sondern der Kläger – also der Staatsanwalt – hat den Beweis des Gesetzesbruches zu erbringen. (Ein Grundsatz übrigens, der bekanntlich bei der öffentlichen Verdammung beispielsweise von hauptamtlichen oder inoffiziellen Mitarbeitern des MfS seit 1990 außer Kraft gesetzt wurde.)

War es jemandem gelegentlich gelungen, in der DDR unterzutauchen oder in Positionen aufzusteigen, dann erfolgte beim Bekanntwerden einer nazistischen Vergangenheit und bei überzeugender Beweisführung einer Schuld eine entsprechende politische

und staatliche Reaktion. Die tatsächliche Verstrickung wurde sorgfältig geprüft. Entsprechend dem Grad der nachgewiesenen
Schuld erfolgten Sanktionen. Die Ablösung aus einer hervorgehobenen Funktion war die mindeste. Bei der Beteiligung an Verbrechen erfolgte eine strafrechtliche Verfolgung oder andere adäquate
Sanktionen.

Rudolf Schneider, Professor für Arbeitsrecht an der Juristischen
Fakultät der Humboldt-Universität zu Berlin, hatte die Zugehörigkeit zur SS verschwiegen. Nach Prüfung seiner Vergangenheit verlor
er zwar seine Professur, aber er konnte als Abteilungleiter eines
Volkseigenen Betriebes bis zur Rente arbeiten. Der Euthanasie-Arzt
Otto Hebold hingegen, dessen verbrecherische Vergangenheit in den
60er Jahren bekannt wurde, erhielt 1965 eine lebenslange Haftstrafe. Hebold verstarb 1976 als 80jähriger im Gefängnis.

Was kann man anlasten, wenn Untaten fehlen?

Kappelt schrieb 1981: »Die Rechtsvorschriften des Ministerrats …
sind Instrument der Diktatur. Alt-Nazis wie Weiz, Reichelt, Steger
und Dr. Beil haben durch ihre Ministerratszugehörigkeit Teil an der
Terrorisierung des gesamten öffentlichen und privaten Lebens in der
DDR. Ihnen sind, trotz ihrer NSDAP-Vergangenheit, die Machtmittel einer modernen Diktatur in die Hand gegeben, die sie zum
Schaden der Mehrheit der Bevölkerung rücksichtslos einsetzen …
Ehemalige NSDAP-Mitglieder verfügen seit frühester Jugend über
die notwendigen Erfahrungen in der diktatorischen Beherrschung
eines Landes. Als stellvertretende DDR-Ministerpräsidenten und
Minister helfen die Alt-Nazis mit, den Sozialismus im geteilten
Deutschland mit Gewalt an der Macht zu halten.«

Der Hinweis auf die »früheste Jugend« deutete das eigentliche
Problem an: das Alter. Die von Kappelt solcherart denunzierten
Staatsfunktionäre der DDR waren am Ende der Nazidiktatur
meist um die 20 Jahre alt. Da hatten sie wahrlich reichlich »Erfahrungen in der diktatorischen Beherrschung eines Landes« gesammelt.

In einigen Fällen stellte Kappelt fest, daß es sich um Personen
handelte, die nach ihrer Funktion dem »Korps der Politischen Lei-

ter« zuzurechnen waren. Das »Korps der Politischen Leiter« war 1946 im Nürnberger Prozeß gegen die Hauptkriegsverbrecher zur verbrecherischen Organisation erklärt worden. Wie das Nürnberger Urteil feststellte, war die Hauptaufgabe dieses »Korps«, die Kontrolle über den deutschen Staat zu erringen und nach dem 30. Januar 1933 zu behalten. 1937 bestand dieses »Korps« aus etwa 700.000 Funktionären. Dieser Apparat wurde »für die weite Verbreitung der Nazi-Propaganda benutzt sowie dazu, die politische Haltung des deutschen Volkes auf das sorgfältigste zu überwachen«, hieß es im Urteil des Internationalen Militärtribunals. »Die Blockleiter (waren) angewiesen, den Ortsgruppenleitern all jene Personen anzuzeigen, die schädliche Gerüchte oder Kritik des Regimes verbreiteten.«

Zweifellos schloß das die Zusammenarbeit mit der Gestapo und dem SD ein und konnte Verhaftung oder Einlieferung der Denunzierten in die Konzentrationslager bedeuten. Diese Funktion des »Korps« als Strukturelement des faschistischen Terroregimes war die Ursache dafür, es 1946 zur verbrecherischen Organisation zu erklären.

Kappelt verwies auf das Urteil von Nürnberg und zitierte aus einem »Jugendlexikon Nationalsozialismus«, das 1992 in Hamburg erschienen war. Seine Schlußfolgerung war allerdings höchst merkwürdig: Er verurteilte die DDR allein wegen der Tatsache, daß auch Personen, die einer verbrecherischen Organisation angehörten, integriert wurden. Dabei übersah er – mit Vorsatz oder aus Nachlässigkeit –, daß in demselben Lexikon unter dem Stichwort »Nürnberger Prozeß« zu lesen ist: »Von den sechs angeklagten nationalsozialistischen Organisationen wurden drei zu verbrecherischen erklärt: das Führerkorps der NSDAP, die SS – einschließlich Waffen-SS, SS-Totenkopfverbände und SD – sowie die Gestapo … Die Urteile hatten keine Auswirkung auf die deutsche Rechtsprechung. Personen, die … einer der schuldig gesprochenen Organisationen angehört hatten, *muß in Prozessen ihre persönliche Schuld nach den Straftatbeständen des geltenden deutschen Rechts nachgewiesen werden.*«

Es gab also keine automatisch individualisierte Kollektivschuldannahme für die Mitglieder dieser Organisationen. Es mußte der Nachweis individueller Schuld in jedem einzelnen Fall geführt werden.

Für die von Kappelt Genannten galt das nicht.

Natürlich nicht. Sie waren ja Funktionäre der DDR. Damit hatten sie sich ohnehin schuldig gemacht.

Um nun den Antifaschismus der DDR infrage zu stellen, entwickelte Kappelt das folgende theoretische Konstrukt:

»Objektive Maßstäbe« tatsächlicher Vergangenheitsbewältigung sind »formelle Kriterien wie Parteizugehörigkeit, Rang und Stellung im totalitären Machtgefüge«. Diese seien »objektiver als die subjektive Gesinnungsbewertung«.

Demnach hätte Kappelt dann wohl zu den vehementesten Kämpfern *gegen* die in den Westzonen und in der nachfolgenden Bundesrepublik praktizierte Integration der Nazis in das bundesdeutsche Herrschaftssystem gehören müssen.

Er hätte dann auch die Männer des 20. Juli 1944 schwer attackieren müssen – bis zum Anschlag auf Hitler gehörten sie nämlich zu den Exponenten des Dritten Reiches und trugen es. Ohne die verheerenden Niederlagen der Wehrmacht an der Ostfront hätte es diesen Gesinnungswandel bei ihnen nicht gegeben. Sie wären, wenn es denn gegangen wäre, bis zum Ural und weiter marschiert. Daß diese Militärs um Stauffenberg sich aber in kritischer Lage ermannten und ihr Leben einsetzten, um dem seit Jahren praktizierten Völkermord zu beenden, kann ihnen nicht zum Vorwurf gemacht werden. Es muß, trotz aller Schuld, die sie bis dahin auf sich geladen hatten, ihnen zur Ehre angerechnet werden, daß sie das Ruder herumreißen wollten. Bei Kappelts Lesart aber müßte man ihnen jeden Respekt versagen: Schließlich waren sie in der NSDAP oder einer anderen braunen Vereinigung …

Mit Kappelts Theorie, die Äußerlichkeiten zu Bedeutsamkeiten gesellschaftlicher Erscheinungen stilisiert, verschwindet das Wesen der Dinge. Selbstredend können auch die von Kappelt genannten »formellen Maßstäbe« zur Beurteilung wichtig sein. Allein genügen sie nicht – entscheidend ist, was in der Parteizugehörigkeit, in den Funktionen und Strukturen usw. getan wurde.

Daß Kappelt genau das nicht untersucht, hat seine Gründe. Es dürfte ihm sonst nämlich schwerfallen, mit den von ihm genannten DDR-Exponenten den Nachweis anzutreten, daß der gesamte Staat in die Hände von »Altnazis« geraten war.

Kappelt schreibt von »willkürlicher Denazifizierung« und meint damit jene Fälle, in denen es angeblich für das Erreichen selbst hoher Funktionen in der gesellschaftlichen und politischen Hierarchie der DDR keine Rolle mehr gespielt haben soll, wie jemand sich im Dritten Reich verhielt. Es wurde nur noch gefragt, wie er sich »heute«, d. h. nach 1945 verhielt, und ob er sich der »richtigen Clique«, sprich: der SED, angeschlossen habe.

Falsch ist die Annahme, daß ein Haltungswandel von begangenen Untaten freimachte. Es ist zu belegen, daß nazistische Verbrechen in der DDR nicht toleriert wurden, sondern bei ihrem Bekanntwerden adäquate Konsequenzen nach sich zogen – egal, welches Parteibuch der überführte Täter in der Tasche hatte.

Kappelt aber hatte recht in diesem Punkte: Wer völlig mit dem Dritten Reich und dem politischen System brach, das die Nazidiktatur hervorgebracht hatte, der bekam auch die Chance, an einer neuen Gesellschaft in Deutschland mitzuarbeiten.

Auf den Antifa-Lehrgängen des Nationalkomitees »Freies Deutschland« (NKFD) und des Bundes Deutscher Offiziere (BDO) fanden keine Gehirnwäschen statt, sondern Veranstaltungen, bei denen Wissen und Einsichten in gesellschaftliche Zusammenhänge vermittelt wurden. Daß dies zu Schlüssen der Art führte, sich von der Vergangenheit loszusagen und, im weitesten Sinne, Wiedergutmachung auch am deutschen Volke zu leisten, sollte man gutheißen und nicht verurteilen. Das war tatsächliche Entnazifizierung.

Kappelt vermerkte, »daß ehemalige Nationalsozialisten sich in der DDR so verhielten, wie es die neuen Machthaber erwarteten«. Es bewegte sich offenkundig außerhalb seiner Vorstellungskraft, daß das die Folge gewonnener Einsichten über das Verbrecherische des deutschen Faschismus war. Im Gegenteil: Er sieht »eine Affinität für das Totalitäre, eine Auffälligkeit für antidemokratische Herrschaftsstrukturen«. »Aus ehemaligem Mitläuferverhalten und Tätertum (erwuchs) neue Täterschaft und neues Mitläufertum.«

So simpel läuft Geschichte. Bei Kappelt.

Die Angaben in den biographischen Veröffentlichungen wurden für das vorliegende Buch im allgemeinen nicht überprüft. Gravierende Einzelfälle werden allerdings auf der Basis differierender Publi-

kationen kritisch beurteilt. Dabei wird deutlich, daß die BRD-Ver-
öffentlichungen zum Thema nicht geeignet sind, das zu beweisen,
was sie beweisen sollen: daß nazistischer Ungeist in die DDR übertragen wurde, weil die »braune« Diktatur lediglich durch eine »rote«
abgelöst wurde.

Diejenigen in der DDR, die wegen ihrer eigenen Verfolgung
durch die Nazis am wenigsten Veranlassung hatten, den »Tätern« zu
verzeihen, waren klug genug, zwischen den tatsächlich Verantwortlichen und den Drahtziehern einerseits und den irregeleiteten Mitläufern andererseits zu unterscheiden. Und das galt auch dann, wenn
diese Mitläufer nicht völlig unschuldig waren.

Einerseits zitierte Kappelt die in den frühen Jahren formulierte
Besorgnis der politisch Verantwortlichen über Konzentrationen ehemaliger NSDAP-Mitglieder in bestimmten Bereichen. Er nennt
sogar die in den Archiven dokumentierte Kritik an der unmittelbar
nach 1945 sichtbaren Zurückhaltung in der Bevölkerung, sich am
Aufspüren von belasteten Nazis zu beteiligen. Das sind alles Belege
dafür, daß die Organe der SBZ/DDR sich erkennbar bemühten,
nazistische Einflüsse zumindest zu neutralisieren.

Andererseits zieht Kappelt alle Zeugnisse in Zweifel, die positive
Integrationsergebnisse belegen.

So willkürlich kann man mit historischen Fakten nicht umgehen,
wenn man seriös sein will.

Mit Bezug auf die Veröffentlichung von Clemens Vollnhals
(»Entnazifizierung. Politische Säuberung und Rehabilitierung in
den vier Besatzungszonen«, 1991 in München erschienen) schrieb
Kappelt weiter: »Eine derartige ›Rückflut‹ von entlassenen
NSDAP-Mitgliedern bezeichneten Kritiker, wenn es um den
Westen Deutschlands ging, ›mit dem polemischen Begriff der
Renazifizierung‹, wie Clemens Vollnhals es beschreibt, wobei nach
Vollnhals im Westen die Masse der Eingegliederten ›fest mit den
normativen Vorgaben des demokratischen Neubeginns verbunden‹
blieb. Was vom Osten sicher nicht behauptet werden kann, denn
in der SBZ bzw. DDR haben die ehemaligen NSDAP-Angehöri-
gen nicht als Lehre aus dem nationalsozialistischen Totalitarismus
die Konsequenz gezogen, sich rückhaltlos für Freiheit und Demokratie einzusetzen, sondern sie dienten erneut einem antidemokra-

tischen System und halfen mit, die Diktatur der SED aufzurich-
ten.

Vollnhals charakterisiert die Ex-NSDAP-Mitglieder im Westen
als ›weitgehend apolitische Mitläufer der neuen Ordnung‹, derartige
Erklärungen lassen sich sicher auch auf manchen Angehörigen von
NS-Organisationen anwenden, der im Osten verblieb.

Trotzdem war der qualitative Unterschied in der großzügigen
›Rehabilitierungspolitik‹ zwischen Ost und West erkennbar. Auf der
einen Seite ging es um die ›Bildung eines neuen konsensfähigen
Gemeinwesens‹ – wie Vollnhals es nennt –, auf der anderen Seite war
es ein Mittel der Kadergewinnung für den Aufbau einer neuen Diktatur.«

Nun sind die sogenannten demokratisch Integrierten der BRD,
die in den Veröffentlichungen der DDR angegriffen wurden, ausschließlich wegen ihrer nazistischen Untaten benannt worden. Und
es wurde verdeutlicht, daß ihre Bindung an die »normativen Vorgaben des demokratischen Neubeginns« tatsächlich die Mitwirkung an
einer Ordnung war, die sich zwar verbal vom Nazismus insgesamt
wie von den nazistischen Verbrechen im einzelnen distanzierte, aber
die die Gesellschaftsordnung selbst nicht zu tangieren gedachte, die
den Faschismus hervorgebracht hatte.

Man brauchte diese Leute für den Staat, der sich auf die gleiche
ökonomische Basis gründete wie sein Vorgänger.

Im Osten suchte man ein neues ökonomisches Fundament. Da
waren die Vertreter des alten, wenn sie denn die Alten geblieben
waren, objektiv hinderlich.

12. Blutrichter – problemlose Verwendung in West und Ost?

Die wichtige Stellung von Nazis im bundesdeutschen Staats- und Gesellschaftsgefüge ist bekannt und inzwischen Gemeingut. Sie wird auch von den Beschönigern der ausgebliebenen Abrechnung mit den Naziverbrechern kaum noch bestritten. Dennoch ist es nützlich, wenigstens einige Angaben darüber zu machen. Zumal von manchen Autoren behauptet wird, die NS-Richter seien gewissermaßen selbst Opfer gewesen.

Dem widersprach Hans-Erich Jürgens schon im August 1985 in der Zeitschrift *Betrifft Justiz* (2/85):»Es stimmt einfach nicht, daß den Richtern ab 1933 die nationalsozialistische Rechtsanschauung aufgezwungen worden wäre oder, wie 1964 der Präsident des Oberlandesgerichts Nürnberg, Theodor Hauth – selbst ehemaliger Nazirichter – in einer Rede vor dem Bayerischen Richterverein erklärt hat: ›die Richter seien vom Dritten Reich überrascht worden; in ihrer Rechtschaffenheit hätten sie ahnungslos dem gegenübergestanden, was auf ihren Stand zugekommen sei‹. Die ganz überwiegend national-konservativ und antisozialistisch eingestellten Richter hatten schon vor 1933 durch harte Urteile gegenüber politisch Linken und durch die gleichzeitige Verharmlosung von rechtsextremistischen Gewalttaten gezeigt, daß sie den republikanischen Staat nicht für schützenswert hielten.«

Selbstredend war es der BRD nicht angenehm, daß die DDR die Einstellung von NS-Juristen offenlegte und insgesamt 1.310 ehemalige Juristen der nazistischen Justiz benannte, die in der Bundesrepublik tätig waren. Die publizierten Listen führten Namen sowie frühere Funktionen auf. Von diesen Personen waren unter anderem 11 in Bundesministerien, 17 an Bundesgerichten, 181 als Staatsanwälte (davon 55 in leitenden Stellungen), 109 als Richter an Oberlandesgerichten (davon 27 als Präsidenten oder Senatspräsidenten),

22 an Landgerichten (davon 12 als Präsidenten oder Direktoren), 213 an Amtsgerichten (davon 17 als Präsidenten oder Direktoren) sowie sieben in anderen Justizbereichen tätig.

1959 publizierte der Ausschuß für Deutsche Einheit eine Broschüre unter dem Titel »Wir klagen an«. Darin nannte die DDR etwa 800 Namen von Sonder- und Kriegsrichtern. Bernt Engelmann recherchierte nach. Unter den von ihm untersuchten 87 Personen waren 67 höhere Beamte – sämtliche Angaben der DDR-Broschüre fand er bestätigt. In elf Fällen stellte er mehr oder weniger belanglose Unrichtigkeiten fest, wobei die Anschuldigungen im Kern stimmten. In acht Fällen waren die Genannten kurz zuvor pensioniert worden oder verstorben. Hier stellte Engelmann keine weiteren Untersuchungen an. In einem Fall lag eine Verwechslung zweier namensgleicher Justizangehöriger vor, von denen der eine Ankläger an einem Sondergericht in Polen, aber inzwischen verstorben war, der andere war Rat an einem Amtsgericht und vermutlich unbelastet. »Fazit: In 79 von 80 genau überprüften Fällen hatten sich die Anschuldigungen als völlig oder doch im wesentlichen richtig erwiesen.« Otto Köhler, der ebenfalls eigene Recherchen angestellt hatte, bestätigte die Korrektheit der DDR-Angaben in der »Zeit« vom 23. Juni 1995.

Die »Gewaltenteilung« gründet ihre Wirkung nicht unwesentlich auf die (vermeintliche) Überparteilichkeit und Unabhängigkeit der Justiz. Die Enthüllungen der DDR über die »Weiterverwendung« belasteter Nazi-Juristen warfen erhebliche Schatten auf die BRD. Wenn beispielsweise 80 Prozent der Richter am Bundesgerichtshof vordem im Staats- und Justizdienst des Dritten Reiches tätig waren, hatte der ehemalige hessische Generalstaatsanwalt Dr. Fritz Bauer nicht unrecht, wenn er von einer »Traditionskompanie des Reichsgerichts« sprach.

Die »schwerbelasteten« DDR-Juristen

Im Gegenzug erfand man die »Nazi-Juristen in Pankows Diensten«. Genannt wurden (und werden) Herbert Kröger, Ernst Melsheimer und Kurt Schumann, gelegentlich kommt noch der Professor für Arbeitsrecht, Rudolf Schneider, oder ein anderer Jurist hinzu. Das war es dann auch schon. Mehr Juristen, die wegen ihrer »nazisti-schen Belastung« der Nennung wert gewesen wären, wurden in der DDR nicht ausgemacht.

Das hindert allerdings nicht daran, mit diesen Namen permanent zu operieren, um den Antifaschismus in der DDR zu diskreditieren. So schreibt Klaus Bästlein 1994 in einem Aufsatz, der sich mit der »DDR-Kampagne gegen NS-Richter und Staatsanwälte« befaßte, auch die DDR hätte nach 1945 bei der Besetzung von Schlüsselpo-sitionen »ebenfalls – wenn auch in geringerem Umfang als die Bun-desrepublik – auf schwer belastete Funktionsträger des NS-Staates zurück(gegriffen)«.

Diesem Vorwurf folgte die Anmerkung: »In der Justiz gilt das zum Beispiel für den ersten Präsidenten (1949-60) des Obersten Gerichts Kurt Schumann (vor 1945: Kriegsgerichtsrat, NSDAP und SA), den ersten Rektor (ab 1955) der Akademie für Staats- und Rechtswissenschaft ›Walter Ulbricht‹ Herbert Kröger (vor 1945: SD-Mitarbeiter, SS-Oberscharführer, NSDAP) sowie mit gewissen Einschränkungen für den Vizepräsidenten des Obersten Gerichts (1954-58 und 1962-77) Walter Ziegler (vor 1945: NS-Rechts-wahrerbund) und den Generalstaatsanwalt der DDR Ernst Melshei-mer (vor 1945: Kammergerichtsrat, 1944 zum Reichsgericht vorge-schlagen).«

Was waren das für Personen?

Herbert Kröger (SED): (1913-1989); Studium der Staats- und Rechtswissenschaften in Berlin und Jena; 1933 SA; 1935 Dr. jur.; 1936-37 Soldat der WM; 1937 NSDAP; 1938 SS, zuletzt SS-Ober-scharführer (Feldwebel) in einer dem SD-Hauptamt unterstehenden Einheit; 1939 zweite juristische Staatsprüfung, Gerichtsassessor, 1941 Ernennung zum Landgerichtsrat und Tätigkeit in Guben; WM und sowjetische Kriegsgefangenschaft; Mitarbeiter im NKFD; Antifaschule in Krasnogorsk. 1947 Rückkehr nach Deutschland; Professor an der Verwaltungsakademie der DDR in Forst-Zinna beziehungweise an der Akademie für Staats- und Rechtswissenschaf-ten in Potsdam-Babelsberg, 1955-1964 deren Rektor. 1964-1978 Direktor beziehungsweise stellvertretender Direktor des Instituts für Internationale Beziehungen der DASR, 1950-1963 Volkskammer-abgeordneter. Kröger war einer der Verteidiger der KPD in dem gegen sie in der BRD durchgeführten Verbotsprozeß. Von 1965 bis 1989 war er Vizepräsident der Gesellschaft für Völkerrecht der DDR.

Kriegs- und Naziverbrechen wurden ihm nicht zur Last gelegt, aber eine diffamierende Beurteilung ausgestellt: »Herbert Kröger war als SS-Führer bis zu seiner Gefangennahme … ein getreuer Gefolgsmann Hitlers und wurde nach 1945 zum unterwürfigen Diener Ulbrichts und der SED. Er stellte das, was er an juristischer Technik gelernt und für die Nazis verwendet hatte, nunmehr in den Dienst des Kommunismus.«

Genau das machte ihn schuldig!

Ernst Melsheimer (KPD/SED): (1897-1960); Studium der Rechtswissenschaft in Marburg und Bonn, 1918 Dr. jur., seit 1924 Landgerichtsrat in Berlin, 1926 Beginn der Tätigkeit im Preußischen Justizministerium; 1928-1932 Mitglied der SPD; 1932 Oberjustizrat im Preußischen Justizministerium; ab 1933 LG-Direktor beim LG 3 in Berlin; Mitglied des Reichsbanners Schwarz-Rot-Gold und des republikanischen Richterbundes. Wegen dieser Organisationszugehörigkeit wurde er 1933 aus dem preußischen Justizministerium an den 1. Zivilsenat des Kammergerichts versetzt. Dessen ungeachtet konnte er seine berufliche Laufbahn als Landgerichtsdirektor in Berlin fortsetzen und war seit 1937 auch als Rechtsberater für die NS-Wohlfahrt tätig. Seine Ernennung zum Kammergerichtsrat erfolgte 1940. Der NS-Wohlfahrt (NSV) war er 1937 beigetreten. Seit 1936 war Melsheimer Mitglied des NS-Rechtswahrerbundes (NSRB). (Kappelt kommentierte diese Tatsache mit wenig Sachkunde über den Mechanismus faschistischer Machtausübung: »Ein besonders schwerer Fall von politischem Tätertum liegt bei Ernst Melsheimer vor, der es trotz seiner Mitgliedschaft im NS-Rechtswahrerbund nach 1945 bis zum Generalstaatsanwalt der DDR brachte.« Der Antifaschist Wolfgang Weiß konstatierte: »Ohne Mitgliedschaft in diesem Rechtswahrerbund war keinerlei juristische Tätigkeit möglich.« Hans Christoph Buch nannte aber Melsheimer ohne weitere Begründung »Freislers Adlatus am NS-Volksgericht.«)

1945 war Melsheimer Staatsanwalt in Berlin-Friedenau und Berlin-Mitte, anschließend Leiter der Abteilung Gesetzgebung der

Deutschen Zentralverwaltung für Justiz (DZVfJ), 1946-1949 Vize-präsident der DZVfJ und von 1949 bis zu seinem Tode 1960 Gene-ralstaatsanwalt der DDR.

Von keiner Seite konnten ihm Nazi- und Kriegsverbrechen zur Last gelegt werden, weil er die nicht begangen hatte. Olaf Kappelt aber unterstellte Melsheimer, daß etwa 800 Todesurteile in der DDR »auf sein Konto gehen« würden.

Nach Öffnung der DDR-Archive vermochten die »Fahnder« der Gauck-Behörde diese exorbitante Zahl nicht nachzuweisen. Vom 8. Mai 1945 bis zum Jahre 1981 wurden in der SBZ/DDR von deut-schen Gerichten insgesamt 373 Todesurteile verkündet und 208 vollstreckt, das letzte im Jahre 1981.

Kappelt suggerierte überdies, bei den DDR-Todesurteilen hätte es sich um Willkürakte gehandelt. Mit dieser Auffassung steht Kap-pelt ziemlich allein.

Nun könnte man durchaus fragen, ob es besonders klug oder politisch opportun gewesen sei, das Amt des höchsten Anklägers der DDR ausgerechnet einem Juristen zu übertragen, der schon in der Nazizeit tätig war. Selbst wenn er juristisch unschuldig geblie-ben war. Die Frage liefert schon die Antwort: natürlich nicht. Damit war er immer angreifbar. Und mit ihm der Staat, für den er Klage erhob.

Kurt Schumann (1908-1989): 1937 NSDAP. Nach dem Studium der Rechtswissenschaften war er von 1931 bis 1935 im thüringi-schen Justizdienst und ab 1935 im Heeresjustizdienst tätig; 1942 Kriegseinsatz als Kriegsgerichtsrat; 1942 bei Stalingrad sowjetische Kriegsgefangenschaft; 1948 Entlassung aus der Kriegsgefangen-schaft; NDPD, bis 1989 Mitglied des NDPD-Hauptausschusses; 1948 LG-Rat beziehungsweise LG-Direktor in Altenburg, 1949-1960 Präsident des Obersten Gerichts der DDR, von 1960-1963 Professor für Zivilrecht und Zivilprozeßrecht an der DASR und danach bis zu seiner Emeritierung 1973 Professor für Zivilrecht an der Humboldt-Universität zu Berlin. Nazi- und Kriegsverbrechen hat Schumann nicht begangen.

Da gegen diese Juristen nichts tatsächlich Belastendes vorzubrin-gen war, beschränkten sich die Vorwürfe auf verbale Attacken bzw. bloße Aufzählung der während der Nazizeit innegehabten Funktionen und Mitgliedschaften. Kappelt behauptete, Schumann hätte im Zweiten Weltkrieg »als gefürchteter Kriegsgerichtsrat« gewütet, ohne dafür auch nur einen Beleg vorzuweisen.

Karl Wilhelm Fricke schrieb zu Melsheimer: »Und er war vorgeschlagen – er war ja Richter am Kammergericht – als Reichsgerichtsrat. Also so eine blütenweiße antifaschistische Vergangenheit hat Herr Melsheimer nun wirklich nicht gehabt.« Fricke relativierte seine Kritik, um sie schließlich zu verstärken: »Natürlich soll man dies alles nicht überschätzen, aber man muß es im Kontext gerade zur Instrumentalisierung des Antifaschismus sehen. Die DDR-Agitation und Propaganda hat immer wieder hervorgehoben, wie radikal die Säuberung der Justiz von ehemaligen Nationalsozialisten erfolgt ist, das hinderte aber die Justiz der DDR nicht daran, von 1949 bis 1960 einen Präsidenten des Obersten Gerichtes zu haben, Kurt Schumann, der 1936 Mitglied der NSDAP geworden war und während des Krieges als Kriegsgerichtsrat in der Wehrmacht Adolf Hitlers tätig geworden ist.«

Man ist versucht zu fragen: »Na und?«

Verbrechen, die Schumann in der Nazizeit begangen haben könnte, nannte auch Fricke nicht.

Aber dafür sagt er weiter bei einer Diskussion über ihn: »Ein Mann, der unter anderem verantwortlich für ein politisches Todesurteil ist, gegen Joachim Wiebach, das Ulbricht, durch Handvermerk vor der Hauptverhandlung selbst angeregt hat. Ein Mann also, der auch hier Gehorsam bewies, wie er ihn vermutlich in der Nazizeit bewiesen hat.«

An anderer Stelle sagte Fricke: »Ich erinnere noch einmal an den Fall Kurt Schumann ... Wie Filbinger war er Kriegsgerichtsrat, aber anders als Filbinger wirkte er als Präsident des Obersten Gerichts der DDR von 1949 bis 1960 mit an politischen Todesurteilen.«

Fricke setzte offenkundig die Mordmaschinerie des Nazismus gleich mit der Rechtsprechung in der DDR.

Von dieser Neigung war auch die Hamburger Justizsenatorin Lore Maria Peschel-Gutzeit nicht frei, als sie 1992 anläßlich der Vorstellung einer Dokumentation zur nazistischen Justizgeschichte Hamburgs erklärte: »Mit mindestens 230 Todesurteilen wurden in den wenigen Jahren nationalsozialistischer Herrschaft in Hamburg mehr Todesurteile gefällt als in 40 Jahren DDR-Justiz.« Das war kein schmeichelhafter Vergleich, sondern ein unzulässiger, weil der gesellschaftliche Kontext ausgeblendet blieb.

Die SED-Führung blieb von Vorhaltungen, daß angeblich »Nazis« in führenden Positionen der DDR arbeiten, nicht ganz unberührt. Es lag kein Grund vor, Beschuldigungen wegen der Beschäftigung ehemaliger NS-Anhänger zu fürchten. Aber es ging doch immer auch um das Ansehen der DDR. Und deshalb reagierte man umgehend.

Im Falle Kurt Schumanns, seit Dezember 1949 Präsident des Obersten Gerichts der DDR, schrieb Albert Norden am 16. Januar 1960 an Walter Ulbricht, es tauche »in der gegnerischen Agitation immer wieder der Name des Richters Schumann auf. Die Londoner *Times* z. B. gibt zu, daß wir die Nazijuristen abserviert hätten, findet es darum aber um so komischer und erstaunlicher, daß unser Oberster Richter eben Schumann sei.

Nun erinnere ich mich, daß Du bereits seit langer Frist im Politbüro den Hinweis gabst, daß hier eine Umbesetzung erfolgen und Schumann eine andere Funktion erhalten soll. Das ist noch nicht verwirklicht.«

Schumann wurde im April 1960 von seiner Funktion am Obersten Gericht entbunden.

Juristen der Nazizeit, vor allem jene, an deren Händen Blut klebte, hatten in der DDR jedenfalls keine Chance. Sie hatten ihre Heimat in der Bundesrepublik gefunden. Fritz Endemann schrieb dazu im April 1985:

»1. Die … Justiz war neben SS und Polizei das wichtigste Terrorinstrument des Regimes; Volksgerichtshof, Sondergerichte und Militärgerichte taten ihre blutige Pflicht für Führer und Reich.

2. Keine Gruppe der Pflichterfüller überstand so wohlbehalten Kapitulation und Entnazifizierung wie die Blutrichter; statt Straf- und Disziplinarverfolgung bald wieder Amt und Würden, jedenfalls Pensionen und im übrigen die schweigende Solidarität der ›unbelasteten‹ Kollegen. Schwer zu sagen, was beschämender ist, die offenen Mordtaten in der Richterrobe oder das Schweigen, das sie nach 1945 lange, allzu lange gedeckt hat. Der Beitrag deutscher Richter zur deutschen Diktatur ist inzwischen in seinen erschreckenden Aus-

maßen hinlänglich bekannt ... Seither kennen wir ihn besser, den ›furchtbaren Juristen‹. Beileibe kein Dämon, nicht einmal ein vitaler Machtmensch, eher ein unauffälliger, unscheinbarer Typus, der sich allerdings in der Robe erstaunlich verwandeln konnte. Furchtbar für seine Opfer, nützlich für die Mächtigen wird er durch seine Bereitschaft, der Macht das Recht passend auf den Leib zu schneidern und zugleich allen Scharfsinn und alle Kunstfertigkeit aufzubieten, um dieses amputierte und korrumpierte Recht mit den Attributen und dem Pathos unbezweifelter Gerechtigkeit auszustatten. Und dies auch vor und für sich selbst – ›was damals Recht war, kann heute doch kein Unrecht sein‹, Filbingers Erstaunen war wohl echt. Es war wohl besonders dieses ›gute Gewissen‹, was der juristischen Dienstwilligkeit ihre kalte Erbarmungslosigkeit, ihre Unmenschlichkeit verlieh.«

13. Partei- und Staatsfunktionäre, Journalisten, Wissenschaftler, Hochschullehrer und andere

Es hat wenig Sinn, den Zahlenspielen zu folgen, die mit dem Ziel angestellt werden zu beweisen, daß es mit dem Antifaschismus der DDR nicht weit her sein konnte, da NSDAP-Mitglieder die Möglichkeit erhielten, im gesellschaftlichen Leben der DDR verantwortlich tätig zu sein. So wurde ausgezählt, wieviel ehemalige NSDAP-Mitglieder in den verschiedenen Wahlperioden Mitglieder oder Kandidaten des ZK der SED oder der Bezirks- und Kreisleitungen der SED waren, wieviel ehemalige PGs Angehörige der Volkskammer der DDR oder der Bezirks- und Kreistage waren usw.

Fricke nennt beispielsweise für die am 8. Juni 1986 gewählte Volkskammer die Zahl von 19 ehemaligen Mitgliedern der NSDAP (bei insgesamt 500 Abgeordneten). Im 1986 gewählten ZK der SED waren von 165 Mitgliedern mindestens 13 ehemalige Mitglieder der NSDAP.

Kappelt kreidete den von ihm Genannten insbesondere ihre Mitgliedschaft in der NSDAP oder in anderen faschistischen Organisationen an. Was er mangels wirklicher Verbrechen unter »belastet« erfaßt, soll an einigen Personen, die auch bei anderen Delegitimatoren der DDR immer wieder genannt werden, deutlich gemacht werden.

Karl-Heinz Arnold (1925): NSDAP-Eintritt 20. April1944; SED; ab 1965 stellvertretender Chefredakteur der *Berliner Zeitung*. In einem Beitrag am 6./7. September 1997 zur Geschichte der Zeitung denunzierte Gunter Holzweißig Arnold als Träger des NSDAP-Parteibuches. In einem Leserbrief erklärt Arnold dazu: »Aus den Akten des ehemaligen Document Center der USA, heute im Bundesarchiv, ergibt sich tatsächlich, daß ich 1943 in die NSDAP aufgenommen wurde. Was nicht in den Akten steht: Als 17jähriger Primaner bin ich zusammen mit anderen Schülern ungefragt zum NSDAP-Anwärter gemacht worden, in HJ-Uniform angetreten, sieben Tage vor dem Einrücken zu Arbeitsdienst und nachfolgend Wehrmacht. Über den Status eines Anwärters bin ich nicht hinausgekommen, habe auch nie ein NSDAP-Parteibuch erhalten. Diese Details mögen aus heutiger Sicht uninteressant, höchstens von untergeordneter zeitgeschichtlicher Bedeutung sein. Wichtig erscheint mir nach wie vor, daß ein Journalist, der dreieinhalb Jahrzehnte in der ›Berliner Zeitung‹ geschrieben hat, kein alter Nazi gewesen ist.« Der Brief erschien am 15. September 1997. Dennoch war Arnold in der Redaktion zur Persona non grata erklärt worden: Trotz verschiedener Aufforderungen wurde Arnolds im Jahre 2000 erschienenes Buch »Zeitung«, das über weite Teile eine Chronik eben jener Berliner Zeitung ist, völlig ignoriert.

Hans-Walter Aust (1900): 1933 NSDAP, Journalist. Simon Wiesenthal behauptet (was Kappelt wörtlich zitiert), daß Aust ab Februar 1934 im Leitabschnitt Berlin ehrenamtlich für die Gestapo gearbeitet habe, zum V-Mann »avancierte« und in der Reichsleitung des Reichsverbandes deutscher Schriftsteller tätig war, um die »weltanschauliche und politische Haltung der Mitglieder zu überwachen«. Aust soll unter verschiedenen Pseudonymen (unter anderem als Gert Holten) für das SS-Organ »Schwarzes Korps« geschrieben haben. In Kappelt II ist die nachfolgende Angabe Wiesenthals ausgelassen, die bei Kappelt I enthalten war: »Im Jänner 1942 überwarf sich Aust mit dem SD, wurde vor Gericht gestellt und erhielt wegen ›Heimtücke‹ zwei Jahre Gefängnis – eine damals außerordentlich milde Strafe.« Verbrechen wurden Aust nicht angelastet. Von 1956 bis 1969 war Aust Chefredakteur der DDR-Zeitschrift »Deutsche Außenpolitik«. Er war unter anderem Vorstandsmitglied des Berliner Presseverbandes.

Walter Bartel (1904-1992): 1939 bis 1945 Häftling im KZ-Buchenwald und Leiter des illegalen internationalen Lagerkomitees; nach 1945 persönlicher Mitarbeiter Wilhelm Piecks; Frank Ebbinghaus diffamierte Walter Bartel in der *FAZ* am 4. September 1999: »Keine geringe Symbolik liegt darin, daß mit der Leitung des Deutschen Instituts für Zeitgeschichte (DIZ) 1958 ein Mann betraut wurde, der nur scheinbar zu den Lichtgestalten des kommunistischen Widerstandes gegen Hitler zählte: Walter Bartel … schuf den Mythos von der Solidargemeinschaft antifaschistischer ›Konzentrationäre‹ unter kommunistischer Führung und übertünchte damit nicht nur häßliche Flecken des KPD-Widerstandes: ›Bartel hatte sich nach einem Zuchthausaufenthalt in den dreißiger Jahren schriftlich der Gestapo verpflichtet.«

Dazu antwortete der Berliner Historiker Prof. Siegfried Prokop am 17. September 1999 in der *FAZ*, daß Ebbinghaus einen »zweifelhaften Zweifel« neu aufgewärmt habe, der Anfang der 50er Jahre schon in langen Untersuchungen der Zentralen Parteikontrollkommission (ZPKK) der SED eine Rolle gespielt hätte, jedoch nicht bestätigt worden wäre.

Karl-Heinz Bartsch (1923): 1932-1939 Mitglied der HJ, 1940 zur SS eingezogen und 1941 zunächst in der 3. SS-Panzerdivision »Totenkopf« sowie später in der 17. SS-Panzergrenadierdivision »Götz von Berlichingen«. Er war Panzerkommandant. In seinen Personalunterlagen hatte er nur angegeben, in der kämpfenden Truppe gedient zu haben. Entgegen den Behauptungen gehörte Bartsch nicht zu den SS-Wachen eines KZ. Bartsch studierte an der Martin-Luther-Universität Halle-Wittenberg, war 1946-1949 Mitarbeiter des Tierzuchtinstituts Halle und schließlich von 1960 bis 1963 Professor an der Humboldt-Universität. Er war unter anderem 1954 bis 1960 Mitglied der SED-Bezirksleitung Erfurt, von 1960 bis 1962 stellvertretender Abteilungsleiter im ZK der SED, wenige Tage (vom 7. bis 9. Februar 1963) Vorsitzender des Landwirtschaftsrates der DDR und Mitglied des Präsidiums des Ministerrates der DDR, ZK-Mitglied und Kandidat des Politbüros. Bartsch wurde am 9. Februar 1963 aus dem ZK ausgeschlossen und von allen staatlichen Funktionen entbunden, weil er seine Zugehörigkeit zur Waffen-SS verschwiegen hatte. Strafrechtlich wurde er nicht belangt, weil er keine Verbrechen begangen hatte. Nach der Entbindung von seinen Funktionen war Bartsch von 1964 bis 1981 Direktor des VEG Tierzucht Woldegk. Von 1981 bis 1988, dem Jahr seiner Pensionierung, war Bartsch LPG-Vorsitzender eines Färsenaufzuchtsbetriebes.

Gerhard Beil (1926): 20. April 1944 NSDAP (18jährig); Wehrmacht; von 1945 bis 1952 Bergmann und Stahlschlosser; 1945

SPD, 1953 SED; 1952-1956 Studium der Volkswirtschaft an der Hochschule für Ökonomie, ab 1956 extern an der Humboldt-Universität Berlin; 1958 Diplom-Ökonom; 1958 MA im Staatssekretariat für örtliche Wirtschaft; 1958-1961 Mitarbeiter der Handelsvertretung in Wien; 1961-1965 verschiedene Bereiche im Ministerium für Außen- und Innerdeutschen Handel; 1965-1969 Stellvertretender Minister; 1968 Promotion; 1969-1976 Staatssekretär im Ministerium für Außenhandel, ab 1976 Staatssekretär und 1. Stellvertreter des Ministers für Außenhandel; ab 1977 Mitglied des Ministerrates; 1986-1990 Minister für Außenhandel; 1976 Kandidat des ZK, 1981-1989 Mitglied des ZK der SED. Kappelt weiß diese Entwicklung sachkundig zu beurteilen: »So erwarb … Gerhard Beil ein Jahr vor Kriegsende die NSDAP-Mitgliedschaft. Sein NS-Mitläufertum wurde auch ihm nicht zum Verhängnis, im Gegenteil, er machte schnell Karierre.«

Hans Bentzien (1927): 20. April 1944 (17jährig) NSDAP; Wehrmacht; britische Kriegsgefangenschaft; 1946 SED; 1946-1948 Neulehrer; 1948-1950 Studium der Gesellschaftswissenschaften an der Friedrich-Schiller-Universität Jena; 1950-1955 unter anderem 1. Sekretär der SED-Kreisleitung Jena, weitere Funktionen in der SED; 1961-1966 Minister für Kultur. Die Ablösung erfolgte wegen Unzufriedenheit der SED-Führung mit seiner Tätigkeit. (Konkret wurde ihm das berüchtigte 11. Plenum 1965 zum Verhängnis.) 1966-1975 Verlagsdirektor, danach verschiedene Funktionen im Fernsehbereich, 1989/90 Generalintendant des DFF. Kommentar Kappelt: Bentzin »trat am 20.4.1944 in die NSDAP ein und gehörte zur NSDAP-Ortsgruppe Regasen im Gau Wartheland. Trotzdem fand Bentzien bereits 1946 den Weg in die SED.«

Kurt Blecha (1923): 1941 NSDAP (18jährig); Wehrmacht, 1943 sowjetische Kriegsgefangenschaft; Angehöriger des NKFD, Antifa-Schule in Gorki und Krasnogorsk; SED; Journalistiklehrgang an der Universität Leipzig; zunächst Journalist, dann Mitarbeiter des Amtes für Information, dann Stellvertretender Leiter und von 1958 bis 1989 Leiter des Presseamtes.

Zweifellos ist dieses Amt hinsichtlich der Informationspolitik in der DDR kritikwürdig. Das Presseamt hatte die Funktion eines Instruments zur Gängelung der Medien und zur Sicherung einer

»einheitlich-parteilichen« Propaganda und Agitation. Diese Aufgabe hätte jeder Leiter durchzusetzen gehabt. Insofern ist es Unsinn, wenn Kappelt schreibt: »Ein besonders schwerer Fall von politischem DDR-Tätertum trotz oder gerade wegen seiner früheren NSDAP-Zugehörigkleit dürfte bei Kurt Blecha vorliegen.«

Siegfried Dallmann (1915-1994): 1934 NSDAP, 1933-1938 Studium der Rechts- und Wirtschaftswissenschaften an den Universitäten Greifswald, Köln und Jena; 1938-1940 Referendar und Assistent an der Universität Jena; NS-Gaustudentenführer in Thüringen; ab 1940 Wehrmacht, als Leutnant 1943 in sowjetische Kriegsgefangenschaft; Angehöriger des NKFD, Assistent an der Antifa-Schule Krasnogorsk; 1948 Rückkehr; Mitbegründer der NDPD, Mitglied des Hauptausschusses und des Parteivorstandes bis Januar 1990; 1950-1990 Volkskammerabgeordneter. Besonders übel nimmt Kappelt, daß Siegfried Dallmann kein Wendehals wurde, sondern gemeinsam mit anderen ehemaligen Mitgliedern der NDPD dazu aufrief, bei der Bundestagswahl 1994 die PDS zu wählen.

Gerhard Dengler (1914): 1937 NSDAP; SA; 1934-1939 Studium der Publizistik in Berlin und München; 1939 Dr. phil.; Simon Wiesenthal beschreibt Dengler als Freund hoher SS-Führer, was für eine Verurteilung als »Nazi in Pankows Diensten« offensichtlich ausreichend ist, denn weitere Anklagen gibt es nicht. Wehrmacht; Ritterkreuz; als Hauptmann in die sowjetische Kriegsgefangenschaft; Mitarbeiter im NKFD, vom deutschen Gericht in Abwesenheit zum Tode verurteilt und seine Familie in »Sippenhaft« genommen. Dengler erfuhr erst in den 90er Jahren von seiner Mitgliedschaft in der NSDAP. Der »Stahlhelm«, dem er in seiner Heimatstadt Eberswalde vor 1933 beigetreten war, ging in der SA auf, die wiederum kollektiv in die NSDAP überführt wurde. Zu diesem Zeitpunkt war Dengler aber bereits bei der Wehrmacht, wo die Parteimitgliedschaft »ruhte«. Dengler leitete in den 60er Jahren die Arbeitsgruppe, die das »Braunbuch« zusammenstellte, und war auch darum Zielscheibe der Polemik aus dem Westen.

Horst Dreßler-Andreß (1899): 1930 NSDAP, nach Hitlers Machtantritt Leiter der Abteilung Rundfunk im Range eines Ministerialrates im Goebbels'schen »Reichsministerium für Volksaufklärung und

Propaganda«; Präsident der Reichsrundfunkkammer; 1939-1940 Wehrmacht; ab 1940 verschiedene NSDAP-Propagandafunktionen in Lublin, Krakau, Lemberg und im Distrikt Galizien. Nach dem Zusammenbruch des deutschen Faschismus betätigte Dreßler-Andreß sich weiter politisch. Er war beteiligt am Aufbau der NDPD und Mitarbeiter bei den Vorständen der NDPD-Landesverbände Berlin und Thüringen; Mitglied des Hauptvorstandes der NDPD; Mitarbeiter des Büros des Nationalrates der Nationalen Front; ab 1959 im Schauspielwesen tätig. Verbrechen werden ihm nicht vorgeworfen. Sich auf Peter-Ferdinand Koch berufend, schrieb Kappelt, Dreßler-Andreß habe für den sowjetischen Geheimdienst unter »Ex-Kameraden« Mitarbeiter geworben. Nach getaner Arbeit sei er in die DDR-Provinz abgeschoben worden. Selbst wenn diese Behauptung stimmen sollte: Was ist daran ehrenrührig? Haben sich nicht auch andere auswärtige Geheimdienste um Mitarbeiter bemüht?

Heinz Eichler (1927): 1944 NSDAP (18jährig). Kappelt schreibt: »Ein Jahr später war er bereits KPD-Mitglied«, und: »Nach dem Zusammenbruch des National-Sozialismus erneute politische Betätigung«. Man wüßte schon gern, worin die vorherige »politische Betätigung« Eichlers bestanden haben soll, denn der NSDAP-Eintritt kann es doch wohl nicht gewesen sein? Kappelt braucht aber diese Täuschung, um dann einen »Nazi« in höchster DDR-Funktion präsentieren zu können. Eichler war nämlich von 1960 bis 1971 persönlicher Referent des Staatsratsvorsitzenden Walter Ulbricht, von 1971 bis 1990 Volkskammerabgeordneter und Mitglied des Präsidiums der Volkskammer sowie von 1971 bis 1989 Sekretär des Staatsrates der DDR und enger Mitarbeiter Erich Honeckers.

Karl-Heinz Gerstner (1912): 1933 NSDAP; Studium der Rechtswissenschaften, danach Referendar, 1937 Dr. jur., 1938-1940 Gerichtsassessor in Berlin; wegen Kinderlähmung vom Kriegsdienst befreit; 1940-1944 Tätigkeit im Auswärtigen Amt und 1941 Legationssekretär der deutschen Botschaft in Paris. April-Juli 1945 stellvertretender Bezirksbürgermeister in Berlin-Wilmersdorf. Wegen seiner Tätigkeit in Paris wurde er von sowjetischen Behörden verhaftet, im Internierungslager Hohenschönhausen festgehalten und im Januar 1946 entlassen. 1947 persönlicher Referent von Josef Orlopp in der Deutschen Wirtschaftskommission. 1948-1973 Redaktionsmitglied und 1973-1989 Chefreporter der *Berliner Zeitung*. Kappelt übernahm Äußerungen von Simon Wiesenthal, der über Gerstner geschrieben hatte: »Vom Günstling von Kriegsverbrechern zum Chefreporter der ›Berliner Zeitung‹« und erklärte, Gerstner hätte unter anderem für die Wehrmacht eine Broschüre unter dem Titel »Verniggertes Frankreich« geschrieben. Weiter behauptete Wiesenthal, Gerstner werde von zwei französischen Resistance-Gruppen beschuldigt, sich als Agent provocateur betätigt zu haben.

Gegen diese Behauptungen protestierte der jüdische NS-Verfolgte Fritz Teppich in der *jungen Welt* am 7. August 1992, wo Wiesenthal zuvor Gerstner als einen der schlimmsten Nazis bezeichnet hatte, die in der DDR überwintert hätten. Teppich schrieb: Gerstner »war und ist mit einer sogenannten Halbjüdin verheiratet, die er ohne Zögern über die Nazizeit schützte. Er war der NSDAP beigetreten und hatte als Angestellter der Handelsabteilung der deutschen Botschaft in Paris in der französischen Widerstandsbewegung gegen das großdeutsche Mörderregime mit angekämpft. 1945 war er dann von Sowjetbehörden in Unkenntnis seines Wirkens gegen den Faschismus interniert worden. Seiner Frau gelang es – was damals schwierig war –, Kontakt nach Frankreich herzustellen. Gerstners französische Widerstandsfreunde erwirkten seine Freilassung. Schon allein mit Rettung seiner rassisch gefährdeten Frau hat sich Dr. Gerstner verdient gemacht, was auch Herr Wiesenthal nicht leichtfertig übersehen darf.«

Gerstner hat in seinen Memoiren (»Sachlich, kritisch, optimistisch«, 1999) ausführlich zu all diesen Vorwürfen Stellung bezogen. Das hinderte Journalisten in der *Mitteldeutschen* und in der *Berliner Zeitung* nicht, in großflächigen Rezensionen Gerstner als Altnazi zu denunzieren. Um einen Rechtsstreit zu vermeiden, räumten beide Chefredaktionen schließlich dem Verleumdeten in ihren Blättern den gleichen Raum für seine Darlegungen ein wie zuvor den Schmierfinken.

Mario Keßler, der sich mit dem Thema »SED und Juden« beschäftigte und unter anderem den israelisch-arabischen Krieg vom Juni 1967 behandelte, meinte, daß die »Präsenz von ehemaligen Nationalsozialisten an verantwortlichen Stellen im Medienbereich, dort, wo die antiisraelische Propaganda inszeniert wurde«, interessant sei. Er nannte unter anderem Kurt Blecha, Günter Kertzscher und Karl-Heinz Gerstner und schlußfolgert, was allerdings nicht bewiesen wird, da es nicht beweisbar ist: »Unter Berücksichtigung individueller Verschiedenheiten kann wohl angenommen werden, daß zumindest indirekt verdrängte antijüdische Denkmuster bei mancher Formulierung in der Presse Pate gestanden haben dürften.«

Andreas Herbst, der im Mai 1997 in einer Rezension des Buches von Keßler auf diese Behauptung Bezug nahm, erhielt einige Zuschriften, in denen Protest erhoben wurde. Fritz Teppich, selbst Shoa-Überlebender, schrieb, daß kein Deutscher das Recht hätte, die komplizierte jüdische Geschichte vereinfachend abzuhandeln »oder gar per Entstellung oder Auslassung unsere Ermordeten oder deren Retter zu beleidigen … Ich rechne es mir zur Ehre an, solche Aufrechten zu meinen Bekannten zu zählen, so Bernd von Kügelgen. Infam, wenn Leute wie der Journalist K.-H. Gerstner diffamiert werden. Er hatte nicht nur seine (väterlicherseits) jüdische Ehefrau über schwere Zeiten gerettet, sondern in Paris wichtiges im antinazistischen Widerstand geleistet. Dazu war er auftragsgemäß in die NSDAP eingetreten, wie ich aus französischer Quelle präzise weiß.«

Gerstner selbst schrieb: »Gegen die unbewiesene Denunziation Keßlers protestiere ich aufs schärfste.« Er sei in seinem ganzen Leben aktiv gegen Antisemitismus aufgetreten und hätte dem Rezensenten unlängst die Zusammenhänge seiner politischen Aktivitäten während der Nazizeit und in der DDR geschildert, was dieser mit Befriedigung zur Kenntnis genommen hätte. Trotzdem hätte sich Herbst in seinem Artikel nicht klar von der Darstellung Keßlers distanziert, was Gerstner als »Fehlinformation in einer mir besonders am Herzen liegenden Problematik« betrachtet.

Gerstners Tochter heißt Daniela Dahn. *Die Welt* befaßte sich mit der Publizistin, die am 3. Oktober 1999 mit dem Kurt-Tucholsky-Preis ausgezeichnet worden war. Bekanntlich gehört die Autorin zu den scharfen Kritikerinnen der Verhältnisse in der Bundesrepublik im allgemeinen und des Umgangs mit der DDR und ihren Bürgern nach dem Anschluß an die BRD im besonderen. In dem *Welt*-Artikel wird aus dem Buch Daniela Dahns »Westwärts und nicht vergessen« der folgende Satz zitiert: »Ich empfinde es bis heute so, daß der ehrlich verinnerlichte Antifaschismus eine ganz wesentliche Mitgift für mich war.« Und dann heißt es in der *Welt* weiter: »Eine interessante Aussage, wenn man bedenkt, daß Dahns Vater Karl-Heinz Gerstner Legationssekretär der NS-Botschaft im besetzten Paris war und für die Wehrmacht Broschüren mit Titeln wie ›Verniggertes Frankreich‹ schrieb, bis er 1945 in die KPD eintrat und bis 1989 zu einem der Star-Journalisten der DDR wurde.«

»Vom Günstling von Kriegsverbrechern zum Chefreporter der ›Berliner Zeitung‹«, heiße es über ihn in einem Buch Simon Wiesenthals. »Kein Wort davon allerdings bei Daniela Dahn. Gewiß, es gibt keine ›Sippenhaft‹. Erinnert man sich jedoch an die ehrliche quälende Auseinandersetzung vieler sogenannter ›Achtundsechziger‹, die mit den Verdrängungen in der eigenen Familie begann, so muss die Dahnsche Rhetorik ins Auge stechen. Die NS-Karriere des Vaters blieb ausgeblendet wie seine nachfolgende Agitation für die SED.«

Mit diesem gehässigen Kommentar versuchte man gleich drei Fliegen zu treffen: Gerstner, Dahn und die PDS, die sie als Verfassungsrichterin im Land Brandenburg wollte. Es gelang dem Blatt, dies zu verhindern. An ihre Stelle trat der Sohn von Robert Havemann. Mit dem Mandat der PDS.

Ernst Großmann (1911): Landarbeiter/Molkereigehilfe; 1928 Mitglied einer Molkereigenossenschaft in der CSR; 1931-1933 Soldat in der tschechoslowakischen Armee, 1938 Angehöriger des sudetendeutschen Freikorps; 1938 SS, 1938 NSDAP, ab 1940 SS-Rottenführer, ab 1944 SS-Unterscharführer, Angehöriger der 5. verstärkten SS-Totenkopf-Standarte im KZ Oranienburg/Sachsenhausen. (Das Internationale Komitee für Information und soziale Aktion in Luxemburg vertrat die Ansicht, daß Großmann unmittelbar am Terror gegen die im KZ Inhaftierten beteiligt gewesen wäre. Beweise werden allerdings nicht vorgelegt.) 1946 SED; 1947 Funktionär der Vereinigung der gegenseitigen Bauernhilfe; maßgeblich beteiligt an der Gründung der ersten LPG in der DDR, 1952-1959 Vorsitzender der LPG »Walter Ulbricht« in Merxleben; 1952 Mitglied der SED-Delegation zum XIX. Parteitag der KPdSU; 1952-1954 Kandidat des ZK und 1954-1959 Mitglied des ZK der SED; 1958 Abgeordneter des Bezirkstages Erfurt. Seine nazistische Vergangenheit hatte Großmann verschwiegen. Sie wurde im April 1959 durch eine Veröffentlichung des UFJ bekannt. Nach einer entsprechenden Überprüfung beschloß die 5. Tagung des ZK der SED, Großmann wegen »falscher Angaben über seine Vergangenheit« eine strenge Rüge zu erteilen und ihn aus dem ZK auszuschließen. Verbrechen hatte er nicht verübt, weshalb er weiterhin SED-Mitglied und Abgeordneter des Bezirkstages Erfurt bleiben durfte.

Es war bekannte Praxis in der SED, ein besonders beispielhaftes Verhalten zu fördern. Das konnte auch zur Folge haben, daß man daraufhin in wichtige Gremien gewählt wurde. Beispiel: der Bergmann Adolf Hennecke (1905-1975). 1948 brach er alle Abbau-Rekorde und initiierte einen Wettbewerb, die »Hennecke-Bewegung«. Er arbeitete von 1949 bis 1967 in der Volkskammer, von 1954 bis 1975 gehörte er dem ZK der SED an.

Großmann war Landwirt. Was lag näher, sein Engagement für die Durchsetzung sozialistischer Produktionsverhältnisse auf dem Lande durch die Aufnahme ins ZK der SED zu würdigen?

Kappelt, der diese Zusammenhänge nicht versteht oder verstehen will, erklärt die Mitgliedschaft Großmanns im ZK so: »Unverkennbar wird hier eine Affinität für das Totalitäre, eine Auffälligkeit *(so im Original, gemeint ist wahrscheinlich »Anfälligkeit« – D. J.)* für antidemokratische Herrschaftsstrukturen, in denen Menschen, wie Ernst Großmann, sich offensichtlich schnell zur Entfaltung bringen können.«

Daß Großmann kein hauptamtlicher Funktionär der SED war, sondern neben der Zugehörigkeit zum ZK unverändert in der Landwirtschaft arbeitete, schien für Kappelt unerheblich.

Gerhard Kegel (1907-1989); Botschafter; 1931 KPD, 1932-1935 Mitarbeiter für »Neueste Nachrichten«; Mitarbeiter der sowjetischen Aufklärung, daher 1935 NSDAP (mit 28 Jahren); 1935-1939 Mitarbeiter der deutschen Botschaft in Warschau, 1939-1941 Mitarbeiter der deutschen Botschaft in Moskau, 1941-1943 Mitarbeiter des deutschen Auswärtigen Amtes, ab 1943 Wehrmacht, Unteroffizier, 1945 Übertritt zur Sowjetarmee; 1946 SED, seit 1945 leitende Funktionen im Zeitungs- und Verlagswesen; 1955-1972 Mitarbeiter des ZK der SED; 1959 Gesandter, Sprecher der Regierungsdelegation der DDR auf der Genfer

Außenministerkonferenz der Großmächte; 1967-1971 Kandidat des ZK der SED; 1973-1976 Botschafter und Leiter der Ständigen Vertretung der DDR am Sitz der UN in Genf. Im August 1959 veröffentlichte das Ostbüro der SPD eine Schmähschrift, in der auch Kegel genannt wurde. Gerhard Kegel zitierte dieses Pamphlet in seinen 1983 verlegten Erinnerungen »In den Stürmen des Jahrhunderts« ausführlich und beschrieb detailliert sein Wirken als Kundschafter der UdSSR.

Die Angriffe gegen Kegel wie auch gegen Gerstner, Kertzscher und andere gingen insbesondere auf Simon Wiesenthal zurück, der 1968 eine Dokumentation über 39 Personen in DDR-Diensten veröffentlichte, die nach seiner Ansicht als NSDAP-Mitglieder in der NS-Zeit einflußreiche Posten innegehabt hatten. Bei verschiedenen Gelegenheiten wiederholte Wiesenthal einige der von ihm genannten Namen sowie die These, daß die DDR bei der Verfolgung von Nazis mit der westdeutschen Justiz »nicht richtig« zusammengearbeitet habe. Hunderte Rechtshilfeersuchen seien nicht beantwortet worden, weil »jeder im Westen verurteilte Nazis ein verlorengegangener politischer Trumpf war«.

Die *taz* griff Wiesenthals obszönes Interview mit der *jungen Welt* auf. Auch dort monierte Fritz Teppich am 7. August 1992 die haltlose Behauptung des selbsternannten Nazijägers aus Wien, das die *taz* gern nachgedruckt hatte. Gegen die DDR war man sich im Westen meist einig. »Herr Wiesenthal irrt – das sage ich als davongekommener Jude, der auch Mitglied des Jüdischen Runden Tisches Berlin ist – wenn er die Ex-DDR-Intellektuellen Kegel, Gerstner oder Kertzscher des eingefleischten Nazismus diffamiert. Ganz im Gegenteil war Gerhard Kegel zum Beispiel einer jener Deutschen, dessen Opfermut es mit zu verdanken ist, daß dem industriellen großdeutschen Judenmord 1944/45 ein Ende gesetzt und die Niederlage der Rassisten besiegelt werden konnte. Schon im November 1931 war Kegel zur KPD gestoßen. Auf Anweisung trat er 1935 nur deswegen der NSDAP bei, um aus dem Auswärtigen Dienst des Dritten Reiches gegen Kriegsvorbereitungen und Krieg wirken zu können.

Ich ersuche hiermit als einer, der vor Abtransport nach Auschwitz gerade noch fliehen konnte, Wiesenthal, seine Beschmutzung des unbesungenen Helden Gerhard Kegel zu korrigieren.«

Was Wiesenthal, soweit bekannt, bislang nicht getan hat.

Günter Kertzscher (1913-1995); NSDAP 1937, 1933-1938 Studium der Germanistik und Geschichte an der Universität Leipzig; 1939 Eintritt in den höheren Schuldienst; 1939 Wehrmacht, Gefreiter; 1941 Dr. phil.; 1941-45 sowjetische Kriegsgefangenschaft; Mitbegründer des NKFD, Mitglied des Redaktionskollegiums der Zeitung »Freies Deutschland«; Anfang 1944 vom deutschen Gericht in Abwesenheit zum Tode verurteilt. Nach 1945 KPD/SED, 1954-1958 Mitglied der Volkskammer; Redakteur und 1949-1955 Chefredakteur der *Berliner Zeitung*, 1955-1983 Stellvertretender Chefredakteur des *ND*.

Fritz Teppich: »Zu Recht wird den oft jahrelang hitlertreuen, späteren Attentätern des 20. Juli (1944) weder ihr ursprüngliches Versagen noch ihre NSDAP-Mitgliedschaft angelastet. Günter Kertzscher und andere, die schließlich den Weg in die Opposition gegen das Hitlerregime fanden, dabei vielfach ihr Leben riskierten, wird vorangegangenes ähnliches Irren jedoch ungerechterweise vorgehalten. Das widerspricht nicht nur jeder Moral, jüdischer besonders, sondern läuft auf Geschichtsentstellung hinaus.«

Kurt Säuberlich (1904-1971): Studium an der Bergakademie Freiberg; NSDAP 1930 (26 Jahre); 1932 Dipl.-Ing.; Tätigkeit im Bergbauwesen; 1937 Dr.-Ing.; 1937 SS, zuletzt (1941) SS-Obersturmführer (Oberleutnant), Mitarbeiter des SD im Leitabschnitt Dresden. Mitarbeiter und Leiter von Braunkohleforschungsinstituten; 1938 Leiter des Außeninstituts der Bergakademie Freiberg; Habilitation 1939; ab Juni 1943 Professor an der Bergakademie Freiberg; nach 1945 SED, 1949 Direktor des Forschungsinstituts für Roheisenerzeugung, 1954-1959 Volkskammerabgeordneter, ab 1957 Mitglied des Forschungsrats der DDR. Nazi- und Kriegsverbrechen hat er nicht verübt.

Willi Stoph (1914-1999): 1953-1989 Mitglied des Politbüros des ZK der SED; 1964-1973 und 1976-1989 Vorsitzender des Ministerrats der DDR; 1956-1960 Minister für Nationale Verteidigung. Ab 1963 Mitglied, Stellvertretender Vorsitzender und Vorsitzender des Staatsrates. Kappelt: »Auch Stoph müßte in den Augen von ›bewährten Antifaschisten‹ als belastet gelten, da er mit Begeisterung von seiner Teilnahme an einer Geburtstagsparade

Adolf Hitlers sprach und im 2. Weltkrieg als Soldat der Deutschen Wehrmacht für seine Verdienste im Rußlandfeldzug mit dem Eisernen Kreuz ausgezeichnet wurde. Stoph wechselte erst zu den Kommunisten über, als sichtbar wurde, daß der Krieg für Hitler-Deutschland verloren war.«

Selbst wenn gelegentlich, wie bei Stoph, ein nazistischer Jubelartikel in einer Regimentszeitung auftauchte, der dann als »im Auftrag der Partei geschrieben« und »Teil seiner konspirativen Tätigkeit« erklärt wurde, wie Reinhold Andert in seinen »Gesprächen mit Erich Honecker« (Leipzig 2001) mitteilt, ändert das nichts an der Tatsache, daß nazistische Verbrecher in der DDR keine führenden Positionen erlangen konnten.

Friedemann Bedürftig im »Lexikon Deutschland« 1996 wesentlich sachlicher: »Anders als viele seiner Mitstreiter blieb der gelernte Maurer Stoph nach 1933 trotz Untergrundtätigkeit von KZ-Haft oder Schlimmerem verschont. Er war 1931 der KPD beigetreten, blieb aber nach Adolf Hitlers Machtergreifung in Deutschland, war im 2. Weltkrieg Soldat.«

Der »Sonderfall« Gustav Just

1990 wurde der Fall Gustav Just aufgerufen. Gustav Just (1921); 1946 SED; Neulehrer 1946-1948; ab 1948 verschiedene Funktionen in der SED; ab 1954 an der Spitze des Schriftstellerverbandes der DDR und bis 1956 stellvertretender Chefredakteur der Wochenzeitung *Sonntag*. Er wurde 1957 im Prozeß gegen Walter Janka und anderen vom Obersten Gericht der DDR als Angehöriger einer »partei- und staatsfeindlichen Gruppe« zu vier Jahren Zuchthaus verurteilt. 1990 wurde das Urteil kassiert.

Nach der Haftentlassung arbeitete Just als Übersetzer. Er gehörte zu den Mitbegründern der SPD 1989 in Prenden bei Bernau, war 1990 Kreisvorsitzender der SPD in Bernau und 1990-1992 Mitglied des Landtages in Brandenburg, Vorsitzender des Landes-Verfassungsausschusses und Alterspräsident des Landesparlaments. Im März 1992 trat er wegen der Beschuldigung, an Geiselerschießungen in der UdSSR beteiligt gewesen zu sein, als Alterspräsident zurück und legte sein Landtagsmandat nieder.

In der Vorbereitung des Prozesses 1957 hatte die NS-Vergangenheit Justs durchaus eine Rolle gespielt. Bei der Hausdurchsuchung am 8. März 1957 waren bei Just zwei Tagebücher und ein Taschenkalender von 1941 beschlagnahmt und in der damaligen Anklageschrift als Beweismittel aufgeführt worden. In mehreren Vernehmungen sowie im Prozeß vor dem Obersten Gericht sagte Just dazu aus. In der Anklageschrift war vermerkt, daß »der Beschuldigte überführt (sei), am 15. Juli 1941 an der Erschießung von sechs jüdischen Bürgern teilgenommen zu haben«. Die Teilnahme an der Erschießung war aber nicht Gegenstand der Verhandlung, weshalb der Sachverhalt auch nur im Urteil zur Charakterisierung der Persönlichkeit herangezogen wurde.

Daß das Verhalten von Gustav Just im Zweiten Weltkrieg also keineswegs geheimgehalten wurde, spielt für die »Super Illu« in ihrem Haß gegen das MfS keine Rolle. Sie veröffentlichte ein Bild von Just vor dem Hintergrund einer Erschießungsszene und »erläuterte«: »Exekutierte Juden. NS-Vergangenheit holt Gustav Just ein. Er wurde in der DDR vom MfS gedeckt.«

In seinem Tagebuch hatte Just unter dem Datum 15. Juli 1941 eingetragen: »Ein unangenehmes Erlebnis: In einem Nachbardorf hat eine Bande eine ukrainische Familie überfallen, den Mann erschlagen und die Frau verprügelt. Wir fuhren als Spähtrupp hin, ich dabei. Wir haben sechs Juden erschossen. Ein eigenartiges Gefühl, zum ersten Mal im Leben einen Menschen erschießen, und wenn es ein Verbrecher ist.«

In seinem 1990 erschienenen Buch »Als Zeuge in eigener Sache«, in dem Just ausführlich und minutiös den Prozeß von 1957 gegen ihn darstellte, erwähnte er zwar, daß er »Soldat und Offizier unter Hitlers Fahne« war. Mit keinem Wort aber ging er auf die bewußte Eintragung ein. Just meinte am 25. Juli 1996 in der Berliner Zeitung, das Tagebuch sei »als Druckmittel gegen mich (aufbewahrt worden), um mir immer einen Mordvorwurf anhängen zu können«. Offensichtlich wurde von diesem »Druckmittel« bis zum Ende der DDR kein Gebrauch gemacht. Warum auch, und vor allem: wozu?

Kappelt fügte 1997 seiner Liste von 1981 den Namen Just hinzu. Und zwar in folgender Weise: »Durch seine aktive Mitarbeit im SED-Staat wurde Just nach dem 2. Weltkrieg erneut schuldig ...

Aus dem NS-Täter Just wurde nach dem Krieg ein Täter im Sinne der SED-Diktatur, dessen Opfer er wurde.«

Kappelt zitiert zustimmend Christa Hoffmann, die 1992 behauptet hatte, die Art und Weise des Umgangs mit Just sei »zum Symbol für die Bewältigung des Totalitarismus von gestern und heute – des Dritten Reiches und der DDR – geworden«.

Die Frage aber bleibt, warum die DDR-Organe, denen zum Zeitpunkt der Verurteilung die Tagebucheintragung Justs bekannt war, dessen Selbstbeschuldigung ihm nicht anlasteten. Just gab darauf 1993 wohl die einzig logische Erklärung: »Man kann der DDR-Justiz sicher manches vorwerfen. Aber einem Dissidenten auch noch einen Kriegsverbrecherprozeß anzuhängen, hätte sie sich sicher nicht entgehen lassen – wäre die Beweislage einigermaßen stichhaltig gewesen.« Es fehlten in der Tat die Beweise, die Just überführt hätten.

Und selbst wenn man sie gehabt hätte: Die Nichtverfolgung eines von Just begangenen Kriegsverbrechens hätte am Antifaschismus der DDR nichts geändert. Die Vertreter des staatlich verordneten Antikommunismus der BRD sehen das anders. Sie nahmen den »Fall Just« zum Anlaß, die DDR zu diffamieren.

Falco Werkentin meinte 1995 in »Politische Strafjustiz in der Ära Ulbricht« besserwisserisch: »Die Affäre zeigt exemplarisch, wie die Ostdeutschen von ihrer doppelten Vergangenheit eingeholt werden, von der roten Diktatur ebenso wie von der braunen. Nun rächt sich auch, daß die DDR die NS-Last nie aufgearbeitet und Schuld und Verantwortung für deutsche Verbrechen jahrzehntelang geleugnet hat. Musterkarrieren wie die von Just trugen zur Verdrängung bei.«

Tatsächlich wurde in der DDR nicht öffentlich gemacht, warum Just damals nicht zur Verantwortung gezogen wurde, obwohl zutreffen dürfte, daß die Beweise nicht ausreichten. Die Schlußfolgerung jedenfalls, die der *Spiegel* 12/1992 zog, war – wie konnte es bei dem vermeintlichen Sturmgeschütz der Demokratie auch anders sein – aufgewärmter Kaffee nach der üblichen Machart: »Nicht abwegig erscheint die Vermutung, daß SED und Stasi Belastungsmaterial in der Hand behalten wollten, um den einstigen Parteigenossen … gefügig zu machen.«

Dem *Spiegel* war der »Fall Just« willkommener Anlaß, um eine volle Breitseite gegen den antifaschistischen Staat DDR zu schießen. Nach den Waldheim-Prozessen, so behauptet die Zyniker von der Alster, »erlahmte der Verfolgungseifer der DDR-Behörden. Bis zum Jahre 1957 gab es nur noch zwei NS-Verfahren. Beim Aufbau des Sozialismus präsentierte sich die DDR als vergangenheitsbereinigter Staat, der sich von der Verantwortung für die deutschen Verbrechen exkulpiert hatte. Verdrängung und Vertuschung von NS-Verbrechen waren die Folge.

Ein Schuldeingeständnis gegenüber den Juden etwa war von den SED-Herrschern bis zuletzt nicht zu hören.« Ein Schuldeingeständnis hatte es übrigens schon am 11. Juni 1945 im Aufruf der KPD gegeben. Aber beim Zählen von verlangten Kotaus hat man in dieser Gegend, wie man etwa bei diversen Entschuldigungen der PDS sieht, stets seine Mühe.

Im März 1992 beschäftigte sich der Landtag Brandenburg mit der Angelegenheit Just. Dabei ging es um die Aufhebung seiner Immunität für eine mögliche Strafverfolgung. Die Prüfung der Vorwürfe hatte ergeben, daß nach Ansicht der Ermittlungsbehörden, abgesehen vom Fehlen des subjektiven Tatbestandes, mindestens wegen des Vorliegens der Verjährung eine Strafverfolgung ausgeschlossen war, weshalb der Antrag auf Aufhebung der Immunität nicht zu stellen war. Das führte zu einer heftigen, parteipolitisch dominierten Debatte im Landtag. Just trat von seinen Ämtern zurück.

Merkwürdig war allerdings das Verhalten Justs im Gespräch, das Günter Gaus in seiner Sendereihe am 19. März 1992 mit ihm führte. Frage: »Empfinden Sie es als ungerecht, daß nun Ihr Leben, Ihre Lebensleistung in der Öffentlichkeit überschattet wird von Ihrer Beteiligung als deutscher Soldat an einer Erschießung in der Ukraine im Krieg 1941? Oder hoffen Sie darauf, daß es schließlich doch nicht so sein wird, daß nicht die eine schreckliche Tat alles andere anhaltend verdunkelt?«

Antwort: »Ich empfinde es als ungerecht, und ich hoffe, daß man mein Leben in seiner Gänze gerecht beurteilt.«

An anderer Stelle des Gespräches sagte Just: »Es wurden sechs Männer gefaßt. Ich dachte, jetzt werden sie also gefangen und abgeführt. Aber der Leutnant befahl, sie zu erschießen. Und sie wurden an Ort und Stelle erschossen.«

Auf die Frage, ob Just »einen oder zwei Herzschläge lang erwogen« habe, »Nein!« zu sagen, als er zu dem Kommando eingeteilt wurde, erklärte dieser: »Ich bin innerlich zurückgezuckt, wollte aus der Reihe treten, aber ein herrischer Wink des Leutnant genügte, mich da wieder hinzustellen ... Ich fand es entsetzlich, daß dieser Offizier dieses Kommando gab und uns zwang, diesen Befehl auszuführen ... Aber für uns war Befehl und Gehorsam was Eisernes damals, also ich glaube kaum, daß auch einer nur innerlich erörterte, einen Befehl zu verweigern. Ich habe es auch nicht getan ... es wurde kurzer Prozeß gemacht, wie man so sagt, es klingt so grausam. So ist es eben geschehen.«

Die Staatsanwaltschaft Frankfurt/Oder ermittelte. Im April 1994 teilte Justizminister Bräutigam in Beantwortung einer Kleinen Anfrage mit, daß sich bislang keine Anhaltspunkte dafür ergeben hätten, »daß die in den Tagebüchern ... erwähnte Erschießung überhaupt stattgefunden hat«.

Am Ende wurde das Ermittlungsverfahren Anfang 1996 eingestellt, da es keine Bestätigung des Verdachts der Mitwirkung an der Erschießung gab.

Ein deutsches Rechtshilfeersuchen wurde von der ukrainischen Generalstaatsanwaltschaft dahingehend beantwortet, daß in der fraglichen Gegend gar keine Judenerschießungen stattgefunden hatten, berichtete *Neues Deutschland* am 16. Juni 2001.

Exkurs: Probleme bei der Anklage nazistischer Mediziner

Ein kaum ruhmvolles Kapitel der DDR-Geschichte ist der Umgang mit Nazi-Ärzten. Bekanntlich war die Ärzteschaft jene Berufsgruppe, die in der Nazizeit die meisten NSDAP-Mitglieder in ihren Reihen hatte. Bei Kriegsende waren das 45 Prozent der deutschen Ärzte. 26 Prozent gehörten zudem der SA und 7,3 Prozent der SS an.

Bekanntlich luden viele Ärzte größte Schuld auf sich, weil sie gegen das ihnen auferlegte ärztliche Gebot in verbrecherischer Weise verstießen. 350 der 90.000 Mediziner waren »unmittelbare Verbrecher«, wie die Frankfurter Rundschau am 7. Juni 1996 befand.

Gemeint waren die »Selektierung auf der Rampe« zur Vergasung, die »Euthanasie«, die Vernichtung »lebensunwerten Lebens«, gemeint waren die medizinischen Versuche an lebenden Menschen.

Der vom 9. Dezember 1946 bis zum 20. Juli 1947 in Nürnberg verhandelte *Fall 1* war der der NS-Ärzte. Bei diesem Prozeß wurden eine Ärztin und neunzehn Ärzte zu schwersten Strafen verurteilt.

Ernst Klee listet 1997 allein 266 Ärzte auf, die in Konzentrationslagern tätig waren, wobei er anmerkte, daß die Namensnennung nicht über strafbare Handlungen aussage. Von den in seiner Liste Aufgeführten verstarben fünfzehn, für tot erklärt wurden zwei, eine Freiheitsstrafe erhielten neun, zum Tode verurteilt und später begnadigt wurden drei, durch Selbsttötung endeten sechs, freigesprochen wurden drei, zum Tode verurteilt und hingerichtet wurden sechszehn, davon erfolgten vierzehn Hinrichtungen bis 1948 nach Prozessen vor alliierten Gerichten. Eine Hinrichtung erfolgte 1949 in Polen, und eine Verurteilung und Hinrichtung vollzog die DDR im Juli 1966 – es handelte sich um den KZ-Arzt Horst Fischer.

Über den Verbleib der restlichen 212 Ärzten rätselte Klee – zwei von ihnen – Gerhard Ehrlich und Hermann Kiesewetter – vermutete er in der DDR.

Wesentlich mehr Täter, die Zahl wird auf 350 geschätzt, hätten zur Verantwortung gezogen werden müssen, was jedoch nicht geschah. Charakteristisch ist, daß selbst Schwerbelastete nach 1945 in den Westzonen beziehungsweise in der BRD ungehindert weiter praktizieren konnten. In aller Regel wurden selbst dann, wenn Prozesse angestrengt wurden, Entlastungen vorgenommen – entweder wegen angeblicher Verhandlungsunfähigkeit oder mit der Begründung, daß ihnen das Bewußtsein der Rechtswidrigkeit ihres Tuns gefehlt hätte.

Zweifellos sah die überwältigende Mehrheit der NS-Ärzte das Territorium der BRD als Schutzraum vor strafrechtlicher Verfolgung an und nutzte diesen auch. Erstaunlich allerdings, daß trotz tatsächlich massenhafter Nichtverfolgung von NS-Ärzten in der Bundesrepublik. Ernst Klee schrieb 1997: »Doch so schockierend vieles wirkt, wirken muß, was über die strafrechtliche Verfolgung von Euthanasie-Tätern zu sagen ist, ein großes Verdienst der Justiz darf dabei nicht vergessen werden: Während die Historiker das Geschehene ignorierten, die Psychiatrie ihre NS-Vergangenheit verdrängte, versuchten Staatsanwälte, die Krankenmorde aufzudecken – gegen die öffentliche Meinung. Fast alles, was wir über die NS-Euthanasie wissen, verdanken wir den Ermittlungen der Justiz, so unbefriedigend, so skandalös das strafrechtliche Ergebnis im einzelnen oft gewesen ist.«

Klee förderte auch Dinge zutage, die zur Schande der DDR gereichten. Beispielsweise wurde in Brandenburg zunächst eine Entnazifizierung durchgeführt. Mitglieder der NSDAP oder einer ihrer Gliederungen sollten ihren medizinischen Beruf nicht mehr ausüben dürfen. »Aber als sich im Zeichen des Kalten Krieges immer mehr Ärzte in den Westen abgesetzt hatten und die medizinische Versorgung der Bevölkerung in der DDR nachhaltig gefährdet war, wurden die verbliebenen Ärzte über die Maßen hofiert. Da sie sich untereinander gut kannten, trugen sie dazu bei, daß frühere NS-Ärzte in ihren Beruf zurückkehren konnten.«

Professor Friedrich Jung, Sachverständiger im Nürnberger Ärzteprozeß und langjähriger Direktor des Zentralinstituts für Molekularbiologie der Akademie der Wissenschaften der DDR in Berlin-Buch, erklärte auf die Feststellung, daß es in der DDR Nazi-Ärzte gab, die nie belangt wurden, im *ND* am 20. November 1995: »Ja, das gab es leider auch in der DDR. Da gab es einen Ordinarius in Jena und Halle, der als Anatom in Posen der Gestapo einen Keller zum Foltern überließ, damit er bevorzugt mit Leichen beliefert werde. Aber in Leitungsfunktionen ist m. W. in der DDR kein im Sinne von Nürnberg schuldig gewordener Arzt gelangt.«

Mit dem Anatom ist offensichtlich Hermann Voß gemeint, der 1941 als Ordentlicher Professor und Direktor des Anatomischen Instituts an die »Reichsuniversität Posen« berufen worden war. Ernst Klee schreibt über Voß, dieser habe mit seinem Assistenten Robert Herrlinger neben der Guillotine gewartet, »um die Leichen der von der Gestapo Enthaupteten auszunehmen«.

Voß hatte ein Tagebuch verfaßt, daß er bei Kriegsende vergaß mitzunehmen. Götz Aly hat es publiziert und kommentiert. Darin hielt Voß unter anderem fest: »Hier im Institutsgebäude ist auch im Kellergeschoß eine Verbrennungseinrichtung für Leichen. Sie steht jetzt ausschließlich im Dienste der Geheimen Staatspolizei. Die von ihr erschossenen Polen werden hier nachts angeliefert und verbrannt. Wenn man doch nur die ganze polnische Gesellschaft so veraschen könnte.«

1946 veröffentlichte Voß gemeinsam mit seinem Assistenten ein Lehrbuch der Anatomie, das in Ost- und Westdeutschland ein Bestseller wurde. 1956 wurde Voß Ordinarius für Anatomie an der Friedrich-Schiller-Universität Jena. Nachdem Voß in der DDR mit dem Ehrentitel »Verdienter Wissenschaftler des Volkes« geehrt worden war, schrieb Rudi Goguel 1964 in seiner Dissertation: »Es liegen uns beschämende Zeugnisse vor, daß deutsche ›Gelehrte‹ der Reichsuniversität keine Bedenken empfanden, sich an den Mordexzessen der SS und der Gestapo, wenn nicht als unmittelbare Helfer, so als profitierende Komplizen zu beteiligen.« Über die nazistische Vergangenheit von Voß wurde in der DDR geschwiegen.

Der Vollständigkeit halber sei erwähnt, daß der Assistent von Voß, Robert Herlinger, Professor zunächst in Würzburg und dann in Kiel wurde. Ernst Klee, der feststellte, daß in der DDR »einige wenige Euthanasie-Täter« verurteilt wurden, konstatiert weiterhin, daß andere Ärzte, die seines Erachtens schuldig waren, in der DDR nicht verfolgt wurden. Klee nannte elf Namen.

Es ist schon bedrückend, lesen zu müssen, daß – obwohl die DDR nationalsozialistische Medizinverbrechen durchaus strafrechtlich verfolgte und verurteilte, so beispielsweise im Prozeß gegen einige Ärzte und Pflegekräfte, die 1963/64 im dringenden Verdacht standen, an Euthanasieverbrechen beteiligt gewesen zu sein – offensichtlich nicht bis zum Ende ermittelt wurde, wenn sich eine Situation ergab, wie sie in einer Akte des MfS beschrieben wurde: Im Ergebnis der vom MfS geführten Untersuchung wegen des Verdachts der Beteiligung an »Euthanasie« wurde der entsprechende operative Vorgang am 20. Mai 1966 beendet. In der Stellungnahme der MfS-Hauptverwaltung XX/2 in Berlin vom 17. Dezember 1965 zum Vorgang heißt es: »Die Aufdeckung der vermutlichen Euthanasie-Verbrechen in Stadtroda bedeutet, daß die (…) national anerkannte und international bekannte Dr. Albrecht in das Untersuchungsverfahren einbezogen werden muß.« Und weiter: »Da (…) Beschuldigte aus der DDR in höheren Positionen des Gesundheitswesens (Frau Dr. Albrecht, Dekan der medizinischen Fakultät der

Universität Jena), Dr. Schenk, stellvertretender Direktor des Stadt-krankenhauses Stadtroda, stehen, könnte bei der Auswertung ein unseren gesellschaftlichen Verhältnissen widersprechendes Ergebnis erreicht werden. Aus diesem Grund wird vorgeschlagen, die Bearbeitung des Vorganges mit einer Sperrablage im Archiv des MfS abzuschließen.«

So bedrückend und unverständlich diese Entscheidung des MfS auch ist: Klee trifft die Wahrheit nicht, wenn er schlußfolgert: »Die DDR entnazifizierte per Sperrablage«. Auch seine Behauptung, die Verfolgung der Nazitäter in der DDR sei »eine Legende«, paßt eher in den *mainstream* der Diffamierung als in ein Lehrbuch.

Götz Aly nannte unter den nach seiner Ansicht belasteten Personen Margarete Hielscher, Leiterin einer Station für behinderte Kinder, die bis zu ihrer Pensionierung 1965 im Amt blieb, Rosemarie Albrecht, die Dekanin der medizinischen Fakultät der Universität Jena, und Rudolf Lemke, ehemals Richter am Erbgesundheitsobergericht, der später den Lehrstuhl für Psychiatrie und Neurologie innehatte.

Spätestens seit 1983 mit der Veröffentlichung Ernst Klees (»Euthanasie im NS-Staat«) mußte es den Verantwortlichen in der DDR bekannt gewesen sein, daß der 1953 verstorbene und in der DDR hochgeehrte Kinderarzt Jussuf Ibrahim höchstwahrscheinlich und in irgendeiner Form an der »Kindereuthanasie« beteiligt war. Susanne Zimmermann, auf deren spezielle Untersuchungen zu Jussuf Ibrahim zurückgegriffen wurde, ist allerdings in der Beurteilung ihrer Ergebnisse zurückhaltend und vorsichtig. »Die Wertung und Interpretation der Fakten ist äußerst problematisch. Anzunehmen ist, daß Ibrahim und die Ärzte der Kinderklinik die betreffenden Kinder aufgrund des Erlasses vom 18.8.39 gemeldet haben, evtl. auch ohne Wissen um mögliche Konsequenzen … Dieses offene Aussprechen der Tötung von Kindern könne auch als Warnung an die Eltern und Verurteilung dieser unmenschlichen Handlung interpretiert werden …

Ob und in welchem Ausmaß die Kinderklinik Jena unter Leitung von Jussuf Ibrahim in das nationalsozialistische Tötungskonzept schwerstgeschädigter Kinder integriert war, ist nicht mehr zu rekonstruieren.«

Die zur Untersuchung der Vorwürfe gegen Ibrahim eingesetzte Kommission der Universität Jena gelangten allerdings zu der Ansicht, daß insbesondere die beiden Schriftstücke, in denen der Vermerk zur »Euthanasie« auftaucht, ausreichend seien, um die Ehrungen Ibrahims durch die Universität Jena zurückzunehmen. Die Klinik trägt nicht mehr seinen Namen. Zur Aberkennung der 1947 verliehenen Ehrenbürgerschaft der Stadt Jena wurde befunden, daß nach der Thüringer Kommunalordnung die Ehrenbürgerwürde mit dem Tode erlischt. Das Thüringer Verwaltungsamt verordnete daher, daß Ibrahim kein Ehrenbürger mehr sei. Die Stadt beschloß, die Ibrahim-Straße in Forstweg umzubenennen.

Weil in der DDR Ärzte fehlten, nicht zuletzt weil sie lukrativere Angebote im Westen annahmen, wurde relativ belastetes medizinisches Personal beschäftigt. Die verbliebenen ausgebildeten Ärzte wurden zur Aufrechterhaltung der medizinischen Versorgung und für die Sicherung der Ausbildung der Studenten gebraucht. Damit kann man die Nachsicht erklären.

Entschuldigen aber läßt sich die unterlassene Auseinandersetzung damit nicht.

Sie war der Feigheit von Antifaschisten geschuldet, die im Angesicht der Nazis größeren Mut bewiesen als vor dem aktuellen Klassenfeind. Man glaubte sich nicht die Blöße geben zu dürfen, Leute zu beschäftigen, die braunen Dreck am Stecken hatten. Das Schweigen machte das Problem nur noch schlimmer.

14. Wehrmachtoffiziere und die bewaffneten Kräfte der DDR

Kappelt schreibt im Einleitungskapitel seines »Braunbuches DDR« unter der Überschrift »Aus Nazis wurden Kommunisten«, die DDR sei »nicht nur für unbedeutende Mitläufer der nationalsozialistischen Gewaltherrschaft« eine neue politische Heimat geworden. Maßgeblich für die Zusammenarbeit sei »nicht die Ehrlichkeit des Gesinnungswandels (gewesen), sondern allein der politische Nutzen, den das kommunistische Regime aus der Mitarbeit ehemaliger NSDAP-Mitglieder ziehen konnte.« Wer bereit gewesen sei, »sich dem sozialistischen Aufbau zur Verfügung zu stellen, dem wurde seine NS-Vergangenheit verziehen«, der konnte »die zweite Karriere seines Lebens begründen.«

Man habe, so andere Äußerungen, die DDR als den einzigen antifaschistischen Staat in Deutschland bezeichnet. Die Praxis aber hätte anders ausgesehen, denn »zum Beispiel wurde die NVA mit führender Hilfe ehemaliger Nazi-Offiziere und Nazi-Generäle aufgebaut«. So Herwig Friedag im *ND* vom 28. August 2000.

Der Verweis auf ehemalige Wehrmachtangehörige als Mitwirkende bei der Schaffung der bewaffneten Kräfte der DDR ist nicht erst mit dem Untergang des sozialistischen Staates zum Thema geworden. Nach den Veröffentlichungen der DDR zur Rolle ehemaliger Nazi-Offiziere in den westdeutschen Streitkräften kam von dort die Retourkutsche.

Nach dem Untergang der DDR entstanden auch durchaus seriöse Analysen, wobei allerdings die Wertungen nicht selten darauf abzielten, den DDR-Antifaschismus infrage zu stellen. So konstatierte beispielsweise Rüdiger Wenzke, Historiker am Militärgeschichtlichen Forschungsamt, 1994 in »Auf dem Wege zur Kaderarmee« zunächst mit Recht, daß nur ein relativ kleiner Teil der erforderlichen militärischen Spezialisten aus dem Offizierskorps der

Wehrmacht ausgewählt und herangezogen worden sei. Nimmt man die Fakten, dann hat man es in diesem Fall mit einem sachlichen und informativen Beitrag zu tun. Nimmt man die Wertungen, hat man ein typisches Produkt des Zeitgeistes.

»Dazu hatten sowjetische Offiziere und Funktionäre in den Kriegsgefangenen- und Antifa-Lagern der UdSSR – nicht selten durch Ausübung politischen und moralischen Drucks – frühzeitig ein gewisses Potential willfähriger Wehrmachtoffiziere schaffen können.« Den Einsatz und die Tätigkeit von Wehrmachtsoffizieren habe man weitgehend geheimgehalten, wobei der Westen dank seiner Agenten über hinreichend Informationen verfügte, so Wenzke. »In der späteren DDR-Propaganda wurde offiziell der Mythos gepflegt, beim Aufbau der ›ersten deutschen Arbeiter- und Bauern-Armee‹ auf die Hilfe von ›Hitler-Generalen‹ völlig verzichtet zu haben.«

Das allerdings war kein »Mythos«, sondern Realität! Die in die bewaffneten Kräfte der SBZ/DDR eingetretenen »Hitler-Generale« hatten sich von Hitler losgesagt und in ihrer Mehrzahl durch aktives Handeln gegen die Weiterführung des Krieges bewiesen, daß sie mit dem Nazismus gebrochen hatten. Nicht wenige von ihnen waren von nazistischen Gerichten in Abwesenheit zum Tode verurteilt worden. Sie waren mithin tatsächlich keine »Hitler-Generale« mehr. Es greift daher auch nicht, wenn Wenzke meint, es hätte nicht ins Bild gepaßt, »daß sich zeitweise mehr ehemalige Wehrmachtsoffiziere in den Reihen ihres Offizierskorps befanden als Widerstandskämpfer und KPD-Funktionäre aus der Zeit vor 1945«. Abgesehen davon, daß die »Kommandohöhen«, wie Wenzke an anderer Stelle selbst geschrieben hatte, von Kommunisten eingenommen wurden. Es gehört schon gewisse Unverfrorenheit dazu, den Kommunisten vorzuhalten, daß sie nicht ausreichend Militärs in ihren Reihen hatten, um das Heft des militärischen Aufbaus überall selbst in die Hand zu nehmen.

Die »Väter« der Bundeswehr hatten nachgewiesenermaßen einen solchen Bruch mit ihrer Vergangenheit nicht vollzogen, wie es die Militärs im Osten getan hatten. Sie waren mehrheitlich ihrem »Führer« bis zum bitteren Ende treu geblieben.

Der naserümpfende Hinweis im Westen auf die angeblich »kommunistisch geläuterten Wehrmachtoffiziere« machte nämlich eines unbewußt deutlich: Diese hatten schon früher mit Hitler gebrochen als ihre Kollegen im Westen. Deren »Bruch« erfolgte erst mit der bedingungslosen Kapitulation.

Die Militärs handelten als deutsche Patrioten, als sie sich in die Antihitlerkoalition einreihten und gegen die Nazidiktatur kämpften: in Kriegsgefangenenlagern oder an der Front, um deutsche Soldaten zur Einstellung des Kampfes aufzufordern, als Aufklärer der Roten Armee hinter der Front, als Partisanen oder Agitatoren, die versuchten, Truppenteile zur Kapitulation zu bewegen, was mancher mit seinem Leben bezahlte.

Eine solch aktive antinazistische Haltung sucht man bei den von der DDR aufgelisteten Westmilitärs vergebens. Sie waren bis 1945 unbelehrbare Antikommunisten, und sie blieben es auch. Deshalb brauchte man sie ja.

Bei der Remilitarisierung wirkten belastete und ewiggestrige Offiziere entscheidend mit.

In diesem Kontext ist ein Vorwurf Wenzkes ein wenig seltsam. Er schrieb, es habe sich sehr schnell gezeigt, »daß es nicht das Ziel der SED-Politik war, ein wirklich demokratisches, pluralistisch geprägtes Offizierskorps aus dem Volke entstehen zu lassen. ›Proletarische Herkunft‹ und Treue zur ›Partei der Arbeiterklasse‹ galten nunmehr als die entscheidenden sozialen und politischen Auswahlkriterien«. Wohl wahr. Aber wie wirklich demokratisch und pluralistisch geprägt war dann damals das Offizierskorps der Bundeswehr?

Der *Spiegel* 19/1994 quakte das selbe Lied: »Selbst in der NVA wimmelte es, nicht anders als in der Bundeswehr, in der Aufbauphase von Offizieren der Wehrmacht. Nach einer MfS-Statistik von 1957 waren von den 16 Spitzen-Generälen 5 ehemalige Wehrmachtoffiziere, 3 hatten als Generäle bei Hitler gedient. Ein Viertel aller NVA-Obersten entstammten der NS-Armee.«

Offenkundig hatte der *Spiegel* die Analyse des MfS zur Hand, in der mitgeteilt wurde, daß sich unter den 1.036 im Ministerium für Nationale Verteidigung beschäftigten Offizieren 60 ehemalige Offiziere der Wehrmacht (5,8 Prozent) befanden. Bei den fünf ehemaligen Wehrmachtoffizieren im NVA-Generalsrang handelte es sich um Generalleutnant Vincenz Müller (Generalleutnant der Wehrmacht), Generalmajor Bernhard Bechler (Major i. G.), Generalma-

jor Arno von Lenski (Generalmajor), Generalmajor Helmut Boruf-
ka (Leutnant) und Generalmajor Hans Wulz (Generalmajor). Das
MfS bewerte bei einigen ehemaligen Wehrmachtoffizieren besorgt
deren »bürgerliche« Einstellung. In einigen Fällen wurden »gefähr-
liche« Konzentrationen gesehen.

Von einer etwaigen nazistischen Grundhaltung war jedoch nirgendwo die Rede. Und daß man diese moniert hätte, so vorhanden,
sollte man begründet annehmen.

Die SED-Führung beschloß am 15. Februar 1957 die sukzessive
Reduzierung des Anteils ehemaliger Wehrmachtoffiziere, um die
klassenmäßige und politische Zuverlässigkeit der NVA weiter zu
erhöhen, wie es hieß.

Man kann geteilter Auffassung sein über das dabei gezeigte Mißtrauen gegenüber den ehemaligen Wehrmachtoffizieren. Wenn man
etwas in der DDR machte, geschah das gründlich und meist eine
Spur zu übertrieben. Aber eines kann man wohl ausschließen:
einen nachhaltigen »Einfluß ehemaliger Nationalsozialisten in der
DDR« auf die Verfaßtheit ihrer Armee.

Nach Auskunft des im Jahre 2000 erschienenen »Handbuchs«
über die Generalität der DDR dienten bis 1989 insgesamt 376
Generäle und Admirale in der NVA, bei den Grenztruppen und in
der Zivilverteidigung. Im März 1964 waren noch 76 ehemalige
Wehrmachtoffiziere in folgenden Bereichen der NVA aktiv: 21 in
der Lehrtätigkeit, 13 im medizinischen Dienst, 13 in der militärwis-
senschaftlichen Arbeit, neun in Stäben und zentralen Einrichtungen, fünf im Ministerium für Nationale Verteidigung, vier im
Musikkorps und zwei in der Sportvereinigung »Vorwärts«.

Der letzte ehemalige Leutnant der Wehrmacht und spätere Generalmajor der NVA Reinhard Brühl, Chef des Militärgeschichtlichen
Instituts der DDR, beendete seinen aktiven Dienst im Sommer
1989, also noch vor dem Ende der DDR.

Daß auch Wehrmachtoffiziere, -unteroffiziere und -soldaten in
der NVA Generale wurden, dürfte wohl kaum als Beweis genügen,
daß in der DDR eine vermeintliche Kontinuität zum Nazismus
bestand. Es steht eher für die Tatsache, daß die Zusammensetzung
der Führungsstrukturen der bewaffneten Kräfte dem gesellschaftlichen Querschnitt entsprach. Die Einbeziehung jener ehemaligen

Wehrmachtangehörigen erfolgte erst nach gründlicher Prüfung, ob sich der Betreffende keiner Nazi- und Kriegsverbrechen schuldig gemacht hatte. Im übrigen war glaubwürdig nachzuweisen, daß mit dem Nazismus gebrochen worden war und sich eine grundsätzliche politische Wende im eigenen Leben vollzogen hatte. Dieser Nachweis wurde in der Regel vor allem durch die Tatsache erbracht, daß zahlreiche Wehrmachtangehörige an den Kursen der Antifa-Schulen teilnahmen und sich nicht wenige noch während des Krieges aktiv im NKFD/BDO betätigten.

Seit Öffnung der DDR-Archive sind detaillierte Untersuchungen über die Rolle ehemaliger Wehrmachtangehöriger in den bewaffneten Kräften der DDR erschienen. Im Juni 1951 waren von den 431 Wehrmachtoffizieren, die in der Hauptverwaltung Ausbildung (HVA) tätig waren, 65 im zentralen Stab beschäftigt, was 22 Prozent aller Offiziere dieses Führungsorgans ausmachte. Weitere 200 besetzten Kommando- und Stabsfunktionen – vom Abteilungsleiter (diese Funktion entsprach einem Bataillonskommandeur) aufwärts. 45 wurden als Hauptfachlehrer und Fachlehrer an Offiziersschulen »verwendet«, und vier versahen ihren Dienst als Militärärzte.

Mitte 1956 waren unter den 17.500 Offizieren der soeben gegründeten NVA etwa 500 ehemalige Wehrmachtoffiziere (also weniger als drei Prozent). Zugegeben: Wegen ihrer Qualifikation waren sie überwiegend in führenden Kommando- und Stabsfunktionen beschäftigt und, wie Daniel Niemetz schreibt, »nicht so ohne weiteres zu ersetzen«.

Am 29. Mai 1959 fand in Genf eine Pressekonferenz statt, auf der der Stellvertreter des Ministers für Nationale Verteidigung der DDR, Generalleutnant Heinz Hoffmann, erklärte: »Es gibt offensichtlich einige falsche Annahmen in bezug auf die Anzahl der ehemaligen Offiziere der Hitlerarmee in unserer Nationalen Volksarmee. Die Zusammensetzung unseres Offizierskorps sieht von diesem Gesichtspunkt aus folgendermaßen aus: 80 Prozent der Generale und Offiziere der Nationalen Volksarmee waren nicht Angehörige der faschistischen Armee. 12 Prozent dienten als Soldaten, 7 Prozent als Unteroffiziere, Feldwebel usw. und 1 Prozent als Offiziere …

Die soziale Zusammensetzung des gesamten Offizierskorps, also der Offiziere und Generale, ist folgende: 85 Prozent Industrie- und

Landarbeiter, 12 Prozent Angestellte, 3 Prozent sonstige Berufe.« Angesichts dieser Fakten klingt die Klage von Gerold Hildebrandt im Internet (www.denksein.com/tilt/hefte/tilt9702/tkdvddr.htm) ein wenig weltfremd: »Während Hunderte Nazis mit SED-Hilfe in führende Positionen der NVA vorrückten, wurden Totalverweigerer mit fünf Jahren Haft bedroht.«

Wenzke meinte zu Hoffmanns Ausführungen in Genf 1959, diese seien nur die halbe Wahrheit, denn es seien eben doch eine Reihe ehemaliger Generäle und hoher Wehrmachtoffiziere in den 50er Jahren aktiv und führend am Aufbau der DDR-Armee beteiligt gewesen. Wieso war die Aussage Hoffmanns eine »halbe Wahrheit«? Denn daß zwanzig Prozent des Offiziersstamms aus der Wehrmacht kamen, hatte er doch nicht verschwiegen.

Wenzke behauptete ferner, es sei für die DDR peinlich geworden, »als Anfang der 60er Jahre der ›antifaschistisch-demokratische‹ Nimbus zweier Wehrmachtsgenerale, die im Dienst der NVA gestanden hatten, durch den Eichmann-Prozeß in Jerusalem ins Wanken geriet. Die Generale von Lenski und Müller hatten Kontakt zu Eichmann gehabt, Lenski war sogar bis 1942 ehrenamtlicher Richter am Volksgerichtshof gewesen.«

Wenzke stützt sich mit seiner Behauptung über den vorgeblichen Eichmann-Kontakt der Generäle ohne eigene Prüfung offensichtlich auf einen Artikel von Michael Lemke, allerdings ohne diese Quelle zu nennen. Dazu gleich mehr.

Exkurs: Vom Umgang mit den Archiv-Dokumenten

An dieser Stelle ist es erforderlich, einige Bemerkungen über den Umgang mit Archiven zu machen. Nach dem Untergang der DDR wurden deren Archive geöffnet. Lemke hat »unparteiisch« geforscht und »ausgewertet«.

Zum Beispiel fand er einen Brief Albert Nordens, den der am 28. Mai 1960 an Walter Ulbricht geschrieben hatte. Man bemühe sich, den Fall Eichmann »maximal gegen das Bonner Regime zuzuspitzen«, hatte der DDR-Chefagitator angekündigt. Lemke dazu: »Dabei mußte man im Zusammenhang mit dem Prozeß vorsichtig agieren, hatten doch einige in der DDR-Prominenz selbst ›Dreck am Stecken‹.« An diesen Satz schließt sich eine Fußnote in Lemkes Aufsatz an, die wie folgt lautet: »Norden konstatierte beunruhigt, daß die ehemaligen Wehrmacht-, jetzt DDR-Generale Arno von Lenski und Vincenz Müller, letzterer brachte es bis zum stellvertretenden Minister, im Jerusalemer Prozeß genannt wurden. Beide hätten Verbindung zu Eichmann gehabt. Von Lenski war Beisitzer am berüchtigten Volksgerichtshof. ›Meines Erachtens dürfen wir es nicht soweit kommen lassen, daß wir in irgendeiner Weise bei dem Eichmann-Prozeß diskreditiert werden‹, legte Norden Erich Honecker am 27.10.1960 nahe.«

Es folgte die Angabe des Aufbewahrungsortes des Dokuments.

Zunächst suggeriert die an das Ende des oben zitierten Satzes gestellte Anmerkungsziffer, daß Norden selbst vom »Dreck am Stecken« gesprochen habe. Das war keineswegs der Fall. Dann behauptet Lemke in der Fußnote selbst, die Namen der NVA-Generale seien im Prozeß genannt worden. Das ging schon deshalb nicht, weil der Prozeß erst am 11. April 1961 begann, während Albert Nordens Information vom 1. Dezember 1960 stammte, mithin fünf Monate früher geschrieben worden war.

Und dann hat die Mitteilung Nordens doch einen etwas anderen Inhalt. Sie lautet: »Von dem westberliner linkssozialdemokratischen Studenten S…, der gelegentlich mit dem Ausschuß für Deutsche Einheit zusammenarbeitet – er organisierte die Karlsruher Ausstellung gegen die Blutrichter – und kürzlich in Israel war, erfahren wir folgendes: In dem Prozeß gegen den Judenmörder Eichmann, der im März 1961 in Israel beginnt, würde auch Vincenz Müller genannt werden, der früher mit Eichmann Verbindung gehabt haben soll. Das gleiche soll auch auf Arno von Lenski zutreffen. Bei ihm würde auch seine Tätigkeit als Beisitzer am Volksgerichtshof zur Sprache kommen. Soweit die Informationen des Studenten S…

Ich empfehle, die Angelegenheit auf geeignete Weise überprüfen zu lassen. Meines Erachtens dürfen wir es nicht soweit kommen lassen, daß wir in irgendeiner Weise bei dem Eichmann-Prozeß diskreditiert werden. Aus der reaktionären Presse Israels ist mir bekannt, daß solche Absichten bestehen. Dort sind in letzter Zeit einige Artikel erschienen, in denen behauptet wird, in ›Ostdeutschland wären viele ehemalige Nazis in führenden Positionen‹. Vielleicht kann man nach Überprüfung der Angelegenheit eine Erklärung von Müller und Lenski vorbereiten, in der den Hetzern gegen uns der Wind aus den Segeln genommen wird und die wir zur gegebenen Zeit popularisieren können.«

Die Behauptung Lemkes von 1993 über das Nennen der Verbindung zwischen Eichmann und von Lenski bzw. Müller im Eichmann-Prozeß wird seitdem von nachfolgenden Autoren ungeprüft übernommen. Bei Lemke fand sich nicht die Spur eines Hinweises, worin denn der Kontakt mit Eichmann bestanden habe und warum deshalb das ›Wanken des Nimbus‹ begründet gewesen sei. Weder er noch die Autoren, die sich auf ihn beziehen, haben sich offensichtlich der Mühe unterzogen, das Protokoll des Eichmann-Prozesses zu lesen.

Weder Rüdiger Wenzke noch Annette Roßkopf bringen mehr als die Behauptung Lemkes. Frau Roßkopf kolportierte im Internet (www.rewi.hu-berlin.de/FHI/98_08/roskpf_t.htm): »Norden war, wie er an Honecker schrieb, beunruhigt, weil sich mit Arno von Lenski und Vincenz Müller zwei ehemalige Wehrmachtgenerale in den Reihen der Generalität der NVA befanden, deren Namen in Israel gefallen waren.«

Tatsächlich wurden die Namen von von Lenski und Vincenz Müller im Eichmann-Prozeß nicht genannt. Um das festzustellen, mußte man sich allerdings durch die etwa 3.500 einzeilig beschriebenen Protokollseiten hindurchlesen – eine Mühe, der sich die Skribenten offensichtlich nicht unterziehen wollten. Hingegen wurden im Prozeß nicht wenige Personen genannt, die in der BRD trotz ihrer nazistischen Belastung unverfolgt geblieben waren oder im Staatsapparat »wiederverwendet« wurden. Selbstredend wurde zu dieser Zeit in der israelischen Presse hinreichend genug über die »Nazis« in DDR-Diensten geschrieben. (Darauf machte Albert Norden in einer Hausmitteilung Erich Honecker am 1. Dezember 1960 aufmerksam [SAPMO-BArch, DY/30/IV 2/2.028/1, Bl. 105]. Ein Beispiel derartiger Veröffentlichungen lieferte Prof. Kaul. Er hatte der am 5. Juni 1961 an Heinz Stadler, Mitarbeiter des ZK der SED, übermittelten Kopie seiner »Analyse des Eichmann-Prozesses« eine Seite aus der Jerusalemer Monats-Zeitschrift »Weg und Ziel« vom Juni 1961 beigefügt. In dem Artikel »Die

Mitarbeiter Eichmanns in Ost-Deutschland« hieß es u.a., daß die Zeitungen in Westdeutschland dem »kommunistischen Deutschland« vorwerfen würden, daß bei ihm »auch oder noch mehr Nazis in Regierungszentren sitzen«. Weiter werden u. a. Oberst Steidle, Kurt Schumann, Prof. Herbert Kröger, Ernst Großmann und Arno von Lenski genannt [SAPMO-BArch, DY/30/IV 2/2.28/57, Bl. 210].)

Gideon Hausner, zur Zeit des Eichmann-Prozesses Generalstaatsanwalt in Israel, kommentierte am 23. Juni 1960 die Debatte im UN-Sicherheitsrat, als die Beschwerde Argentiniens behandelt wurde. Das südamerikanische Land sah mit der Entführung Eichmanns durch Israels Geheimdienst Mossad seine Souveränitätsrechte verletzt. Hausners berichtete von der Debatte, in der der Vertreter der UdSSR, Sobolev, zutreffend erklärte, die NATO-Staaten »gestatteten ehemaligen Nazigeneralen, führende Stellungen einzunehmen«. Westdeutschland »habe die gleichen Leute auf Ministerposten berufen, die unter den Nazis die Vernichtungspolitik durchgeführt hätten, wobei er Dr. Oberländer, Dr. Schröder und General Speidel namentlich nannte. Lodge *(der Vertreter der USA – D. J.)* antwortete hierauf, Westdeutschland stelle ehemalige Nazis vor Gericht, während Ostdeutschland nichts dergleichen tue. Er erklärte, der Präsident des ostdeutschen Obersten Gerichtshofs, Dr. Schumann, und der Vorsitzende des Rechtsausschusses, Siegfried Dallmann, seien beide ehemalige Nazis, und zitierte eine Broschüre, aus der hervorging, daß zweihundert ehemalige Nazis unter dem kommunistischen Regime in Ostdeutschland offizielle Stellen innehatten. Hierauf entgegnete Sobolev, zufolge einem Bulletin, aus dem er vorlas, stünden in Westdeutschland 1.146 ehemalige Nazi-Richter und -Staatsanwälte im Dienst. Lodge versetzte, Speidel habe sich gegen Hitler gewandt, während der ostdeutsche General Arno von Lenski in Naziuniform fotografiert worden sei.

Der Präsident griff mit der Bemerkung ein, die Debatte habe sich doch wohl etwas zu weit vom Thema entfernt, und die Sitzung wurde kurz darauf geschlossen.«

Man sieht: Die DDR war noch nicht in der UNO, und schon beschäftigte man sich mit ihr. Allerdings wohl kaum mit angemessener Sachkenntnis.

Michael Lemke meinte in seinem Aufsatz an anderer Stelle, daß aus den Unterlagen die im ZK der SED festgelegte Linie erkennbar sei: »Für die neue Phase des Eichmann-Prozesses ab Frühsommer 1961 müsse der Beweis einer Kooperation zwischen Globke und Eichmann erbracht werden.

Norden notierte sich für ein Gespräch mit Walter Ulbricht: ›Kaul *(Prozeßbeobachter und Verbindungsmann der SED nach Israel – M. L.)* sprach mit Genossen Gotsche *(engster Vertrauter Ulbrichts, Sekretär des DDR-Staatsrates – M. L.)* bereits darüber, daß in Zusammenarbeit mit Mielke bestimmte Materialien besorgt bzw. hergestellt werden sollten. Wir brauchen unbedingt ein Dokument, das in irgendeiner Form die direkte Zusammenarbeit Eichmanns mit Globke beweist. Kaul informierte uns, daß Gen. Ulbricht damit einverstanden sei und eine entsprechende Weisung an den Gen. Mielke geben wollte.‹ Offensichtlich schreckte die Führungsspitze der SED vor Fälschungen bzw. ›Neuanfertigungen‹ von Dokumenten nicht zurück. Die Sache erhielt einen so hohen Stellenwert, daß Mielke Norden über den Stand der Dinge persönlich informierte.«

Wie verhielt es sich tatsächlich mit der Einbeziehung Mielkes?

Am 3. Juni 1961 machte Otto Gotsche einen Vermerk für Walter Ulbricht, in dem er über ein Gespräch mit Prof. Friedrich Karl Kaul berichtete. Kaul habe, so Gotsche, die Ansicht geäußert, »daß wir in der Eichmann-Sache weiterkommen würden, wenn gesichert sei, daß die verschiedenen Dienststellen in der DDR, die dazu Materialien vorbereiten, koordiniert würden. Aus diesem Grunde soll eine Anweisung an das Archivwesen (Ministerium des Innern) gegeben werden, damit sich sofort alle in Frage kommenden Dienststellen mit der Sichtung einschlägigen Materials befassen, das für den Eichmann-Prozeß von Bedeutung sein kann …

Prof. Kaul hat bereits ein Gespräch in dieser Angelegenheit auch mit dem Genossen Mielke geführt, in welcher Weise von dort her geholfen werden kann. Ich schlage vor, mit dem Genossen Mielke persönlich zu sprechen, da er ohne Rücksprache über die Art und Weise seiner Mitwirkung von sich aus dazu nicht bereit ist.«

Im Juni 1961 notiert sich Albert Norden für ein Gespräch mit Walter Ulbricht:

»c) Etwa am 19. dieses Monats tritt der Eichmann-Prozeß in ein neues Stadium. Die Verteidigung beginnt von diesem Zeitpunkt an, den sogenannten Entlastungsbeweis zu führen. Es wäre gut, wenn wir zu diesem Abschnitt des Prozesses wieder den Genossen Kaul entsenden. Kaul sprach mit Genossen Gotsche bereits darüber, daß in Zusammenarbeit mit Mielke unbedingt bestimmte Materialien besorgt bzw. hergestellt werden sollten. Wir brauchten unbedingt ein Dokument, daß in irgendeiner Form die direkte Zusammenarbeit Eichmanns mit Globke beweist. Kaul informierte uns, daß Gen. Ulbricht damit einverstanden sei und eine entsprechende Weisung an den Genossen Mielke geben wollte. Ist das geschehen?«

Aus dem Hause Mielke aber war bereits das eingebracht worden, was tatsächlich vorhanden war. In einem Brief an Albert Norden vom 23. März 1961, also noch vor Beginn des Eichmann-Prozesses, hatte Mielke mitgeteilt, was er zur Verfügung stellen könne:

»5) Materialien betr. Globke

a) Abschrift des Berichtes über eine Besprechung im Reichsjustizministerium am 6. 11. 36 über den Entwurf eines Sippenamtsgesetzes. Aus dem Bericht geht hervor, daß Globke entgegen den Behauptungen führender Bonner Politiker, er sei während der Nazizeit für die Interessen der Kirche eingetreten, die Politik der Nazis vertrat;

b) Fotokopie der Niederschrift über die 9. Sitzung des »Reichsausschusses zum Schutze des deutschen Blutes« vom 9. 3. 1937 mit Randbemerkungen Stuckarts, des Vorsitzenden des Ausschusses, für Globke, die von der verantwortlichen Mitarbeit Globkes zeugen;

c) Geschäftsverteilungsplan des «Deutschen Auslandsinstituts« Stuttgart, Arbeitsbeziehungen im Inland, Kapitel I. Auf Seite 2 wird als Verbindungsmann im Ministerium des Inneren neben Frick u. a. auch Globke genannt.«

Das war es dann auch.

Vom nicht erfolgten Vergleich des Offiziersbestandes

Bei der Pressekonferenz 1959 in Genf war Hoffmann gefragt worden, ob das Kommando der Volksarmee damit einverstanden sei, sich einer Untersuchung über die Zusammensetzung des Offizierskorps und den Geist der Armee unterziehen zu lassen. Heinz Hoffmann erklärte, daß es dazu bereits eine offizielle Erklärung des Ministeriums für Nationale Verteidigung mit dem Einverständnis gebe, das Generals- wie das Offizierskorps beider deutscher Staaten vor die Öffentlichkeit zu stellen. »Wir werden sehen, wo die Antifaschisten und Hitlergegner und wo die Hitlergenerale und -offiziere sind.«

Im Spätherbst 1957 zählte die Bundeswehr allein 24 Generäle und Admirale sowie Tausende ehemalige Offiziere der Wehrmacht. Das erklärt, weshalb es zu einer öffentlichen und offiziellen Gegenüberstellung der beiden Armeen nie gekommen ist.

Wahrscheinlich hatte das auch damit etwas zu tun, daß, wie Bundeswehr-Generalmajor Gerd Schultze-Rhonhof im Oktober 1996 beim Jahrestreffen der Träger des Ritterkreuzes in Dresden erklärte, »fast 700 Ritterkreuzträger in maßgeblichen Funktionen die Bundeswehr mit aufgebaut« haben. Es sollte nicht übersehen werden: Immerhin hatten in der Bundeswehr von den Ende 1956 aktiven 38 Generälen 31, von den 237 Obristen 100 und von 225 Oberstleutnants 84 bis 1945 eine Generalstabslaufbahn in der Wehrmacht. 1966 »waren von 189 Generalen und Admiralen noch über die Hälfte Wehrmachtgeneralstäbler, und auch die anderen hatten ausnahmslos als Offiziere am zweiten Weltkrieg teilgenommen«.

Und nicht vergessen werden darf, daß »kein Offizier des Widerstandes … beim Aufbau der neuen Armee berücksichtigt (wurde), im Gegenteil: Für Mitglieder des ›Bundes Deutscher Offiziere‹ bestand bei der Dienststelle Blank ein striktes Einstellungsverbot!«, stellte Rudolf Fey in einem jW-Interview am 28. November 1998 fest.

Noch 1979 wies jeder zweite der 215 aktiven Generäle und Admirale der Bundeswehr eine Wehrmachtvergangenheit auf. Es ist bezeichnend, daß auch in dem von Müller/Volkmann herausgegebenen und verdienstvollen Werk »Die Wehrmacht. Mythos und Realität« zwar ein Beitrag über das Verhältnis der bewaffneten Kräfte der SBZ/DDR zur Wehrmacht enthalten ist und unter anderem der Anteil von Wehrmachtoffizieren in den DDR-Streitkräften aufgelistet wird – aber ein entsprechender Aufsatz zum Thema Bundeswehr und Wehrmacht fehlt. Im Epilog zollt einer der Herausgeber, Hans-

Erich Volkmann, dem Antikommunismus und der DDR-Delegiti-
mierung Tribut. Er schreibt, daß sich die »SBZ-Organe, nicht
zuletzt unter dem Druck der sowjetischen Militäradministration
und der Kommunistischen Partei, bewußt antifaschistisch und
-militaristisch gebärdeten«. Mit Recht bemerkt der Potsdamer
Historiker Kurt Finker in seiner Rezension des Buches: »Der Autor –
1945 sieben Jahre alt – hält sich also für auserkoren, Widerstands-
kämpfern und KZ-Häftlingen, die die Hölle überlebt hatten, Emigranten und Kämpfern der Bewegung ›Freies Deutschland‹, die in
den neuen Staatsorganen wirkten, ehrlichen Antifaschismus abspre-
chen zu müssen!«

Rüdiger Wenzke teilte in einer Statistik mit, wer in Deutschland
in der Zeit von 1899 bis 1962 den Offiziersnachwuchs stellte. In
den Jahren 1899, 1905, 1913, 1930 und 1962 – mit unterschiedlichen Prozentzahlen – dominieren Offiziere, Höhere Beamte, Guts-
besitzer als die »sozial erwünschten Kreise«. Und dann heißt es: »Die
folgenden Übersichten zeigen, daß sich das neue Offizierskorps der
DDR, dessen Grundlagen am Ende der 40er Jahre gelegt worden
waren, von Anfang an aus Bevölkerungsschichten rekrutierte, die
bisher in der sozialen Zusammensetzung dieser Berufsgruppe keine
oder nur eine periphere Rolle gespielt hatten … Die soziale Struktur
des Offiziersnachwuchses der HVA wurde eindeutig von dessen
Herkunft aus der Arbeiterschaft bestimmt. Die Dominanz dieser
Gruppe, die in der Rekrutierungspolitik des Kaiserreiches und der
Weimarer Republik überhaupt keine Rolle gespielt hatte, stellte das
eigentlich Neue dar.«

In der beigefügten Tabelle ist unter anderem zu lesen:
»Soziale Herkunft (nach dem Beruf des Vaters): Arbeiter = 91,5 %;
soziale Lage (nach dem Beruf vor Eintritt): Arbeiter = 84,3 %.«

Nun ist die soziale Herkunft selbstredend keine Garantie für antifaschistisches Denken und Verhalten, aber zweifellos dürfte der
andere soziale Boden nicht unwesentlich dafür gewesen sein, daß
sich der Charakter dieser neuen bewaffneten Macht vom bisherigen
Militär gravierend unterschied.

Wenzke meint, daß im Umfeld der offiziellen NVA-Gründung
kein quantitativ hoher Anteil ehemaliger Wehrmachtoffiziere
bestanden habe, wobei allerdings eine erhebliche Konzentration im

Führungsbereich erkennbar gewesen sei. Das habe ein zunehmendes Mißtrauen der SED-Führung hervorgerufen. Man habe befürchtet, daß die militärische Führung der Armee »zu stark unter dem Einfluß ehemaliger, im SED-Verständnis ›klassenfremder Elemente‹ gelangen könnte« und wollte auch für die propagandistische Auseinandersetzung mit der Bundeswehr bessere Bedingungen schaffen. Deshalb seien die »Ehemaligen« sukzessive abgebaut worden.

Man wird aus diesem Verhalten der SED-Spitze wohl kaum schlußfolgern können, daß ehemalige Wehrmachtoffiziere, sofern sie es denn überhaupt gewollt hätten, eine nazistische Beeinflußung der bewaffneten Kräfte der SBZ/DDR hätten praktizieren können. Was unter anderem Wenzke natürlich ganz anders sieht. Für ihn gilt als delegitimierende Wahrheit: »Als im Januar 1956 die Nationale Volksarmee (NVA) offiziell gegründet wurde und sich die Soldaten der Öffentlichkeit in Uniformen präsentierten, die denen der Wehrmacht glichen, war das für viele Menschen in Ost und West der letzte Beweis für eine bis dahin mehr erahnte als sichtbare Kontinuität zwischen dem ›braunen‹ und dem ›roten‹ Militär.«

Zu diesem »Kontinuitätsbeweis« paßt die folgende Aussage: Was die Zugehörigkeit zu faschistischen Organisationen anbelangt, so waren nach einer Statistik Ende 1955 bei einer Gesamtstärke von 15.000 Mann des KVP-Offizierskorps (einschließlich VP-See und Aero-Klubs) 122 Offiziere (0,8 Prozent) Mitglied der NSDAP und 68 (0,4 Prozent) Mitglied von SA/SS gewesen. Bei dieser Sachlage ist es selbst Wenzke zu stark, wenn Kappelt behauptet, daß »NS-Führungsoffiziere und Angehörige der Generalität der Deutschen Wehrmacht« eine »Affinität für die neuen Machthaber in der SBZ und eine beachtenswerte Bereitschaft zur Mitarbeit am Aufbau des Sozialismus in der DDR zeigten«, weshalb er meint, dies treffe »wohl in dieser Absolutheit kaum zu«.

Laut einer Untersuchung über den Offiziers- und Mannschaftsbestand des Dienstzweiges Volkspolizei See/Volksmarine dienten nach mehreren »Säuberungswellen« im Jahre 1955 bei einer Gesamt-Sollstärke von 11.380 (der Ist-Bestand belief sich auf 9.990) noch 533 ehemalige Wehrmachtangehörige in der Seepolizei der DDR. Davon waren 39 Offiziere bis zum Range eines Kapitänleutnants, 256 Unteroffiziere und 238 Mannschaftsdienstgrade. Die

Admiralsränge der DDR-Seestreitkräfte, die im Verlaufe der Jahrzehnte 39 Personen (mit Geburtsjahren zwischen 1904 und 1944) umfaßten, setzten sich wie folgt zusammen: 15 sind der Weltkriegsgeneration zuzurechnen. Von ihnen waren nur sechs Angehörige der Kriegsmarine (höchster Dienstgrad Oberleutnant z. S.), zwei Unteroffiziere des Heeres und ein Offizier der Handelsmarine. Ein Marinerichter Filbinger war jedenfalls nicht darunter.

Wenzke ist zuzustimmen, wenn er schreibt: »Insgesamt waren der Anteil und die Rolle der in die bewaffneten Kräfte der SBZ/DDR übernommenen ehemaligen Wehrmachtoffiziere, einschließlich der Generale, aber relativ gering, legt man den Maßstab der Bundesrepublik an, die beim Aufbau ihres Militärs vor allem in der Führung fast ausnahmslos auf ehemalige Angehörige der Wehrnacht zurückgegriffen hatte.«

Ausgewählte Biographien

Im einzelnen werden nachstehend einige der in den Medien immer wieder genannten ehemaligen Angehörigen der Wehrmacht aufgeführt, die in den bewaffneten Kräften der DDR ihren Dienst taten bzw. in anderen Bereichen des gesellschaftlichen Lebens Positionen einnahmen:

Wilhelm Adam (1893-1978); Lehrer; 1923-24 NSDAP; 1926-29 DVP; als Leutnant Teilnehmer am Ersten Weltkrieg; 1933 Stahlhelm, 1933/34 SA-Reserve; 1934-45 Berufssoldat (zuletzt Oberst); unter anderem Adjutant von Generalfeldmarschall Paulus, 1943 bei Stalingrad sowjetische Kriegsgefangenschaft, Mitglied BDO und NKFD, Zentrale Antifa-Schule in Krasnogorsk; vom deutschen Gericht in Abwesenheit zum Tode verurteilt. Nach Rückkehr aus der UdSSR (1948) Funktionen in der NDPD; seit 1953 Kommandeur der Hochschule für Offiziere der Kasernierten Volkspolizei (KVP); Generalmajor der NVA; 1958 Ruhestand. (Lea Rosh meint konstatieren zu müssen, man könne der SED den Vorwurf nicht ersparen, »Nazis selbst in höchste Parteiämter zugelassen zu haben«, wobei sie Eichler, Beil und Reichelt nannte und außerdem auf Adam verwies, der sich »sogar 1923 am Hitlerputsch beteiligt« habe.)

Rudolf Bamler (1896-1972); Berufsoffizier, 1938 Abteilungschef der Spionage-Abwehr im Amt Ausland/Abwehr des OKW, 1939 Chef des Generalstabes des Militärbefehlshabers Danzig-Westpreußen, April 1943 Generalleutnant; 1944 Kommandeur 12. Infanteriedivision; Juni 1944 sowjetische Kriegsgefangenschaft. (Kappelt wirft Bamler vor, er solle sich bereiterklärt haben, »für Spitzeldienste zur Verfügung zu stehen« und mitverantwortlich an der Hinrichtung eines Nazi-Generals gewesen sein.) Absolvent einer Antifa-Schule, nach seiner Rückkehr aus der Kriegsgefangenschaft 1951 Chefinspekteur und Leiter der VP-Schule Glöwen, 1952 Generalmajor der KVP, Mitglied des Vorstandes der AG ehemaliger Offiziere; 1966 Ruhestand.

(Heinz) Bernhard Bechler (1911); ab 1931 Berufsoffizier.; 1934 Leutnant; Kappelt schreibt, daß Bechler laut Berichten als überzeugter Nationalsozialist galt und zitiert von ihm kernige nazistische Sprüche anläßlich einer Bataillonsübergabe; Januar 1943 als Major und Bataillonskommandeur bei Stalingrad in sowjetischer Kriegsgefangenschaft; Antifa-Schule in Krasnogorsk; Mitglied des NKFD, Vorstandsmitglied BDO, 1944 Frontbevollmächtigter des NKFD; vom deutschen Gericht in Abwesenheit zum Tode verurteilt; nach 1945 KPD/SED, 1946-1948 Innenminister des Landes Brandenburg, 1949/50 militärischer Sonderlehrgang in der UdSSR, 1950-1952 Stabschef der HV Ausbildung im MdI, 1952-1957 stellvertretender Chef des Hauptstabes der KVP bzw. NVA, 1959-65 Stellvertreter des Kommandeurs der Militärakademie »Friedrich Engels« in Dresden, Generalmajor der NVA; bis 1989 Mitglied des Bezirkskomitees Potsdam der Antifaschistischen Widerstandskämpfer. Die gegen Bechler aus dubiosen Quellen vorgebrachten persönlichen Anwürfe (Verhalten gegenüber seiner Ehefrau) sind auf moralische Ehrverletzung gerichtet und verdienen keine Beachtung.

Eberhard Charisius (1916-1980); Berufsoffizier; NSDAP 1935; Oberstleutnant der Luftwaffe; 1941 sowjetische Kriegsgefangenschaft; Mitbegründer und Frontbevollmächtigter des NKFD; vom deutschen Gericht in Abwesenheit zum Tode verurteilt; 1948 Kommandeur der Schutzpolizei Sachsens, Oberstleutnant der Grenzpolizei, Oberst der NVA.

Wilhelm Ehm (1918); Oberfunkmeister auf einem U-Boot der nazistischen Kriegsmarine; 1945-47 sowjetische Kriegsgefangenschaft; Mitglied des Antifa-Aktivs eines Lagers; 1948 Rückkehr in die SBZ; Funktionen in der SED; 1950 Eintritt in die Seepolizei; von da ab verschiedene Dienstgrade und Funktionen in den Seestreitkräften der DDR; Vizeadmiral und (1963-1987) Chef der Volksmarine, ab 1972 zugleich Stellvertreter des Ministers für nationale Verteidigung. 1981 Kandidat des ZK, 1982-1989 Mitglied des ZK der SED.

Egbert von Frankenberg und Proschlitz (1909-2000); 1931 NSDAP. 1932 SS; 1931-35 Ausbildung als Flugzeugführer; ab 1935 Wehrmacht (Luftwaffe), Major, 1938-39 als Angehöriger der »Legion Condor« Einsatz im Bürgerkrieg gegen die Spanische Republik, Auszeichnung mit dem »Spanienkreuz« in Gold; im Zweiten Weltkrieg Kommodore des Kampf-Geschwaders 51 »Edelweiß«; 1943-48 sowjetische Kriegsgefangenschaft; Mitglied des NKFD, dessen Sprecher er im Moskauer Rundfunk war; Mitbegründer des BDO; 1944 vom Reichskriegsgericht in Abwesenheit zum Tode verurteilt; 1949 NDPD, 1949-90 Mitglied des Hauptausschusses der NDPD; 1951-54 Volkskammerabgeordneter; 1957-89 Militärpolitischer Kommentator des Staatlichen Rundfunkkomitees der DDR; 1957 Dr. rer. pol. an der DASR, 1989 Dr. sc. an der Humboldt-Universität Berlin. (Kappelt, der eine »höchst fragwürdige NS-Vergangenheit« bemängelt und kritisiert, daß Frankenberg sich in der Kriegsgefangenschaft »zum Kommunisten [habe] wandeln« lassen, kreidet ihm besonders an, 1994 anläßlich der Bundestagswahl den Aufruf zur Wahl der PDS unterzeichnet zu haben.)

Heinrich Homann (1911); 1933 NSDAP; von 1934-45 Berufssoldat; 1937 Leutnant; 1943 als Major in sowjetische Kriegsgefangenschaft bis 1948; Zentrale Antifa-Schule in Krasnogorsk; Mitbegründer des NKFD; Mitarbeiter am Sender *Freies Deutschland* und der Zeitung *Freies Deutschland;* 1949-52 Politischer Geschäftsführer der NDPD, seit 1949 Volkskammerabgeordneter, von 1954-63 Stellvertretender Präsident der Volkskammer, ab 1960 Stellvertretender Vorsitzender des Staatsrats, ab 1972 Vorsitzender der NDPD. (Für Kappelt gehört Homann zu jenen, die »aus einer totalitären

Herrschaftsordnung [kamen] und ... Motor und Antrieb einer neuen Diktatur« wurden.)

Otto Korfes (1889-1964); parteilos; Studium der Staatswissenschaften; bis 1936 im Staatsarchiv tätig, dann reaktiviert; 1938 Oberstleutnant und Bataillonskommandeur eines Infanterieregiments.; 1943 Generalmajor und Kommandeur einer Infanteriedivision; Ritterkreuz (22.1.1943); sowjetische Kriegsgefangenschaft; Mitbegründer des NKFD, Mitglied des Vorstandes des BDO; Frontbevollmächtigter; vom deutschen Gericht in Abwesenheit zum Tode verurteilt, Familie in »Sippenhaft«; 1948 Rückkehr nach Deutschland; Mitglied des Gründungsausschusses der NDPD; 1949 Direktor des Zentralarchivs in Potsdam; 1952-1956 Leiter der Historischen Abteilung im MdI/Stab der KVP, 1952-1956 Generalmajor der KVP/NVA; aus Altersgründen aus dem aktiven Dienst am 31. 3. 1956 ausgeschieden, ohne vorher in die NVA übernommen worden zu sein; 1957 wieder Direktor des Zentralen Staatsarchivs; ab Januar 1958 1. Vorsitzender der Arbeitsgemeinschaft ehemaliger Offiziere.

Die Machart der Diffamierung sowohl einer konkreten Person wie des Staates DDR wird bei Kappelt besonders deutlich, wenn er aus der Lebensbetrachtung Otto Korfes' von Sigrid Wegner-Korfes jene Stellen zitiert, in denen die anfangs zweifellos vorhandene Begeisterung und Zustimmung von Korfes für den Nationalsozialismus und die Wiederaufrüstung Nazideutschlands dokumentiert wird. Daß Korfes in der sowjetischen Kriegsgefangenschaft mit heftigen geistigen Auseinandersetzungen einen Wandel durchmachte, hält Kappelt nicht der Rede wert. Für ihn ist Korfes offensichtlich ein militärischer Karrierist, der 1948 nach seiner Rückkehr aus der Gefangenschaft nun eben weitermachte.

Über Korfes wurde durch einen Brief von Siegfried A. Kaehler, den dieser 1952 an Hans Carossa geschrieben hatte, folgendes bekannt: »Diese verhängnisvolle Entwicklung, welche Angehörige der Wehrmacht in die Henkersarbeit der Sondergruppen der SS und des SD hineingezogen hat, hätte aufgehalten werden können, wenn nur ein Dutzend Kommandanten der Wehrmacht das Beispiel befolgt hätten, welches der damalige Oberstleutnant und Bataillonskommandeur Dr. Otto Korfes schon während des Polenfeldzuges gegeben hat. Es klingt heute unglaubhaft, daß dieser Mann während des Herbstfeldzugs 1939 in einer polnischen Kleinstadt, welche von einer SS-Truppe malträtiert und ausgeplündert wurde, mit einem Bataillon des motorisierten Infanterieregiments 65 aus Magdeburg diese SS-Truppe umstellen und entwaffnen ließ.«

Es sei an dieser Stelle angemerkt, daß Kappelt wie andere, die sich über »Nazigeneräle in Pankows Diensten« auslassen, generell von den Erinnerungen dieser ehemaligen Wehrmachtsangehörigen nicht Kenntnis nahmen bzw. nehmen.

Die Memoiren der in der BRD lebenden Nazigeneräle standen unter der zentralen guderianischen Losung: »Ihr waret die besten Soldaten.« Die ostdeutschen Erinnerungen unterschieden sich von diesen absolut dadurch, »daß in ihnen die Teilnahme der Wehrmacht an in der UdSSR begangenen Verbrechen nicht umgangen oder geleugnet wurde. Otto Rühle, einst Verwaltungsoffizier in einer Sanitätskompanie und direkt hinter der Frontlinie eingesetzt, später Minister im Lande Sachsen und Hochschullehrer, wandte sich nicht nur gegen die These, SS- und SD-Einheiten seien die Alleintäter gewesen, sondern auch gegen die Schutzbehauptung, nur Angehörige rückwärtiger Kommandos und von Sicherheitsdivisionen hinter der Front hätten von den Untaten Kenntnis besessen. Die Verfasser … schrieben, daß und wie sie zur Erkenntnis ihrer Schuld am Elend und Unheil gelangt waren, das sie über Friedfertige gebracht hatten. Diese Berichte schilderten und bezeugten eine meist langwierige Selbstprüfung und einen schmerzhaften Wandel. Sie gewannen ihren Wert namentlich für die jüngere Leserschaft auch dadurch, daß die früheren Berufsoffiziere erzählten, warum und wodurch sie kritiklos Gefolgsleute eines Regimes geworden waren, dessen verbrecherischen Charakter sie sich spät eingestanden … am ehrlichen Willen der Verfasser, die Zukunft aller Deutschen in friedliche Bahnen zu lenken, mit dem Militarismus abzurechnen und die Beziehungen zu ausnahmslos allen Nachbarn Deutschlands vernünftig zu gestalten, ist kein berechtigter Zweifel möglich.« (Kurt Pätzold: Ihr waret die besten Soldaten, Leipzig 2000) In diesen Memoiren beschrieben ihre Autoren ihren widersprüchlichen und oftmals schmerzhaften Lebensweg, ihre Skrupel und ihren Wandel offen, ungeschminkt und überzeugend.

Martin Lattmann (1896-1976); Generalmajor, Kommandeur einer Panzer-Division, 1943 sowjetische Kriegsgefangenschaft; Mitbegründer des NKFD, Mitglied des Vorstandes des BDO. Lattmann diente nicht in den DDR-Streitkräften. Leitender Mitarbeiter der Staatlichen Plankommission der DDR.

Arno von Lenski (1893-1986); parteilos; Berufsoffizier; 1939-1942 Kommandeur einer Schule für Schnelle Truppen in Krampnitz bei Potsdam; 1939-1942 ehrenamtlicher Beisitzer am »Volksgerichtshof«; 1942 Generalmajor, Kommandeur der 24. Panzer-Division; 31.1.1943 sowjetische Kriegsgefangenschaft; NKFD; 1944 vom Kriegsgericht Torgau in Abwesenheit zum Tode verurteilt; 1949 Rückkehr aus der Kriegsgefangenschaft; Chef der Fachverwaltung Panzerwesen; Generalmajor der KVP/NVA; 1952-1986 Mitglied des Hauptausschusses der NDPD, Mitglied der Länderkammer (1949-58) und der Volkskammer (1958-1967).

Die Formulierungen des besonderen Vorwurfs gegen von Lenski variieren. Im Kern bestehen sie darin, daß von Lenski ehrenamtlicher Beisitzer am Volksgerichtshof war. Der VGH hatte sechs Senate. Von Lenski war im III. Senat Beisitzer, »(der auch Todesurteile fällte), hier als militärischer Sachverständiger in Spionageprozessen«, wie Müller-Enbergs schrieb.

Kurt Finker zum Problem: »Der größte Teil der ehemaligen Offiziere wurde im Verlauf der 60er und 70er Jahre regulär entlassen, in keinem Falle mußte nachträglich Beteiligung an Naziverbrechen festgestellt werden. Was den als besonders ›abschreckendes‹ Beispiel herangezogenen Generalmajor Arno von Lenski betrifft, so galten für ihn die gleichen Prinzipien.

Lenski war während des Krieges zuweilen als militärischer Sachverständiger bei Fällen von Militärspionage ehrenamtlich beim III. Senat des Volksgerichtshofes tätig gewesen, hatte sich aber keiner Verbrechen schuldig gemacht.« Es ist anzumerken, daß von Lenski dem VGH nicht mehr angehörte, als Freisler am 20. August 1942 seinen Dienst als Präsident des VGH antrat. »Nachdem Freisler Präsident geworden war (1942), wurde der (Volksgerichtshof) ein reines Terrorinstrument zur Vernichtung politischer Gegner; er verhängte zwischen 1942 und 44 insgesamt 4.951 Todesurteile.«

Vincenz Müller (1894-1961); parteilos; seit 1913 Berufssoldat; Offizier im Ersten Weltkrieg, danach Grenzschutz und Reichswehr; ab 1923 unter anderem Adjutant bei General Kurt von Schleicher; 1933-1937 im Generalstab; 1937-1939 Generalstabsakademie; Oberst; 1943 Generalleutnant, Kommandierender General eines Armeekorps und zuletzt stellvertretender Oberbefehlshaber der 4. Armee; Ritterkreuz (7. 4. 1944); Juli 1944 Einstellung des Kampfes beim Zusammenbruch der Heeresgruppe Mitte; sowjetische Kriegsgefangenschaft; vom deutschen Gericht in Abwesenheit zum Tode verurteilt; Mitglied des BDO/NKFD; Zentrale Antifa-Schule in Krasnogorsk. Von Müller wurde im Nürnberger Prozeß gegen die Hauptkriegsverbrecher eine belastende Aussage vorgelegt, in der er feststellte, daß nach seinen Wahrnehmungen »die Vorbereitung für den Überfall auf Sowjet-Rußland ... schon im Juli 1940« begann. September 1948 Rückkehr nach Deutschland; Chefinspekteur der VP; Vizepräsident der Volkskammer; Stellvertretender Vorsitzender der NDPD, ab 1949 Mitglied ihres Hauptausschusses mit verschiedenen Funktionen; 1950-58 Volkskammerabgeordneter, 1952 Stellvertreter des Ministeriums des Innern, Generalleutnant, 1953-55 Chef des Hauptstabes der KVP; 1956-1958 Stellvertreter des Ministeriums für Nationale Verteidigung und Chef des Hauptstabes der NVA; ab 1958 Ruhestand; 12. 5. 1961 Freitod.

1959 antwortete der damalige Stellvertretende Minister für Nationale Verteidigung der DDR, Heinz Hoffmann, auf eine entsprechende Frage, daß Vincenz Müller bis etwa 1958 in der NVA gedient habe, was kein Geheimnis gewesen sei. »Abgesehen davon, daß Generalleutnant Müller sich bereits im Laufe des Krieges offen und mutig gegen die faschistische Kriegspolitik gestellt hat und für die Beendigung des Hitlerkrieges aufgetreten ist, spielt Herr Generalleutnant Müller auch heute, nach seinem Ausscheiden aus dem aktiven Dienst, bei uns eine hervorragende Rolle im Kampf gegen die Remilitarisierung Westdeutschlands und gegen die Herrschaft der ehemaligen Hitlergenerale in Westdeutschland.«

In seinen »Erinnerungen« berichtet Franz Josef Strauß über eine Bemühung Vincenz Müllers, 1955/56 mit führenden Persönlichkeiten der BRD über Fragen der Beziehungen zwischen der DDR und der BRD in Gespräche zu kommen. Müller sei »ein praktizierender

Katholik«. »Adenauer bemerkte 1950 gegenüber den Alliierten Hohen Kommissaren zur ›Armee in der Ostzone‹: ›An der Spitze steht ein General Müller, der nicht Kommunist ist. Ich kenne den General nicht. Aber von Leuten, die ihn kennen, habe ich gehört, daß er ein sehr achtbarer Mann sei.‹« Und im 1960 erschienen Biographischen Wörterbuch zur deutschen Geschichte hieß es: »M., der als ›brillanter Generalstäbler‹ seine eigene Linie auch gegen den Widerstand des SED-Establishments zu wahren verstand, galt als überzeugter Christ und lauterer Patriot.«

Über die Umstände der Selbsttötung Müllers schreibt Helmut Wagner in seinem Buch »Schöne Grüße aus Pullach«, im Jahr 2000 erschienen: »Anfang 1958 wurde Müller aus der NVA entlassen. Am 14. Januar hatte das Politbüro des ZK der SED den Beschluß ›Über die Rolle der Partei in der Nationalen Volksarmee‹ erlassen. Das Offizierskorps der NVA sollte künftig ›aus zuverlässigen, der Partei ergebenen Kadern‹ bestehen – die Zeit der ehemaligen Wehrmachtsoffiziere war damit definitiv abgelaufen. Die begründete Enttäuschung Müllers wollte der BND ausnutzen. Der prominente DDR-Militär, so die Überlegung, sollte als ›Spätheimkehrer‹ zum Übertritt in die Bundesrepublik veranlaßt werden. Ein Stellvertretender Minister, der der DDR den Rücken kehrte … Das MfS erfuhr davon über eine Quelle aus Westberlin, die mit dem BND zusammenarbeitete. Diese informierte, daß ein ›Dr. Linke‹ vom BND aus Ostberlin persönliche Gegenstände, Wertsachen und Schmuck der Familie Müller abholen sollte … Über diesen Vorgang wurde der Stellvertretende Minister des MfS, Bruno Beater, in Kenntnis gesetzt. Dieser wies an, daß ›Dr. Linke‹ ungehindert ein- und ausreisen durfte. Über die Sache wurde höchste Geheimhaltung verhängt, in keinem Bericht gab es Hinweise darauf. 1961 stürzte sich Müller aus dem Fenster. Vermutlich hatte er die Tatsache, daß er einerseits von seinen ehemaligen Kameraden als Verräter in der Bundesrepublik beschimpft und andererseits von der DDR-Führung wie eine heiße Kartoffel fallengelassen wurde, nicht verkraftet. Der seelische Konflikt hatte sich durch die Bemühungen des BND offenkundig noch vertieft, so daß Müller keinen anderen Ausweg für sich sah als den Freitod.« In dem von Günther Geserick/Klaus Vendura/Ingo Wirth veröffentlichten Buch »Zeitzeuge Tod« (Leipzig 2001) heißt

es zur Selbsttötung Müllers: »Präzise und vorsichtig, wie Gerichts-
mediziner in ihrer Arbeit sind, formulierten sie deshalb auch in
ihrem Vorläufigen Gutachten zum Fall des NVA-Generals: ›Die Lei-
chenöffnung ergab keinen sicheren Anhalt für das Mitwirken dritter
Hand.‹« Weiter schreiben die Autoren: »Über die Gründe für Müllers Suizid kann nur spekuliert werden … Dokumente über eine
Betroffenheit von Vincenz Müller gibt es nicht.«

Friedrich Paulus (1890-1957); Generalfeldmarschall; Ritterkreuz
(26. 8. 42) mit Eichenlaub (15. 1. 43). Er befehligte die 6. Armee
und kapitulierte erst am 31. 1. 43 in letzter Minute. Zu seiner
Wandlung bedurfte es intensiver Auseinandersetzungen. 1944 Bei-
tritt zum BDO. Er trat nach dem 20. Juli 1944 mit Kapitulations-
aufrufen an die deutsche Ostfront hervor, wofür seine Familie der
nazistischen Sippenhaft unterworfen wurde. Seine Zeugenaussage
im Nürnberger Hauptkriegsverbrecherprozeß war wegen des Nachweises der zielgerichteten Planung des Überfalls auf die UdSSR von
außerordentlicher Bedeutung.

Nach der Rückkehr aus sowjetischer Kriegsgefangenschaft 1953
arbeitete er militärwissenschaftlich. Paulus hatte in der NVA keine
Funktionen. Zur Persönlichkeit von Paulus heißt es, er gelte nicht
wenigen »als der Versager unter den hohen deutschen militärischen
Führern des Zweiten Weltkrieges«, wofür als einer der Gründe
genannt wird, daß »er der einzige der deutschen Generalfeldmar-
schälle (war), der es nach seiner Entlassung aus der Kriegsgefangenschaft vorzog, bis zu seinem Tode in der DDR zu leben«. Das Güte-
zeichen eines, der tatsächlich gelernt hatte, indem er mit Nazismus
und Antikommunismus und dessen kontinuierlichen Anhängern
vollständig brach und in dem Staat Quartier nahm, der tatsächlich
mit den ökonomischen, politischen und ideologischen Grundlagen
des Faschismus Schluß machte, gilt als Versager!

Luitpold Steidle (1898-1984); 1933 NSDAP; Freiwilliger im
Ersten Weltkrieg; 1920-1926 Landwirt; 1926-1928 Gutsinspektor;
1934 Eintritt in die Wehrmacht; Berufsoffizier; Oberst; Kommandeur eines Infanterieregiments; 1943 Ritterkreuz; Januar 1943
sowjetische Kriegsgefangenschaft bei Stalingrad; Mitbegründer des
NKFD; Vizepräsident d. BDO; Frontbevollmächtigter; vom deutschen Gericht in Abwesenheit zum Tode verurteilt; nach der Rück-

kehr 1945 CDU, ab 1954 Mitglied im Präsidium des Hauptvorstandes; 1949-1971 Volkskammerabgeordneter; 1949-1958 Minister für Gesundheitswesen; 1960-1969 Oberbürgermeister von Weimar.

Selbst wenn man wegen der Tätigkeit bestimmter Personen in der Nazizeit gewisse Zweifel an diesem oder jenem akzeptieren wollte, bedeutet allein die Zahl derartiger »fragwürdiger« Fälle, daß an der Kernaussage einerseits von der konsequenten Verfolgung bekanntgewordener Naziverbrecher und andererseits von dem überzeugten und konsequenten Antifaschismus in der DDR keinerlei Abstriche zu machen sind. »KVP- und NVA-Angehörige mit nachweisbaren NS-Belastungen – hier ist beispielsweise die Tätigkeit von Generalmajor Arno von Lenski als ehrenamtlicher Richter am sogenannten Volksgerichtshof der Nazis zu nennen – gab es zweifellos; sie stellten aber eher Ausnahmen dar. Von einer generellen nationalsozialistischen Belastung der DDR-Armee, die aus der einfachen Zugehörigkeit von Teilen ihrer ersten Soldatengeneration zur Wehrmacht resultierte, kann daher nicht die Rede sein«, so Rüdiger Wenzke.

Einer von Wenzke empfohlenen weiteren Untersuchung, ob im Einzelfall ehemalige Wehrmachtsangehörige, die in der NVA aufstiegen, in einer bestimmten Art und Weise »mit dem NS-Staat und seinen Verbrechen verbunden waren«, wird man mit Ruhe entgegensehen können. Am antifaschistischen Charakter der DDR und ihrer bewaffneten Kräfte wird es keine Einschränkung geben. Jedenfalls sind solche »sensationellen« Angaben wie die von Jochen Staadt, daß von den Volkskammerabgeordneten der DDR des Jahres 1959 23 als Oberfeldwebel und Feldwebel und 23 als Unteroffiziere in der Wehrmacht gedient hätten, nicht anders als lächerlich zu bezeichnen.

Diese Angaben sind mitnichten geeignet, die der Wehrmacht als Ganzes zu Recht vorgeworfenen Funktion als Hauptinstrument eines verbrecherischen Vernichtungskrieges via Volkskammer auf die DDR zu übertragen.

Lapps Beurteilung der Wehrmachtoffiziere in der NVA

Eine Veröffentlichung ist noch zu erwähnen, die sich mit den ehemaligen Wehrmachtoffizieren in den bewaffneten Kräften der DDR befaßt. Der Autor Peter Joachim Lapp reiht sich in die Phalanx der

Diffamierer dieser Offiziere ein. Im großen und ganzen hat er keine neuen Erkenntnisse zum Thema zu bieten. Einzig anzumerken ist die Intensität, mit der versucht wird, jene Bürger, die bereits während des Zweiten Weltkriegs antifaschistische Schlußfolgerungen gezogen hatten und sich auch nach dem Ende des Krieges nicht ins antikommunistische Lager zurückdrängen ließen, moralisch zu diskreditieren. Angelastet wird ihnen, einer »zweiten Diktatur« gedient zu haben. Sie waren nach Lapps Ansicht »zum Teil erpreßbar, bestechlich, opportunistisch eingestellt und/oder demoralisiert – sahen in einer Wiederverwendung die letzte Chance, wieder ins ›normale Leben‹ zurückzukehren.« Sie seien »Wachs in den Händen der Verantwortlichen« gewesen und hätten »ein devotes Verhalten gegenüber ihren neuen Vorgesetzten« gezeigt. Einige werden vor allem deshalb abqualifiziert, weil sie in dem Bewußtsein, für die Sicherheit der UdSSR/DDR in besonderer Weise tätig sein zu wollen – vermutet oder tatsächlich – als IM des NKWD/KGB bzw. des MfS arbeiteten.

Man wird es in diesem Zusammenhang wohl als Alibi-Entschuldigung werten müssen, daß Lapp betont, seine Bemühungen, an Archivbestände der »Organisation Gehlen« und des Bundesnachrichtendienstes (BND) heranzukommen, um die »Aktivitäten dieser Dienste in der DDR in den 50er Jahren« zu beleuchten, seien abgewiesen worden. Pullach habe »freundlich, aber bestimmt ein solches Ansinnen« abgelehnt. Lapp hatte insbesondere die vermutete »Anbindung« von Vincenz Müller, des ersten Stabschefs von KVP und NVA, an »Westdienste« verifizieren wollen. Inzwischen ist es nämlich Mode geworden, die offenkundige Einseitigkeit der Archivöffnung wenigstens kritisch zu benennen.

Was allerdings nichts daran ändert, daß dann zügig »objektive« Geschichtsschreibung betrieben wird. Lapp schreibt, man habe die »Ehemaligen« in der DDR lange Zeit verborgen gehalten oder zu Antifaschisten »umgewidmet«. Zwar habe es eine umfangreiche Memoiren-Literatur gegeben, aber der Anteil dieser Wehrmachtoffiziere am Aufbau der bewaffneten Kräfte sei entweder verschwiegen oder nur in dürrer Schilderung behandelt worden. Daß die nazistische Vergangenheit von Bürgern, die in der DDR zum Teil verantwortliche Funktionen ausübten, kein Tagesthema war, ist nicht zu leugnen und gehört in das Kapitel der DDR-Geheimniskrämerei. Obwohl dafür kein Grund bestanden hatte, denn die tatsächliche Wandlung zum Antifaschismus war beweisbar.

Daß allerdings totale Schweigsamkeit bestanden habe, ist schlicht unwahr. Auch anläßlich der von Lapp zitierten Pressekonferenz mit Heinz Hoffmann in Genf 1959 ist beispielsweise zu Vincenz Müller gesprochen worden. Was bei der Zitatauswahl Lapps aber unerwähnt bleibt.

Dennoch gilt für die Öffentlichkeitsarbeit der DDR, daß die freimütige Darlegung der Verhältnisse um keinen Deut die von der DDR betonte und bewiesene Tatsache hätte herabmindern können, daß der Aufbau der Bundeswehr unter anderen Voraussetzungen, nämlich striktem Antikommunismus, auf den die Angehörigen der faschistischen Wehrmacht eingeschworen waren, erfolgte. Immerhin kann man bei Lapp lesen: »Unstrittig ist, daß die westdeutsche Bundeswehr fast ausschließlich von Offizieren aufgebaut worden ist, die zuvor in der Deutschen Wehrmacht gedient hatten. Und daß alle höheren und hohen Offiziere der jungen Truppe ›Ehemalige‹ waren, die man in SED-Kreisen als ›faschistische Offiziere‹ ansprach.«

Es ginge, so Lapp weiter, in seiner Arbeit nicht darum, »nun der DDR/SED beweisen zu wollen, daß auch ihre Streitkräfte durch ›faschistische Offiziere‹ aufgebaut worden seien. In Volkspolizei und Volksarmee taten maximal 5 Prozent ehemalige Wehrmachtoffiziere Dienst, meistens lag dieser Prozentsatz sogar darunter. Quantitativ kann also kaum etwas verglichen werden zwischen BRD und DDR.«

Warum dann der Aufwand, ein weiteres Buch auf den Markt zu bringen? Wieder Lapp: »Aber: Qualitativ spielte die kleine Gruppe der ›Ehemaligen‹ eine weitaus größere Bedeutung in KVP und NVA als zu DDR-Zeiten zugegeben«, was aufzuzeigen sei. In der Zusammenfassung gibt Lapp aber wenigstens zu: »Wegen der Wiederverwendung von ›Ehemaligen‹ in HVA, KVP und NVA wurden die neuen (ost-)deutschen Streitkräfte zwischen Elbe und Oder ab 1948 nicht zu einer Armee, die von ›Faschisten‹ durchsetzt gewesen wäre, wegen der Einstellung von mehreren Tausend ehemaligen Soldaten, Unteroffizieren, Offizieren und Generalen in den SBZ- bzw. DDR-Streitkräften entstand keine Truppe von ›Ehemaligen‹ der deutschen Wehrmacht.«

Für die aktive Läuterung ehemaliger Wehrmachtangehöriger, die in den bewaffneten Kräften der DDR Dienst tun durften, stehen das Nationalkomitee »Freies Deutschland« (NKFD) ebenso wie der Bund Deutscher Offiziere (BDO) und die Teilnahme an Lehrgängen in Antifa-Schulen. Es ist einleuchtend, daß diese antifaschistischen Organisationsformen das besondere Interesse bei der Diskreditierung des Antifaschismus der DDR genießen. Peter Steinbach, der Leiter der Gedächtnisstätte in der Berliner Stauffenbergstraße, plädiert für einen »integralen Widerstandsbegriff«, weshalb in der Gedächtnisstätte 1994 neben Wilhelm Pieck und Walter Ulbricht auch das Nationalkomitee »Freies Deutschland« seinen Platz fand. Das jedoch paßt den antikommunistischen Saubermännern und -frauen nicht. So hieß es in einem Konferenzbericht, daß einige der Teilnehmer dem »integralen Widerstandsbegriff« Steinbachs nicht folgen wollten. Begründung: »Der kommunistische Widerstand gegen Hitler sei von politischen Zielen motiviert gewesen, die die zweite deutsche Diktatur begründet hätten.«

Kappelt zitiert Peter-Ferdinand Koch in folgender Weise: »Wer als Kriegsgefangener ›in der UdSSR nicht verhungert war‹ und ›sich an den Feind verkaufte‹, der konnte ›zum antifaschistischen Kader heranwachsen‹.«

In der Tat waren nicht wenige der im NKFD/BDO aktiven ehemaligen Angehörigen der Wehrmacht später an der Bildung der bewaffneten Kräfte der DDR beteiligt. Kappelt »begründet« das in folgender Weise: »Der sowjetische Diktator J. W. Stalin hatte bereits frühzeitig zu erkennen gegeben, daß es ›auch vom Standpunkt des Siegers unzweckmäßig‹ erscheint, ›die Vernichtung jeder organisierten militärischen Kraft in Deutschland zu betreiben‹.«

Das Nationalkomitee »Freies Deutschland« wurde am 13. Juli 1943 in Krasnogorsk bei Moskau gegründet. Zu seinen Mitgliedern gehörten Offiziere, Unteroffiziere und Soldaten der Wehrmacht, Angehörige der KPD und antifaschistische Schriftsteller. Das NKFD setzte sich das Ziel, insbesondere durch Propagandaarbeit an der Front und hinter den feindlichen Linien Soldaten der Wehrmacht zur Aufgabe der Kampfhandlungen und Kapitulation zu bewegen. Das NKFD arbeitete seit dem 14. September 1943 in enger Verbindung mit dem von 95 Offizieren, darunter vier Generäle, am 11./12. September 1943 in Lunjowo bei Moskau gegründeten Bund Deutscher Offiziere (BDO). Im Frühjahr 1945 gehörten dem BDO etwa 4.000 Offiziere an, unter anderem Generalfeldmarschall Paulus, 51 Generäle, 40 Oberste, 50 Oberstleutnants, 150 Majore, 400 Hauptleute. Die Tätigkeit des NKFD und des BDO wurde am 2. November 1945 beendet.

Nun ist es sicher etwas anderes, sich direkt in der Höhle des Löwen, sprich: innerhalb des Nazireiches, zum aktiven Widerstand zu entschließen und zu handeln, wie das die Verschwörer des 20. Juli 1944 taten, als sich in der Gefangenschaft zum antinazistischen Verhalten zu entschließen und zu bekennen. Wer allerdings den Druck kennt, dem deutsche Kriegsgefangene seitens der auch nach ihrer Gefangennahme unbelehrbaren Hitleranhänger und eingefleischten Feinde der »Russen« in den Lagern ausgesetzt waren, der weiß, daß die Entscheidung für den Besuch einer Antifa-Schule oder die Zugehörigkeit zum NKFD oder zum BDO Standfestigkeit erforderte.

Natürlich kann Opportunismus nicht gänzlich ausgeschlossen werden. Aber das spätere Verhalten nach der Rückkehr aus der Gefangenschaft belegte, ob tatsächlich Konsequenzen aus der Beurteilung des deutschen Faschismus und seiner Hintermänner gezogen worden waren oder nicht. Zudem bewiesen nicht wenige Frontbeauftragte des NKFD ihren Antifaschismus durch persönlichen Einsatz an der Front. Das billigste Argument ist die Behauptung, lediglich die Einsicht der bevorstehenden Niederlage des deutschen Faschismus und die Erwartung, nach Kriegsende schneller nach Hause zu kommen, habe manchen dazu bewegt, »ins andere Lager« überzutreten.

Über 500 der 2.500 KVP-Offiziere hatten in sowjetischer Gefangenschaft eine Antifa-Zentralschule besucht. Im übrigen galt bei der Schaffung der bewaffneten Kräfte der DDR (KVP), daß »an führender Stelle nur Kommunisten mit Erfahrungen aus dem Moskauer Exil, den Umerziehungslagern des Nationalkomitees ›Freies Deutschland‹ oder dem spanischen Bürgerkrieg eingesetzt« wurden. Wollte man fragen, warum ehemalige Nazi-Offiziere später in den bewaffneten Kräften der DDR Dienst verrichten konnten, wo doch insbesondere die Kommunisten zu den ärgsten Feinden und Verfolgern des Faschismus gehörten und gehören, dann sollte man Kurt Pätzold lesen: »Die deutschen Linken verstanden sich in allen ihren Strömungen als Aufklärer, Welt- und Menschenverbesserer. So unnachsichtig sie miteinander umgingen, wenn sie in ihren eigenen Reihen ›Abweichler‹ ausgemacht hatten, so viel Nachsicht vermochten sie gegenüber denen aufzubringen, die sie erst noch gewinnen wollten oder auch frisch erst gewonnen hatten. Sie blieb untermischt mit Mißtrauen, aber sie war ohne Hinterhältigkeit. Das Weltbild von den Massen, die sich von den Herrschenden und deren übermächtigen Mitteln auf folgenschwere Irrwege führen ließen, aber doch lern- und bildungsfähig seien, stützte diese Nachsicht und vermittelte Optimismus. Wer sich bereit zeigte, einen Irrweg zu verlassen, verdiente demnach politischen und moralischen Kredit.

Die Haltung bestimmte schon die Hinwendung zu kriegsgefangenen Generalen, Offizieren und Soldaten, deren Ein- und Umkehr sowjetische und deutsche Kommunisten zu erreichen suchten. Mit welcher Berechtigung, welchem Ziel und zu wessen Vor- oder Nachteil sollte denen die eigene Vergangenheit fortgesetzt vorgehalten werden, die sich zu wandeln begonnen hatten?

So stellte sich die Frage den Politikern aus der Arbeiterbewegung im Osten Deutschlands.«

15. Das MfS als vermeintliche »Heimstatt ehemaliger Nazis«

Zur antikommunistischen Hetze gehört, das MfS als »Träger des Terrors« mit dem deutschen Faschismus in eine mindestens partielle Verbindung zu bringen. 1994 erklärte der Präsident des BND, der Sozialdemokrat Konrad Porzner: »MfS und Stasi sind mit der Gestapo vergleichbar, nicht mit dem Bundesnachrichtendienst.«

Natürlich sind weder der BND noch der Verfassungsschutz, aber ebensowenig ist auch das MfS mit der Gestapo vergleichbar.

Manche Autoren behaupten, es hätte zwischen dem MfS und der Geheimen Staatspolizei (Gestapo) des Nazistaates Gemeinsamkeiten hinsichtlich der Organisationsform und der Arbeitsweise sowie in bestimmtem Umfang auch beim Personal gegeben. Inzwischen gibt es allerdings auch seriöse Untersuchungen, die eine behauptete personelle Kontinuität widerlegen. Porzner hätte jedenfalls besser geschwiegen, denn er saß im Glashaus. Sein Dienst wurde von Generalleutnant Reinhard Gehlen, Chef der Abteilung »Fremde Heere Ost« (FHO) der Nazi-Wehrmacht, gegründet. Ihm gehörten in der ersten Generation einstige Mitglieder der Sicherheitspolizei (Sipo), des Sicherheitsdienst (SD), der Geheimen Staatspolizei (Gestapo) und der faschistischen Wehrmacht an.

Mit einer solchen Liste konnte das MfS nicht aufwarten. Während die »westdeutschen Sicherheits- und Nachrichtendienstorgane überwiegend durch Personen« aufgebaut wurden, die »über entsprechende berufliche Vorkenntnisse und Erfahrungen verfügten, die zum Teil auch in der Zeit des Nationalsozialismus erworben worden waren«, so Bodo Wegmann, war das gemeinsame Merkmal derjenigen, die wesentlichen Einfluß auf den Aufbau der Staatssicherheitsorgane in der SBZ/DDR hatten, »die Mitgliedschaft in der KPD, Exil bzw. Aufenthalte in der UdSSR, NS-Haft und KZ sowie die Teilnahme an Partisanenkämpfen wie dem spanischen Bürgerkrieg«.

Otto Köhler stellt zu Recht fest: »Kein Zweifel: Auch die Stasi hatte einige Nazileute, doch mit dem BND konnte sie da nicht konkurrieren. Denn der BND war eine Geburt der Organisation Gehlen, und diese wiederum entstand aus der von Gehlen geführten Wehrmachts-Spionage-Einrichtung ›Fremde Heere Ost‹, die ihre Erkenntnisse durch Erpressung und Folterung sowjetischer Kriegsgefangener gewann.«

Es ist hier nicht die Rede von jenen kleinen Nazis, die vom MfS möglicherweise als Zuträger aus der »nazistischen Szene« gewonnen worden waren. Worum es tatsächlich geht, sind jene mit Naziverbrechen belasteten »Spitzenkräfte«, die es in großer Zahl in bundesdeutschen Funktionen gab. Laut *Tagesspiegel* vom 20. Mai 1997 hat es aber solche Leute, wie die Zeitung mit Blick auf die offenliegenden DDR-Archive verkündete, »nach jetzt gesicherten Erkenntnissen« im MfS nicht gegeben.

Nachdem der *Spiegel* schon im Mai 1991 über das NS-Archiv des MfS hinausposaunte, die Staatssicherheit habe ihr »Wissen um die braune Vergangenheit von NS-Schergen« für Erpressungen genutzt, legte die Augstein-Postille im Mai 1994 mit einer »Sensation« nach. Das Cover des Journals teilte mit: »Die Antifa-Lüge. Wie braun war die DDR?« Im Inneren hieß es: »Der letzte Mythos der DDR bröckelt: das SED-Regime, angeblich antifaschistische Bastion, deckte Hunderte von NS-Verbrechern, um sie für seine eigenen Zwecke einzusetzen – etwa als Spitzel der Stasi.«

»Entsetzliches« habe man angeblich »aufgedeckt« (als ob *Spiegel*-Leute überhaupt wüßten, was »Entsetzen« ist – vielleicht allenfalls im Kontext mit sinkender Auflage). Das DDR-Regime habe »Hunderte von braunen Kriminellen« gedeckt, nutzte »NS-Täter als willfährige Handlanger« und »lediglich für die eigenen Ziele«, habe viele »mit ihrer Vergangenheit unter Druck (gesetzt), um sie als Spitzel und Handlanger gefügig zu machen.«

»In der SED«, hieß es da, »tummelten sich bis weit in die sechziger Jahre zahlreiche Alt-Nazis und braune Mitläufer.«

»Auch die rote Einheitspartei«, so wußte man ganz genau, »war von braunen Ex-Kadern durchsetzt.«

»Selbst in der NVA wimmelte es, nicht anders als in der Bundeswehr, in der Aufbauphase von Offizieren der Wehrmacht.«

»Das Eigenlob vom besseren, weil antifaschistischen Deutschland, so belegen jetzt aufgefundene Unterlagen aus SED-Archiven und dem Fundus des Ostberliner Ministeriums für Staatssicherheit (MfS), war eine der größten Propagandalügen der deutschen Demokratischen Republik.«

Der Angriff auf den Antifaschismus hatte bis dato noch keine durchschlagenden Ergebnisse, wie man in Hamburg befand, »im Bewußtsein der Ostdeutschen (sei) der Mythos vom antifaschistischen Bollwerk DDR ungebrochen. Der aufrechte ›Antifaschismus‹ der SED gehört zu dem wenigen, das viele DDR-Bürger bis heute der ehemaligen Staatspartei gutschreiben.« Also mußte das Sturmgeschütz der Demokratie, wie man sich gern nennt, nachgeladen werden. Breitseite.

Statt Beweise lieferte man Demagogie.

Simon Wiesenthal leistete Schützenhilfe. Wie er selbst erklärte, wird seine »Aversion gegen den Kommunismus« nur durch seine »Aversion gegen den Nationalsozialismus übertroffen«. Es sei eine Legende, daß die DDR Nazis konsequenter verfolgt habe als die Bundesrepublik. Die DDR-Spionage habe NS-Unterlagen zeitweise einbehalten, um untergetauchte Nazis im Westen zur Agententätigkeit erpressen zu können. Ein Vorwurf, den er nicht zum ersten Male erhob.

Was war nun dran an den Namen und Adressen, die der vermeintlich empörten Leserschaft »erstmals« zur Kenntnis gegeben wurden.

Jens Gieseke hat sich 1997 in seinem Aufsatz »Erst braun, dann rot? Zur Frage der Beschäftigung ehemaliger Nationalsozialisten als hauptamtliche Mitarbeiter des MfS« sachlich mit dieser Thematik auseinandergesetzt. Mit Recht weist er darauf hin, daß man, wenn man versuche, »die Quellenbasis für die in … Veröffentlichungen genannten Einzelfälle zu ergründen, … auf eine – als abschreckendes Beispiel geradezu lehrbuchtaugliche – Zitierkette (stoße). Insgesamt zwölf Personen werden in Artikeln und Büchern namentlich als Beispiele erwähnt.«

Die »Urquelle« seien Veröffentlichungen des »Untersuchungsausschusses Freiheitlicher Juristen«, die sich ihrerseits auf Aussagen von Überläufern und andere dubiose Quellen stützten.

Gieseke zog den Schluß, »daß der hauptamtliche Apparat der Staatssicherheit im Vergleich zu anderen Zweigen des SED-Herrschaftssystems ein Feld relativer avantgardistischer Reinheit war, in dem das ›Fachwissen‹ zur Ausübung geheimdienstlichen Terrors und zur Überwachung der Bevölkerung nicht von – im leninistischen Sinne – ›bürgerlichen Spezialisten‹ beigesteuert, sondern in erster Linie durch die Anleitung und das Vorbild der sowjetischen Sicherheitsorgane und ihrer Instrukteure vermittelt wurde.«

Daß Gieseke nicht unbedingt ein Freund der DDR oder des MfS war und ist, wies er durchaus nach: »Es bleibt weiterer Forschung vorbehalten, näher zu analysieren, inwiefern sich auf anderen Ebenen der Herrschaftspraxis, zum Beispiel des Instrumentariums der Aktenführung, der Verhörmethoden und der Spitzelarbeit oder auch der ideologischen Legitimationsmuster für den totalen Machtanspruch, Kontinuitäten zwischen den Repressionsapparaten des Dritten Reiches und der DDR finden lassen, die im Widerspruch zur antifaschistischen Legitimationsideologie des stalinistischen Systems standen.« Insofern dürfte er über den Verdacht erhaben sein, er würde das MfS reinwaschen wollen.

Zitiert werden immer wieder die nachfolgend genannten Personen, wobei meist nicht unterschieden wird zwischen hauptamtlichen und inoffiziellen Mitarbeitern des MfS. Und die Zugehörigkeit zu nazistischen Organisationsformen und Machtinstrumenten wird zuweilen behauptet, ohne daß das der Wahrheit entspricht:

Bruno Beater (1914-1982); Generaloberst und 1. Stellvertreter des Ministers für Staatssicherheit; 1963-73 Kandidat, 1973-82 Mitglied des ZK der SED. Lehre als Zimmermann; ab 1931 arbeitslos; 1929 Mitglied des KJVD; 1933 Reichsarbeitsdienst, später Wehrmacht, Ausbilder; Juli 1944 Übertritt zur Roten Armee, Frontpropagandist des NKFD, Aufklärer im Kessel Breslau; Instrukteur und Leiter des Antifa-Aktivs eines Kriegsgefangenenlagers; 1945 KPD, 1946 SED; seit 1945 Angehöriger der Sicherheitsorgane. (Kappelt nahm Beater offensichtlich in seine Liste auf, weil dieser in der Wehrmacht Oberfeldwebel war und zur MfS-Generalität gehörte, denn einen konkreten Vorwurf über eventuelle Nazi-Untaten Beaters erhob Kappelt nicht. Aber einen moralischen Seitenhieb unterließ Kappelt dennoch nicht: Beater »kam erst mit seiner Gefangennahme durch die Rote Armee im Jahre 1944 auf antifaschistischen Kurs. Vorher kämpfte er im Rußlandfeldzug als ›Oberfeldwebel‹ der deutschen Wehrmacht gegen seine späteren Bündnispartner«. Besser spät als nie, kann man dazu nur sagen und auf schlechtere Beispiele verweisen.)

Franz Gold (1913-1977); Generalleutnant des MfS und Leiter des Personenschutzes. Gold soll seit 1. November 1938 Mitglied der NSDAP gewesen sein. Kappelt schreibt boshaft, es gebe »bedeutsame Beispiele, wo frühere NSDAP-Mitglieder sich beim DDR-Ministerium für Staatssicherheit hochdienen konnten«, wobei er Franz Gold als Beispiel anführte. Tatsächlich war Gold Mitglied des kommunistischen Jugendverbandes und seit 1932 Mitglied der tschechischen KP. Bei Kappelt liest sich das so: »Seine Biographie bog sich Gold nach 1945 zurecht, insbesondere wurde angemerkt, er habe der KPC angehört und dem kommunistischen Jugendverband in der CSR.« Und Karl Wilhelm Fricke zeigte sich bei der 30. Sitzung der Bundestags-Enquete-Kommission am 5. März 1993 empört, als er zum Thema »Nazigrößen in der DDR« meinte, es habe »selbst in der Staatssicherheit ehemalige Nationalsozialisten gegeben, die bis zum Generalsrang aufstiegen. Ich denke an Franz Gold …, Mitglied der NSDAP seit 1938. Ein Mann, der, wie viele andere ehemalige Nationalsozialisten, sich erst unter dem Eindruck des Rußlandfeldzuges und der Mitgliedschaft im Nationalkomitee ›Freies Deutschland‹ zum Antifaschisten gewandelt hat.«

Tatsächlich wurde Gold 1940 zur Wehrmacht eingezogen und lief bereits im September 1941, mithin zum Zeitpunkt der größten Erfolge der nazistischen Wehrmacht, zur Roten Armee über. Er war 1942/43 Propagandist in deutschen Kriegsgefangenenlagern, 1943 Mitbegründer und Frontbevollmächtigter des NKFD. 1944/45 war Gold Kommandeur einer Partisaneneinheit beim slowakischen Nationalaufstand.

Jens Gieseke schrieb: »Am 2. November 1964 erschien in der Westberliner Boulevardzeitung ›BZ‹ eine Meldung mit Foto unter der Überschrift: ›Skandal um Ulbrichts Leibwächter. Gold – erst braun, dann rot‹ … Die Nachricht schlug als ›neuer Nazi-Skandal in Ulbrichts engster Umgebung‹ Wellen in der westlichen Öffentlichkeit, sie wurde sofort über die Agenturen … verbreitet. Die Zeitungsmeldung war zwar schnell wieder vergessen, ihr Inhalt fand aber Eingang in den westlichen Wissensschatz über die Staatssicherheit.«

Noch 1994 war diese »Tatsache« für die Enquete-Kommission des Bundestags Veranlassung zu behaupten, »daß es in der SBZ/DDR Kontinuitäten nationalsozialistischen Denkens gegeben hat.«

Giesekes Nachprüfung ergab: Franz Gold war »tatsächlich nie Mitglied der NSDAP, die gegenteilige Behauptung basiert auf einer Verwechslung mit einer anderen Person gleichen Namens, die im Document Center als NSDAP-Mitglied ausgewiesen ist, was aber schon durch einen Vergleich der Geburtsdaten zu erkennen gewesen wäre.« Gieseke merkt an dieser Stelle an: »Das Geburtsdatum war zumindest bei der Erstellung des ›Braunbuchs DDR‹ bereits bekannt; ob es schon bei der ersten Erwähnung 1964 vorlag, ist nicht ersichtlich.«

Von der Verleumdung des Generals Franz Gold einmal abgesehen, muß im übrigen erstens doch wohl angemerkt werden: Wäre Franz Gold 1938 tatsächlich der NSDAP beigetreten, dann wäre er 25 Jahre alt gewesen, ein Alter, in dem unter dem Aspekt der nazistischen Massenhysterie derartige Fehltritte wohl noch entschuldbar waren, sofern nicht verbrecherisches Verhalten hinzukam. Zum zweiten: Selbst wenn Gold der NSDAP beigetreten wäre, dann wäre sein Übertritt zur Roten Armee im Jahre 1941 schon ein antinazistisches Bekenntnis gewesen. Hier aber kam sogar noch weiterer aktiver Kampf gegen den deutschen Faschismus hinzu. Gründe genug, eine vermeintliche NSDAP-Mitgliedschaft differenziert zu bewerten.

Ähnlich verhielt es sich mit *Manfred Hummitzsch* (7.7.1929): Generalmajor des MfS und 1968-89 Leiter der Bezirksverwaltung Leipzig; 1945 Wehrmacht; nach 1945 Mitglied der FDJ und der SED, FDJ-Funktionär; 1950 Mitarbeiter des MfS; Diplom-Jurist. Bei Hummitzsch hielt sich hartnäckig die Behauptung, er sei »1943 mit achtzehn Mitglied der NSDAP geworden« und habe der NSDAP-Ortsgruppe »Bismarck« in Dresden angehört, so auch Kappelt. Die Betrachtung des behaupteten Geburtsjahres »1925« der namensgleichen Personen hätte die Verwechslung aufgedeckt, denn nach dem tatsächlichen Geburtsjahr von Hummitzsch wäre dieser beim Eintritt in die NSDAP vierzehn Jahre alt gewesen. Aber es hätte so schön gepaßt, einen MfS-General als Nazi präsentieren zu können. Fricke meinte scheinheilig, nachdem auch er Hummitzsch in seinem Beitrag vor der Enquete-Kommission als NSDAP-Mitglied benannt hatte: »Natürlich sollte man dies alles nicht überschätzen ..., aber man muß es im Kontext gerade zur Instrumentalisierung des Antifaschismus sehen. Die DDR-Agitation und -Propaganda hat immer wieder hervorgehoben, wie radikal die Säuberung der Justiz von Ehemaligen erfolgt.« Vor allem von jenen, die bereits mit 14 Jahren der NSDAP beitraten.

Gerhard Kegel (1907-1989): 1928-31 Studium der Staats- und Rechtswissenschaften an der Universität Breslau, gleichzeitig journalistische Ausbildung; 1931 KPD; 1932-35 Hilfsredakteur und Auslandskorrespondent; Beginn des Einsatzes als Mitarbeiter der sowjetischen Aufklärung; 1935 NSDAP; 1935-39 wissenschaftlicher Hilfsarbeiter in der handelspolitischen Abteilung und 1939-1941 stellvertretender Leiter der Abteilung der deutschen Botschaft in Moskau; 1941-43 Mitarbeiter des Außenministeriums, ab 1943 Wehrmacht, Unteroffizier; 1945 Übertritt zur Roten Armee. Nach 1945 übte Kegel in der DDR verschiedene verantwortliche Funktionen aus. Unter anderem war er 1967-71 Kandidat des ZK der SED, 1973-76 Botschafter und Leiter der Ständigen Vertretung der DDR am Sitz der Vereinten Nationen.

Ohne die antifaschistische Kundschaftertätigkeit Kegels auch nur zu erwähnen, schrieb Kappelt: »Am 1.5.1934 Eintritt in die NSDAP, ... Mitarbeit in der Ortsgruppe Sektion Auswärtiger Dienst in Warschau, Korrespondent der ›Breslauer Neuesten Nachrichten‹ in Warschau, Mitarbeiter der Deutschen Botschaft in Warschau, Simon Wiesenthal ... beschrieb Kegel als Mitarbeiter der Gestapo: ›verfaßte für den Auslandsnachrichtendienst der Gestapo Berichte ...‹, nach dem Überfall auf Polen schrieb er 1939 eine Arbeit über die nicht eindeutschungsfähigen Polen.‹ Die Arbeitsgemeinschaft ›13. August‹ in Berlin bezeichnete Kegel als Verfasser von Berichten für das Rasse- und Siedlungshauptamt der SS.«

Das stimmt dem Grunde nach, ist aber dennoch nicht die Wahrheit. Ohne große Mühe hätte Kappelt sich später korrigieren können, indem er die 1983 erschienenen Erinnerungen Kegels nutzte.

Dort ist ausführlich über die Ursachen des Eintritts des sowjetischen Kundschafters Kegel in die NSDAP berichtet und die entsprechende offizielle Erklärung wiedergegeben. Aber vielleicht hinderte Kappelt daran auch der Umstand, daß Kegel unter anderem von seinem Zusammentreffen mit dem späteren Bundeskanzler Dr. Kurt-Georg Kiesinger berichtete, der als Mitarbeiter des nazistischen Auswärtigen Amtes eine kurze Zeit Vorgesetzter Kegels war und maßgeblichen Anteil an der Goebbelsschen Auslandspropaganda hatte. So fand Kegel in seinem Buch von 1997 dann einfach keine Erwähnung mehr.

Die vom MfS »aus eigennützigem Interesse« verheimlichten Nazis

Jeder Geheimdienst wirbt, um in ein bestimmtes Milieu einzudringen, Kräfte aus diesem Milieu an. Daß etwa der Verfassungsschutz gern mit V-Leuten zusammenarbeitet, wissen wir nicht erst seit dem Skandal mit der NPD. Da stellte sich bekanntlich heraus, daß das Führungspersonal der rechtsextremen Partei zu großen Teilen an der Leine des Verfassungsschutzes lief, was zu der nicht ganz absurden Behauptung führte, würde man alle V-Leute abziehen, bräche die Partei zusammen.

Der Vorsitzende der Parlamentarischen Kontrollkommission des Bundestages, Penner, entschuldigte 1996 diese Praxis: »Wer im Nachrichtenwesen Erfolg haben will, muß auch im trüben fischen können und dürfen. Das läuft in der Regel auf Gratwanderung heraus. Und manchmal entscheidet sehr zu Unrecht nur Erfolg oder Mißerfolg darüber, ob eine Tätigkeit als lobenswert oder verdammenswert eingestuft wird. Im letzteren Fall schlägt dann die Stunde der Besserwisser.«

Klaus Eichner und Andreas Dobbert fügten in ihrem Buch (»Headquartes Germany«) diesem Zitat an: »Die Grundmethoden der Geheimdienst-Arbeit scheinen von außen nach formalen Kriterien relativ gleich; es gab jedoch inhaltliche Unterschiede. Die HV A arbeitet nicht mit ›schmutzigen Tricks‹ und ›Sonderoperationen‹, die etwa Menschenleben vorsätzlich einkalkuliere. Entgegen anderslautenden Behauptungen, die die Geheimdienste in ›gute‹ und ›böse‹ einteilen, wobei die HV A naturgemäß zu den

›bösen‹ zu rechnen war, traf dies nicht zu. Man kann der HV A vieles vorwerfen – nur eines nicht: Sie plante weder die Ermordung ausländischer Staatsmänner noch die Inszenierung von Staatsstreichen wie die CIA, sie organisierte keine Sprengstoffanschläge gegen protestierende Greenpeace-Aktivisten wie die DGSE und kooperierte nicht wie der BND mit Geheimdiensten von Folterregimes.«

Hinsichtlich der Anwerbung von Nazis muß danach gefragt werden, in welchen Funktionen sie eingesetzt werden sollten und welchen Auftrag sie erhielten. Für die Nazis in Bonner Diensten stand es außer Zweifel, daß die antikommunistischen und antisowjetischen Erfahrungen und Praktiken Maßstab und in gewissem Umfang Aufnahmebonus für die »Integration« waren – und zwar unbeschadet der Frage, ob die Betreffenden mit Nazi- und Kriegsverbrechern belastet waren oder nicht.

Für das MfS, so Eichner und Dobbert, spielte das Problem der nachrichtendienstlichen Nutzung von ehemaligen Nazis, Angehörigen des SD, Mitarbeitern des RSHA etc. durch die Sicherheitsorgane der Sowjetunion und der DDR durchaus eine Rolle. Und sei es dadurch, daß es in den politischen Auseinandersetzungen zur Bewertung der Tätigkeit des MfS thematisiert wurde.

Dabei werde meist auf den Befehl 21/1952 Bezug genommen, der über die Suche, Erfassung, Kontrolle und nachrichtendienstliche Nutzung ehemaliger Mitglieder der NSDAP, Angehöriger der SS, Gestapo, ehemaliger Offiziere und früherer Funker orientierte. »Dieser Befehl war eine Reaktion auf die Informationen über eine intensive geheimdienstliche Nutzung dieser Personenkreise durch die westlichen Geheimdienste. Mit Inoffiziellen Mitarbeitern (IM) aus diesen Personenkreisen wurde in den Anfangsjahren des MfS eine aktive und erfolgreiche Blickfeldarbeit zum Eindringen in die Konspiration der westlichen Geheimdienste geleistet.

Eine Aufklärung und Werbung von IM aus diesen Personenkreisen schloß immer eine Überprüfung auf eine eventuelle Beteiligung an Nazi- und Kriegsverbrechen ein. Verdachtsmomente in dieser Richtung führten unter allen Umständen zu gründlicher Beweiserhebung und bei Bestätigung zu einer Anklage.«

Klaus Eichner erklärte, daß das MfS unter ehemaligen SD- und Gestapoleuten IM nicht geworben habe, »weil diese Nazis waren, sondern weil diese Nazis, neben anderen Personenkategorien, bevorzugte Zielpersonen der westlichen Geheimdienste waren. Deshalb dienten diese Werbungen der vorbeugenden Abwehrarbeit. Außerdem hat das MfS bei IM unter diesen Personen, auch im Verlauf der Zusammenarbeit mit ihnen, jedes Verdachtsmoment auf frühere Straftaten untersucht.«

Es könnten Fälle nachgewiesen werden, in denen auch gegen IM Strafverfahren eingeleitet wurden. Jens Gieseke schlußfolgerte daher: »Daß das MfS beabsichtigt hätte, systematisch zum Beispiel Gestapo-Personal mit seinem Wissen und seinen Fähigkeiten im eigenen Apparat zu nutzen, und sei es nur aus entsetzter Bewunderung für die Effektivität der von einigen selbst erlittenen Verfolgung im Dritten Reich, läßt sich aus keiner der Vorschriften entnehmen.«

Sicher hatte Gieseke recht, wenn er meinte, daß sich Abweichungen von diesen Vorgaben selbstredend nicht ausschließen ließen. Besonders in den 50er Jahren sei das MfS »von der Regelhaftigkeit eines bürokratisch normierten und strukturierten Apparats in mancher Hinsicht noch weit entfernt« gewesen. Eine »Nazifizierung« des MfS ist jedenfalls daraus nicht ableitbar.

Gieseke machte mit Bezug auf die immer wieder verbreiteten Nachrichten zu vom MfS übernommenen NS-Kadern deutlich, daß »sich aus der archivarischen Überlieferung kein Hinweis auf eine pronazistische Rekrutierungspolitik entnehmen« ließe.

Markus Wolf teilte in seinen 1997 verlegten Erinnerungen mit, daß der geheime Entwurf des »Generalvertrages«, mit dem die Integration der Bundesrepublik in den Westen als weiterer Schritt der Vertiefung der Spaltung Deutschlands vollzogen werden sollte, von einer Agentengruppe mit dem Decknamen »Kornbrenner« geliefert wurde. An deren Spitze stand ein ehemaliger Mitarbeiter des faschistischen SD. »Geführt wurde der Agent von einem Widerstandskämpfer jüdischer Abstammung, was für diesen Mann eine beinahe unzumutbare Belastung war. Entgegen allen Legenden, die später in Umlauf gesetzt wurden, war der ›Kornbrenner‹-Kontakt der einzige Fall, in dem wir die Netze ehemaliger SS- und SD-Angehöriger nutzten. Hätten wir weniger Skrupel gehabt, wären wir schon in den Anfangsjahren unseres Dienstes leichter und schneller in die Spitzen der westdeutschen Geheimdienste und der Bundeswehr eingedrungen. Der sowjetische Nachrichtendienst ging in dieser Hinsicht mit großem Erfolg sehr viel pragmatischer vor.«

Warum der sowjetische Geheimdienst auch ehemalige SS-Angehörige wie Heinz Felfe, SS-Obersturmführer (Oberleutnant) und Chef des Referates 3 B im Amt VI des Reichssicherheitshauptamtes (RSHA), in seine Dienste nahm, erklärt sich aus vielen Gründen. Beispielsweise tobte nach 1945 im Westen der UdSSR »ein erbarmungsloser Bürgerkrieg«, schrieb Peter-Ferdinand Koch in seinem Buch *Die feindlichen Brüder*: »Diese Kämpfe hätten ohne die logistische Unterstützung durch US-Geheimdienste nach 1945 nicht weitergeführt werden können.«

»Gehlen holte ausschließlich alte Kameraden zu sich«, so Koch weiter. »Über die Hälfte der FHO-Mannschaft fand den Weg zur Organisation des Reinhard Gehlen … Aus 50 Weggefährten wurden schnell 200, und 1949 … waren es annähernd 700.« Koch nennt unter anderem Major i. G. Adolf Wicht, Oberst i. G. Hans-Heinrich Worgitzki, SS-Standartenführer Wilhelm Albert, Leiter des SD-Oberabschnitts Rhein, Gestapo-Mann Hans Ehlich, SS-Sturmbannführer Rudolf Fumy, SS-Brigadeführer Ludwig Grauert, SS-Sturmbannführer Helmut Heisig, SS-Standartenführer Wilhelm Harster, Gestapo-Chef von Görlitz Johannes Kalich, SS-Standartenführer Friedrich Klumm.

Der Anteil der SS am Agentennetz des BND betrug 23,5 %.

Das Bundesamt für Verfassungsschutz beschäftigte »ehemalige SS-Chargen … Das Kölner Bundesamt hörte … illegal Telefone ab, und die Abhörer waren ehemalige Angehörige der SS, der Gestapo und des SD, des Sicherheitsdienstes.«

Einige der »speziellen« Fälle

Neben Franz Gold, der immer wieder fälschlich als Nazi im MfS genannt wird, spielt auch SS-Hauptsturmführer (Hauptmann) Louis Hagemeister eine Rolle. Jens Gieseke hat auch in diesem Fall ermittelt. Behauptet wurde, Hagemeister sei Leiter der Untersuchungsabteilung der MfS-Verwaltung Mecklenburg gewesen, d. h. jener Abteilung, die Verhaftete verhört und Prozesse vorbereitet.

»Der Einsatz eines Nazikaders gerade in einer solchen Position würde weitreichende Schlüsse hinsichtlich der direkten Übernahme und Vorbildfunktion von Gestapo-Methoden durch die Staatssicherheit implizieren.«

Die erste Veröffentlichung zu diesem Fall – so Gieseke weiter – stamme aus dem Jahre 1962. Ein geflohener MfS-Angehöriger habe im Westen behauptet, daß sein Vorgesetzter ein Offizier namens Hagemeister sei, der unter dem falschen Namen Erwin Jung agiere. Im BDC wurde ein SS-Hauptsturmführer Louis Hagemeister ermittelt. Er galt fortan als »Kronzeuge für die These von den Nazis im MfS«.

Es hatte tatsächlich einen Louis Hagemeister in der SS gegeben, der war zwanzig Jahre älter als dieser Hagemeister beim MfS, der zudem auch mit Vornamen Heinz hieß.

Die Ermittlungen des MfS ergaben schließlich: Ihr »Hagemeister« hatte 1945 aus ungeklärten Gründen den Namen Erwin Jung angenommen. Dieser gehörte einem tatsächlich existierenden alten KPD-Genossen. Unter dessen Namen machte Hagemeister beim MfS Karriere. Der richtige Erwin Jung zeigte daraufhin Heinz Hagemeister an, dieser wurde wegen Urkundenfälschung zu sechs Jahren Zuchthaus verurteilt. Der »echte« Louis Hagemeister aber blieb verschollen.

»Von einer bewußten Rekrutierung eines Nazikaders durch die Staatssicherheit kann auch in diesem Fall – unabhängig von der Verwechslung mit dem SS-Mann Louis Hagemeister – nicht die Rede sein«, urteilte Gieseke. »Ordnet man den Fall Heinz Hagemeister in den kaderpolitischen Zusammenhang ein, so verweist er vor allem auf die keineswegs perfekten Überprüfungsmethoden der Kaderwerber in den fünfziger Jahren.« Angeworbene erwiesen sich als ungeeignet, »darunter eben auch einige, die ihre NS-Vergangenheit verschwiegen und getarnt hatten«, und »andere Fälle entpuppten sich als ›Fragebogen-Vergehen‹, bei denen Angehörige des MfS ihre NS-Vergangenheit verschwiegen hatten; sie wurden aber, selbst wenn sie sich beim MfS ›bewährt‹ hatten, stets aus ihren Funktionen entfernt und zumeist auch strafrechtlich verfolgt.«

Helmut Bärwald, SS-Unterscharführer (Unteroffizier): Der »Spiegel« nennt ihn einen »von zahlreichen in der DDR untergetauchten

NS-Schergen«, der »im Verdacht (steht), als Blockführer im KZ Sachsenhausen unmenschliche Verbrechen begangen zu haben«. Bärwald würde bis heute unbehelligt in Dresden leben und sei vom DDR-Regime gedeckt worden.

Kappelt II übernahm diese Angaben unbesehen, obwohl unmittelbar nach der Veröffentlichung des *Spiegel*-Artikels einige öffentliche Dementis folgten.

Tatsächlich hatte das MfS in einem operativen Vorgang einen »Vollstrecker« recherchiert, der sich als einer unter den mehr als 130 Positionen des MfS-Aktenbestandes »DDR-Bürger mit NS-Vergangenheit« befand. Bärwald war »Blockführer« im KZ Sachsenhausen und gehörte dem Kommandanturstab an. Er war jedoch nicht – wie behauptet – Teilnehmer an dem Massenmord an sowjetischen Kriegsgefangenen, da er sich zum Zeitpunkt der Tat (August/November 1941) an der Front befand und erst 1942 nach Sachsenhausen kam.

Der letzte Leiter des NS-Archivs des MfS, Dieter Skiba, erklärte gegenüber »Disput« 13/1994, die Sache Bärwald zeige, »wie so etwas journalistisch aufgearbeitet werden kann. Das ehemalige Archiv ... wird als Dokument-Center des Ostens bezeichnet. Und dann wird gesagt, im Dokument-Center hat man einen Lebenslauf gefunden. Das ist aber das Westberliner Center und nicht unseres. Dieser Lebenslauf stand uns nicht einmal zur Verfügung ...

Wenn wir seit 1988, als Bärwald in das Blickfeld des MfS für die operative Bearbeitung geriet, auch einige Beweise gehabt hätten für den Nachweis einer strafrechtlich relevanten Schuld ..., dann wäre ein Ermittlungsverfahren auch gegen den Bärwald eingeleitet worden. 1989, als die Hauptabteilung IX/11 ... aufgelöst wurde, haben wir noch an der Beweismittelsicherung in dieser Sache gearbeitet. Wir haben 1988/89 über 50 ehemalige Häftlinge und Leute befragt, die über ihn Auskunft geben konnten. Außer, daß wir ihn faktisch zweifelsfrei als SS-Angehörigen identifizieren konnten, gab es nicht das Schwarze unter dem Fingernagel. Also nichts Strafprozeßverwertbares.«

Man stelle sich allerdings einmal die Empörung im Westen vor, wenn die DDR-Justiz bei unzulänglicher Beweislage einen Prozeß gegen Bärwald durchgeführt und ihn verurteilt hätte.

Hans Donner, SS-Unterscharführer (Unteroffizier): Der »Spiegel« 19/1994 behauptete, daß Donner, der als Wachmann in Sachsenhausen Häftlinge erschossen haben »soll« und nach dem in den 50er Jahren Kölner Staatsanwälte und auch die Amerikaner fahndeten, 1973 »als Mitarbeiter der Stasi-Kreisdienststelle Altentreptow« verstorben sei.

Es gab tatsächlich einen Stellvertretenden Kreisdienststellenleiter des MfS mit Namen Donner. Allerdings trug dieser den Vornamen Bruno (und nicht Hans), und sein Geburtsjahrgang war 1930. Deshalb heißt es in einem nur mit Initialen gezeichneten Leserbrief im *ND* vom 31. Mai 1994 zur MfS-Funktion eines Hans Donner: »Dies (ist) erstunken und erlogen«, denn ein »SS-Mann Donner war niemals MfS-Mitarbeiter in Altentreptow«.

Kappelt nahm auch von diesem Leserbrief keine Notiz und wiederholte 1997 die »Spiegel«-Behauptung.

Erich Gust, SS-Obersturmführer (Oberleutnant): Gust war von 1942-1945 Zweiter Schutzhaftlagerführer und Rapportführer des KZ Buchenwald. Im Protokoll der öffentlichen Anhörung, die am 12. Februar 1980 in Berlin über die Behinderung der Strafverfolgung gegen die Mörder Ernst Thälmanns in der BRD stattfand, erklärte Friedrich Karl Kaul in seinen einleitenden Ausführungen: »Der Aufenthalt der gleichfalls von mir angezeigten SS-Mörder Gust und Warnstedt konnte von den BRD-Strafverfolgungsbehörden bis zum heutigen Tage nicht ermittelt werden.«

Gust war im Krefelder Prozeß gegen den vermeintlichen Thälmann-Mörder Otto durch den Buchenwaldhäftling Marian Zgoda namentlich als Beteiligter an der Exekution des KPD-Vorsitzenden genannt worden. Er habe gesehen, »wie nach und nach in der angeführten Reihenfolge folgende Personen das Krematorium betraten: Otto, Gust ...«

Resignierend erklärte der Mitarbeiter der Generalstaatsanwaltschaft der DDR Günther Wieland 1986: »Da Erich Gust und Walter Warnstedt verschollen sind, erstrecken sich die Ermittlungen zur Aufklärung des Mordes an Ernst Thälmann seit langem nur noch auf Otto.«

Anhand eines Ermittlungsberichts des MfS vom 21. Januar 1969 legte Falco Werkentin dar, daß dem MfS der Aufenthaltsort Gusts zweifelsfrei bekannt war. Das »Zweifelsfrei« galt allerdings, so ist hinzuzufügen, lediglich im operativen Sinne des MfS, nicht jedoch im juristischen Sinne. 1992 berichtete »Panorama«, Erich Mielke habe »offenbar wissentlich die Aufklärung des Mordes an ... Ernst Thälmann behindert«.

Das MfS wußte seit 1969, daß Gust unter dem Namen Erich Giese im niedersächsischen Melle bei Osnabrück ein Lokal betrieb, in dem prominente bundesdeutsche Politiker verkehrten. Weil das MfS Gust aber mittels Erpressung für »operative Zwecke« nutzen wollte, habe man bundesdeutsche Behörden nicht informiert und gleichzeitig die bundesdeutsche Justiz beschuldigt, nichts zu tun, um den SS-Mann zu finden.

Folgt man der von Werkentin gegebenen Darlegung der Dokumente und Tatsachen, dann ging es wohl eher darum, bundesdeutsche Prominenz, die in der Gaststätte verkehrte, bei Gelegenheit durch ihren Kontakt zu Gust bloßzustellen.

Nach Behauptung von Alfred Streim, damaliger Leiter der Ludwigsburger Zentralstelle zur Aufklärung von NS-Verbrechen, habe Mielke persönlich angeordnet, Gust zu decken. Auch das *ND* teilte am 4. November 1992 mit, daß es nach seinen Recherchen als gesichert gelten könne, daß es eine entsprechende Mielke-Order gegeben habe.

In »Gegendarstellungen« (*Tagesspiegel* vom 6. November, *Berliner Zeitung* vom 13. November 1992) bestritt Erich Mielke, befohlen zu haben, Erkenntnisse über Gust nicht den bundesdeutschen Ermittlungsbehörden zu übermitteln.

Den Aufenthaltsort von Gust gewußt zu haben, bestritt Mielke hingegen nicht.

Mit Bezug auf die *Spiegel*-Veröffentlichung erklärte Günther Wieland im *ND* vom 19. Mai 1994: »So schwer es dem Außenstehenden ohnehin fällt, geheimdienstlich zu denken, ist für ein solches Verhalten kein Verständnis aufzubringen.«

Wilfriede Otto schrieb in ihrer Mielke-Biographie, daß Tatsachen festgestellt worden seien, die Gust belasteten. »Nach Mitteilung des Sachverhalts an den Minister habe Mielke jedoch befohlen, nichts weiterzuleiten, da es sich um die Ermittlung eines Thälmann-Mörders handelte, was man so nicht nachweisen könnte. Der Befund landete in einem Karton der IX/11 mit der Aufschrift ›Nur vom Oberst zu öffnen‹. Gust starb 1992.« Gusts Mitschuld an der Ermordung Thälmann wird wohl kaum aufzuklären sein. Dennoch wirft der Umgang (oder Nicht-Umgang) mit diesem Fall ein äußerst schlechtes Licht auf die DDR. Es war ein politischer Fehler, das Wissen nicht öffentlich gemacht zu haben.

Allerdings: Gust war auch den bundesdeutschen Behörden bekannt. Am 7. Juni 1994 erklärte Fred Löwenberg, langjähriger KZ-Häftling und nach 1945 in Bayern lebend, in einer Gesprächsrunde, er müsse etwas sagen, was er noch nie in der Öffentlichkeit gesagt habe: »Ich bin Ende 1952 von einem leitenden Mitarbeiter des Verfassungsschutzamtes in München ... auf Gust aufmerksam gemacht worden ... Ich habe das an Robert Siewert weitergegeben auf einem VVN-Kongreß ... Es ist nichts geschehen. Das ist das, was mich bedrückt.« *(Robert Siewert: 1887-1973; KPD 1919; 1935-1945 Zuchthaus und KZ; Mitglied des illegalen Internationalen Lagerkomitees Buchenwald; nach 1945 verschiedene Partei- und Staatsfunktionen; Mitglied des Präsidiums der VVN und der FIR.)*

Insofern ist der Vorwurf der DDR an die westdeutsche Adresse, sie habe nicht konsequent nach den Thälmann-Mördern gesucht mindestens ebenso berechtigt wie die Kritik an der DDR. Daraus jedoch eine generelle MfS-Linie zu konstruieren, ist reichlich überzogen.

Hilda Zahn, Mitarbeiterin der Gestapo. Tätig als Sachbearbeiterin im Ministerium für Verkehr der DDR und als IM. Der »Spiegel« (19/94) zitiert ohne Datum aus dem Bericht eines MfS-Hauptmanns: »Wir hätten genügend Druckmitel, um die Z. zu einer äußerst aktiven Arbeit für uns zu zwingen.« Frau Zahn hatte in ihren Personalunterlagen die frühere Tätigkeit bei der Gestapo im tschechischen Troppau verschwiegen. Was der »Spiegel« allerdings verschwieg: Die Frau war dort nur Sekretärin.

An den Anfang der Passage zu Frau Zahn setzte der »Spiegel« in generalisierender Absicht die Aussage: »Die systematische Anwerbung ehemaliger Nazis durch das MfS läßt sich vielfach nachweisen. Typisch ist der Fall der ehemaligen Gestapo-Mitarbeiterin Hilde Zahn.«

Reinhold Tappert lieferte für den »Spiegel« den angeblichen Beweis dafür, daß das MfS sich »der Militärs des Dritten Reiches nach

Gusto« bedient habe. Dieser »Offizier der ›Leibstandarte-SS Adolf Hitler‹ brachte es nicht nur in der NVA zum Divisionskommandeur. Das MfS verpflichtet den NVA-Oberst auch als IM – laut Stasi-Bericht spitzelte Tappert fürs MfS aus Überzeugung.«

Jens Gieseke hingegen meinte, daß sich die in dem Band »Pullach intern« aufgestellte Behauptung, Tappert sei Offizier in der Bezirksverwaltung Berlin des MfS gewesen, nicht bestätigen lasse. Tappert sei vom MfS vielmehr »in seiner Funktion als Oberst der NVA erfaßt (worden) und arbeitete mit ihr als inoffizieller Mitarbeiter zusammen«.

Reinhold Tappert war seit dem 1.2.1933 Mitglied der NSDAP, ab dem 9.11.1933 Angehöriger der Allgemeinen SS, von August 1935 bis September 1936 SS-Scharführer (Unterfeldwebel) im Sicherheitshauptamt des Reichsführers SS und von 1937 bis 1940 Angehöriger der SS-Leibstandarte »Adolf Hitler«. Ab dem 20. April 1941 war Tappert SS-Untersturmführer (Leutnant) der »Waffen-SS« (IR 6). Nach Angaben von Thomas M. Forster, der Tappert mit dem Vornamen »Heinrich« aufführt, war Tappert während der sowjetischen Kriegsgefangenschaft 1945 als deutscher Schulleiter der Zentralen Antifa-Schule Krasnogorsk und Assistent des nachmaligen Ministers für Staatssicherheit, Wilhelm Zaisser, tätig. Nach seiner Entlassung aus der Kriegsgefangenschaft war Tappert Oberrat (Major) der VP in Potsdam. Nach einem militärischen Lehrgang in der UdSSR wurde er zunächst Oberstleutnant und Stabschef einer Division der KVP und 1954 Oberst und Kommandeur der 9. Panzerdivision der NVA in Eggesin. Damit, so Daniel Niemetz, war er der »wahrscheinlich einzige ehemalige Offizier der Waffen-SS in der NVA«.

Daß Tappert in der NVA dienen konnte, lag daran, daß er sich in der Nazizeit keiner Verbrechen schuldig gemacht hatte. Im übrigen hatte der Nürnberger Gerichtshof in seinem Urteil, das die SS (mit Ausnahme der sogenannten Reiter-SS) für verbrecherisch erklärte, jene von diesem Verdikt ausgeschlossen, »die vom Staate zur Mitgliedschaft in solcher Weise herangezogen wurden, daß ihnen keine andere Wahl blieb, und die keine solche Verbrechen begingen«.

Dr. Paul Reckzeh (1913): 1933 NSDAP; Arzt. Er »verriet während des Krieges Widerstandskämpfer an die Gestapo. Einige Mitglieder des sogenannten Solf-Kreises aus Berlin-Charlottenburg wurden gehängt. 1945 verhafteten die Sowjets Reckzeh. In Waldheim wurde er zu 15 Jahren Zuchthaus verurteilt, nach 2 Jahren aber begnadigt. 1952 ging Reckzeh – vermutlich als KGB-Mitarbeiter – nach Westberlin. Dort machten ihn Angehörige der Opfer ausfindig. 1955 sollte Reckzeh in West-Berlin wegen Beihilfe zum Totschlag der Prozeß gemacht werden. Er floh in die DDR. Jahrzehntelang arbeitete der Mediziner am Stadtrand von Ost-Berlin als Kreis- und Chefarzt. 1959 führte die Stasi ein ›Kontaktgespräch‹ mit ihm. Reckzeh erklärte sich zur regelmäßigen Zusammenarbeit bereit und betreute fortan Stasi-Mitarbeiter medizinisch. 1964 ermittelte das ›Komitee der Antifaschistischen Widerstandskämpfer in der DDR‹ den Aufenthaltsort Reckzehs. Das Komitee forderte vom Gesundheitsministerium ein Berufsverbot für den Nazi-Denunzianten ... Die Stasi führte mit den Protestanten mehrere ›Aussprachen‹, dann war Ruhe. Reckzeh, 80, lebt heute als Rentner in Hamburg. Seine Denunziation ist verjährt.« So der »Spiegel« 19/94.

Daß Reckzeh ein Gestapospitzel war und Angehörige des Solf-Kreises, »ein Kreis bürgerlicher Nazigegner um Hanna Solf, die Witwe des deutschen Diplomaten Wilhelm Solf«, verraten hatte, ist belegt. Dafür wurde er 1950 in der DDR zu 15 Jahren Haft verurteilt. Am 6. Oktober 1952 wurde er begnadigt. Er ging nach Westberlin. Dort befand man sich nun einem Dilemma. Das Kammergericht hatte mit seiner Waldheim-Grundsatzentscheidung am 15. März 1954 auch das Urteil gegen Reckzeh für »absolut und unheilbar nichtig« erklärt, weil »deren Bestand für die Rechtsgemeinschaft unerträglich« sei. Auf der anderen Seite war die persönliche Schuld so gravierend, daß ein (erneutes) Verfahren gegen Reckzeh fällig war. Diesem entzog sich der Mediziner durch Flucht in die DDR. Als Arzt arbeitete er in der Betriebspoliklinik des VEB Schwermaschinenbau Wildau.

Daß, wie Kappelt unter Bezug auf westliche Veröffentlichungen schreibt, die zuständigen Behörden der »Sowjetzone« eine »Zulieferung an die West-Berliner Justiz verweigerten«, halte ich insofern für normal, als es kein Rechtshilfeabkommen zwischen beiden deutschen Staaten gab. Zudem müßte Kappelt wissen, daß im Strafrecht der Grundsatz »ne bis in idem« gilt, d. h., daß jemand für dieselbe

Tat nicht zweimal verurteilt werden darf. Bei dem seltsam politisch-situationsgebundenem bundesdeutschem Rechtstaatsverständnis, das sich, wie man aus der Kommunisten- und Demokratenverfolgung der 50er und 60er Jahre und spätestens seit 1990 auch aus den Strafprozessen gegen DDR-Amtsträger weiß, nach politischer Opportunität orientiert, bestand für Reckzeh real die Gefahr, im Westen für dieselbe Straftat noch einmal verurteilt zu werden.

Kappelt nennt weitere Personen, die er als »Mitarbeiter des MfS« bezeichnet: Karl von Kraus, Hans Rieß (Riess) und Karlfranz Schmidt-Wittmack. Gieseke dazu: »Als zweite Fallgruppe sind ehemalige Nationalsozialisten zu nennen, die dem MfS‹ zwar tatsächlich dienten, aber nicht als hauptamtliche, sondern als inoffizielle Mitarbeiter ... Im ›Spiegel‹ und im ›Braunbuch DDR‹ werden unter der salomonischen Formulierung ›Mitarbeiter des MfS‹ eine Reihe von Namen genannt, so Hans Donner, Karl von Kraus, Hans Rieß und Karlfranz Schmidt-Wittmack, die dem MfS durchweg inoffiziell dienten. So interessant es sein mag, deren inoffizielle Mitarbeit zu untersuchen, können diese Fälle hier nicht weiter verfolgt werden.«

Resümierend bleibt festzustellen: Unter den aufgeführten ehemaligen Mitgliedern der NSDAP, der SS, der Wehrmacht und anderer Naziorganisationen und -institutionen, welche in der DDR lebten und arbeiteten, waren keine Nazi- und Kriegsverbrecher.

Nur das zählt. Josef Streit, Generalstaatsanwalt der DDR, konnte auf einer Pressekonferenz im Januar 1965 berechtigt feststellen: »Es gibt im Bereich der Justiz, der Armee, der Volksbildung oder sonst in einem Zweig des Staatsapparates der DDR keinen einzigen Mitarbeiter, der belastet ist.«

Gegenteilige Behauptungen werden durch ihre Wiederholung nicht wahrer.

Unstreitig ist auch, daß es Ungereimtheiten im Umgang mit Personen gegeben hat, die mit einer NS-Vergangenheit belastet waren. Claus Dümde hat recht, als er am 10. Mai 1994 in einem Beitrag im »Neuen Deutschland« meinte, daß an solchen Beispielen erschreckend deutlich werde, daß »auch ein vermeintlich sozialistischer Geheimdienst, der keinerlei demokratischen Kontrolle unterliegt, nach dem Motto ›Der Zweck heiligt die Mittel‹ vor nichts zurückschreckt.«

196

Doch auch sein Unmut über die Entrüstung des »Spiegel« – im Beitrag »Antifa-Lüge« – ist verständlich. »Denn in der BRD standen Alt-Nazis bei den Geheimdiensten nicht nur als Spitzel im Solde, sondern gleich als Chefs, wie Gehlen. Doch das bleibt in dem Beitrag unerwähnt.«

Auch Dieter Wittich kann zugestimmt werden, wenn er mit Bezug auf den »Spiegel« bemerkt, der Sachverhalt belege bestenfalls, daß der Antifaschismus in der DDR weder vom Stalinismus noch vom West-Ost-Konflikt unberührt blieb. Das sei aber etwas ganz anderes als das, was der *Spiegel* als seinen Anspruch ausposaune. Wollte man den Zustand des Antifaschismus in der DDR wirklich ernsthaft analysieren, müsse man schon die wichtigsten Bereiche des DDR-Lebens untersuchen. Und Wittich nennt einige der zu stellenden Fragen: »Was wurde vom Faschismus in den Schulen gelehrt? Wie wurde antifaschistische Tradition in der DDR gepflegt? Welches Ansehen besaßen Opfer des Faschismus in der DDR? Wie wurde in der NVA die faschistische Wehrmacht gewertet? Welches Bild vermittelte die Kunst vom Faschismus usw. usw.«

So fragwürdig manche Herrschaftsmethode in der DDR auch gewesen sein mag, meinte Ingolf Bossenz am 20. Mai 1994 im *ND*, »eine Bewahrung oder gar Neuauflage des Nationalsozialismus wäre wohl das letzte, was man ihr unterstellen könnte. Und der ehemalige SS-Mann in einer Stasi-Kreisverwaltung ist nun mal kein Staatssekretär oder Bundespräsident.«

Ein Beispiel für Meinungsmanipulation lieferte der *Spiegel* 21/91 mit dem Fall des SS-Obersturmführers (Oberleutnant) Heinz Barth, Angehöriger der SS-Panzerdivision »Das Reich«.

»Jahrelang suchten die Nazi-Jäger in ganz Europa vergebens nach dem Verantwortlichen für das Blutbad in dem Dorf nahe Limoges *(gemeint ist Oradour-sur-Glane – D. J.).* 1981 endete die Suche in Gransee, Bezirk Potsdam, DDR. Da lebte als biederer Genosse der gelernte Textilkaufmann Heinz Barth; der Mann hatte es bei der örtlichen Konsumgenossenschaft bis zum Abteilungsleiter gebracht. Neunmal zeichneten die SED-Oberen den Genossen Barth mit der Medaille ›Aktivist der sozialistischen Arbeit‹ aus. Dann ließen sie ihn verhaften. Die Verurteilung des NS-Verbrechers brachte der DDR internationales Wohlwollen ein: Der Staat, der sich so klischeehaft als ›antifaschistisch‹ rühmte, ging mit den alten Nazis offenbar härter ins Gericht als die meist erfolglosen Verfolger des Unrechts im Westen.

Doch erst jetzt ist bekannt geworden, wie der SED-Staat zu solchen Fahndungserfolgen gekommen ist. Die Nazi-Ermittler im Osten – auch sie gehörten zum Ministerium für Staatssicherheit (MfS) – pflegten in einem … Wohnhaus … zehn Kilometer Original-NS-Akten … Im Ostberliner Archiv findet sich nahezu alles das, was im westlichen Document-Center bislang vermißt wurde … Die entlarvenden Dokumente nutzten die Geheimdienstler stets so, wie es den SED-Oberen ins Konzept paßte.«

Barth hatte sich angesichts des Untergangs des Nazireichs seines SS-Soldbuchs und seiner SS-Uniform entledigt und war infolge einer schweren Kriegsverletzung in einem Lazarett in Schleswig-Holstein als harmloser Zivilist untergetaucht. Dort erlebte er das Ende des Krieges. In Schleswig-Holstein täuschte Barth den Verlust seines Soldbuches vor, gab sich als Leutnant der Schutzpolizei aus und erhielt unter seinem richtigen Namen einen Soldbuchersatz. Die Beibehaltung des Namens war kein besonderes Risiko, da »Barth« weder außergewöhnlich noch besonders selten ist. Die SS-Vergangenheit war damit, wie sich erwies, zunächst vertuscht.

Aus familiären Gründen kehrte Barth 1946 in seine Heimatstadt Gransee zurück. Er war ein unauffälliger, pflichteifriger Mensch, wurde Verkaufsstellenleiter des Textilkaufhauses in Gransee und, nach einem Studium, Vorstandsmitglied der Konsumgenossenschaft Gransee, später ihr Abteilungsleiter für Rationalisierung.

Einen »Muster«-Lebenslauf, in dem mit Ausnahme seiner bloßen Zugehörigkeit zur Hitlerjugend (HJ) keinerlei Hinweise auf eine nazistische Vergangenheit enthalten waren, verwendete er immer wieder.

Kappelt zum Fall, die These des *Spiegel* aufgreifend: »Die Anklage gegen Heinz Barth als verantwortlichen Täter erfolgte zu einem sehr späten Zeitpunkt, obwohl das Ministerium für Staatssicherheit der DDR über die Zeit vor 1945 umfangreiches Material sammelte, nicht nur über Bürger im Westen, sondern auch über die eigenen Genossen.«

In der Broschüre »Mörder von Oradour«, 1984 in Berlin erschienen, ist nachzulesen, welche langwierigen Ermittlungen bis zur Festnahme Barths am 14. Juli 1981 liefen.

Der Politikwissenschaftler Ahlrich Meyer von der Universität Oldenburg befaßte sich mit dem Prozeß gegen Barth im Mai 1983 und schrieb: »Es ist bemerkenswert und wurde seinerzeit bereits von der westlichen Presse hervorgehoben, daß das Ostberliner Stadtgericht bemüht war, nicht die ›faschistische Überzeugung‹ des Angeklagten Barth, sondern seine konkreten Taten zu beurteilen. Staatsanwalt und Richter verwarfen auch, unter Berufung auf Nürnberg, das in Westdeutschland so häufig bemühte Konstrukt des Befehlsnotstandes und gingen von der persönlichen Verantwortung Barths aus, der – wie in einer Vorlage des Ministeriums für Staatssicherheit formuliert wurde – ›ein in seinen Entscheidungen freies Individuum‹ gewesen sei.

So gehört es zu den Merkwürdigkeiten der deutsch-deutschen ›Vergangenheitsbewältigung‹, daß ausgerechnet ein von der Stasi gelenkter Prozeß den Normen des in Nürnberg statuierten internationalen Rechts entsprach, während in der alten Bundesrepublik, wo die meisten Täter unterkamen, zwar jahrzehntelang staatsanwaltlich ermittelt wurde, aber größere Untersuchungskomplexe immer wieder aufgelöst, weitergereicht und verschleppt wurden, bis die Dossiers am Ende wegen Verjährung, Verhandlungsunfähigkeit oder Tod der Beschuldigten geschlossen werden konnten.«

Daß Meyer die korrekte Durchführung des Prozesses, der auf den Ergebnissen des Untersuchungsorgans MfS beruhte, für »merkwürdig« hält, ist dem Vorurteil geschuldet, das dem MfS anhaftet.

Dieter Skiba konstatiert deshalb zu Recht, daß die korrekte Durchführung des Prozesses gegen Barth auf der Basis des Strafgesetzbuches und der Normen des Völkerrechts keine bemerkenswerte Ausnahme, sondern in der DDR geltender Rechtsgrundsatz war. Es sei daher nicht zutreffend und bedürfe der prinzipiellen Richtigstellung, wenn in dem Beitrag davon die Rede sei, »daß ausgerechnet ein von der Stasi gelenkter Prozess den Normen des in Nürnberg statuierten internationalen Rechts enstprach.«

Skiba dazu: »Nicht *obwohl* die ›Stasi‹ involviert war, sondern gerade *deshalb*, weil die Untersuchungen vom MfS geführt worden waren, ist die persönliche strafrechtliche Verantwortlichkeit des Täters präzise herausgearbeitet worden.«

Das MfS war seit den 60er Jahren für die Untersuchung des Tatverdachts der Teilnahme an Kriegs- und Menschlichkeitsverbrechen das zuständige Organ. Es übte diese Aufgabe mit hoher Verantwortung aus, weshalb auch in der Vielzahl der nach 1990 angestrengten Rehabilitierungsverfahren festgestellt wurde, daß »hinsichtlich des erhobenen Schuldvorwurfs und des Nachweises von individuellen Tatbeiträgen zu faschistischen Kriegsverbrechen und Verbrechen gegen die Menschlichkeit auch aus ›rechtsstaatlicher Sicht‹ keine berechtigten Zweifel geltend gemacht werden« konnten.

Bundesdeutsche Behörden untersuchten nach 1990 Gerichtsverfahren der DDR, auch gegen Naziverbrecher. Kurt Pätzold dazu: »870 Verfahren zu nazistischen Tötungsdelikten wurden festgestellt, in deren Verlauf 1.568 Personen angeklagt wurden und 1.605 Entscheidungen ergingen. In sechs Prozent aller Fälle waren nach 1990 Rehabilitierungsanträge gestellt worden. In 42 Prozent … dieser Fälle wurden die Anträge auf Rehabilitierung vollständig abgewiesen. Weitere 29 Prozent der ergangenen Urteile wurden nur im Hinblick auf die erfolgte Einziehung des Vermögens korrigiert, im übrigen aber aufrechterhalten. Für weitere zehn Prozent erfolgte eine Reduzierung der Strafe. Über das verbleibende knappe Fünftel der DDR-Urteile, die für ›rechtsstaatswidrig‹ erklärt oder durch Freisprüche ersetzt wurden, wäre nicht unter dem Thema ›Justizwillkür‹ zu reden, sondern u. a. mit dem Blick auf die in Ost und West unterschiedlich erfolgte Bewertung der Tötung von Zivilisten im Partisanenkampf. Da folgte die westdeutsche Rechtsprechung … den Klagen der Nazigenerale über den ›grausamen‹, ›brutalen‹, ›hinterhältigen‹ Kampf der Partisanen, die das einträchtige Verhältnis von deutschen Soldaten und Einheimischen gestört hätten.«

Unter den behandelten Verfahren war auch das gegen Barth, welches man für rechtsstaatlich befand. Dieser hatte 1983 eine lebenslange Haftstrafe erhalten. Allerdings erfolgte nunmehr seine Begnadigung. Publik wurde die Sache dadurch, als bekannt wurde, daß Barth neben seiner Altersrente in Höhe von 2.300 DM auch eine Kriegsopferrente in Höhe von 800 DM bezog. Der Protest gegen die Zahlung der Rente an einen ausgewiesenen Kriegsverbrecher führte im März 1998 zur Änderung des Gesetzes. Nunmehr kann bei Verbrechen gegen die Menschlichkeit und die Rechtsstaatlichkeit die Kriegsopferrente gestrichen werden. Der gegen diese Entscheidung von Barth eingelegte Widerspruch hatte ein Verfahren zur Folge. Das Landessozialgericht in Potsdam entschied, daß Barth die zwischen 1991 und März 1998 erlangte Rente nicht zurückzahlen muß, aber ab April 1998 keinen Anspruch auf die Kriegsopferrente mehr hat.

Antikommunismus »Sehr gut« – Rechnen »Äußerst schwach«

Im Zusammenhang mit der Diskreditierungspraxis sei noch auf ein politisches Rechenkunststück im *Spiegel* 19/94 verwiesen, in dem es heißt: »1989 gab der DDR-Generalstaatsanwalt die Gesamtzahl der bis dahin in der DDR abgeurteilten NS-Verbrecher mit 12.881 an. In der Bundesrepublik lag die Vergleichszahl für denselben Zeitraum bei 6.485.

Die Zahlen verfälschen jedoch die Wirklichkeit. In der DDR-Statistik sind rund 4.000 Waldheim-Urteile aus den fünfziger Jahren enthalten, in denen meist nicht individuelle Schuld, sondern die Zugehörigkeit zu NS-Organisationen bestraft wurde. Viele Verfahren in der DDR waren zudem reine Entnazifizierungsvorgänge.

Von 1951 bis 1989 wurden in der Bundesrepublik erheblich mehr Nazi- und Kriegsverbrecher verurteilt als in der DDR: 1.257 gegenüber 734.«

Der *Spiegel* verschwieg dabei, daß sowohl die DDR wie auch die BRD ihre Statistik für den Zeitraum von 1945 bis 1989 angeben. Die Zahlen belaufen sich für diese Zeit auf 12.881 (DDR): 6.485 (BRD). Selbst wenn man für die DDR die 3.432 Waldheim-Urteile herausnimmt, bleibt der DDR für den genannten Zeitraum 1945 bis 1989 die Summe von 9.449 Verurteilungen.

Der Rechentrick des *Spiegels*: Die eigentlich notwendige Ausgangszeit 1945 nannte er nicht und nimmt dafür still und leise das Jahr 1951. Da in der SBZ/DDR bis Ende 1950 die Überzahl der Verfahren stattgefunden hatte, nämlich 12.147 (bei Abzug der Waldheim-Urteile sind das 8.715) blieben für die DDR von 1951 bis 1989 tatsächlich nur noch 734. So einfach ist das.

1951 bis 1961 fanden in der DDR noch insgesamt 638 Verurteilungen statt. Die Staatsanwältin Ursula Solf von der Ludwigsburger Zentralstelle beklagte nach der Besichtigung des NS-Archivs des MfS, zwischen 1964 und 1989 seien lediglich 88 zentrale Untersuchungen des MfS zur Strafverfolgung an die DDR-Justizbehörden weitergegeben worden. Sie verbindet mit dieser Feststellung die Behauptung, es sei in Ostdeutschland entgegen regierungsamtlicher Verlautbarungen mit der juristischen Aufarbeitung des Nationalsozialismus »nicht weit hergewesen«. Sie lobte ihre eigene Dienststelle mit dem Hinweis, es seien von dieser 7.000 Ermittlungsverfahren eingeleitet und vor bundesdeutschen Gerichten 106.000 Beschuldigte angeklagt worden.

Das Ergebnis der Anklagen verschweigt sie vorsichtshalber. Sie behauptet jedoch im gleichen Atemzug, in der DDR habe man bei NS-Tätern »ausschließlich aus Gründen politischer Opportunität entschieden, ob man ein Verfahren einleitet oder nicht«.

Daß ab etwa 1964 in der DDR relativ wenige Verfahren zustandekamen, kann der DDR nicht angelastet werden. Sie trägt nicht dafür die Verantwortung, daß es die Nazi- und Kriegsverbrecher bei einer bis 1961 offenen Grenze für besser hielten, in Scharen in den Westen Deutschlands zu ziehen.

Dennoch: Mit Zahlen läßt sich vieles und nichts beweisen. Und hinter jeder Ziffer steckten Menschenschicksale – der Täter und der Opfer. Bei der Bewertung der Vergangenheit neigt man zur Abstraktion, was vielleicht nötig ist, um die notwendige Distanz zum behandelten Thema zu gewinnen. Da spielen dann einzelne Biographien kaum noch eine Rolle.

Umso perfider ist es, wie ich meine, wenn dann solche Schicksale auch noch postum politisch instrumentalisiert werden. Wenn erkennbar wird, daß es nicht um »die Wahrheit« geht, sondern ums Rechthaben. Wir wissen, daß ein Rechtsstaat und Gerechtigkeit zwei verschiedene Dinge sind, die selten zusammenkommen. Trotzdem sollte man sich – ob nun aus christlicher Ethik oder mit sozialistischer Gesinnung – darauf verständigen, daß es nicht nur wenig Sinn macht, Urteile und Leichen gegeneinander aufzurechnen. Es ist überdies makaber und würdelos. Und moralisch nicht zu rechtfertigen.

16. »Führers Geburtstag« – das ominöse Eintrittsdatum

Nicht wenige der im »Braunbuch DDR« als NSDAP-Mitglieder Aufgeführten waren 1943/44, als sie angeblich oder tatsächlich der Nazi-Partei beitraten, siebzehn, achtzehn oder neunzehn Jahre alt. Zu jung, um sich als Nazi- oder Kriegsverbrecher schuldig zu machen.

Nicht wenige dieser jungen Leute wurden auf recht dubiose Weise Pg: Sie wurden »umgeschrieben«. Nicht selten wurde ihnen das nicht einmal mitgeteilt. Jens Gieseke bemerkt in seinem Aufsatz »Erst braun, dann rot?« beispielsweise zu Günter Halle, Otto Wendel (Leiter der HV A-Schule) und Günter Guillaume, die bei Kappelt als Belastete beim MfS firmieren: »Sie kamen aus der sogenannten HJ-Generation, die in den fünfziger Jahren ein wichtiges Rekrutierungsfeld des MfS darstellte. Es ist umstritten, ob diese NSDAP-Eintritte, die auf Sammelübernahmen von Hitlerjungen basierten, tatsächlich, wie von Betroffenen behauptet, entgegen den Altersvorschriften der NSDAP und ohne deren Wissen vorgenommen wurden. Aber selbst wenn man annehmen wollte, sie seien der NSDAP freiwillig beigetreten, läßt die argumentative Kraft dieser Jugendsünde doch zu wünschen übrig.«

Es fällt auf, daß das »Eintrittsdatum« bei vielen der 20. April 1943 oder 1944 ist. Bei den 904 von Kappelt aufgelisteten Personen handelt es sich – nach durchaus unvollständigen Angaben – für 1943 um 55 und für 1944 um 106 Personen im Alter von siebzehn bis neunzehn Jahren. Man fragt sich natürlich, ob die Verblendung so groß war, daß selbst im Angesicht der nahen Niederlage die NSDAP noch gefragt war.

Viel erstaunlicher jedoch ist, daß nicht wenige der unter diesem Datum geführten NSDAP-Mitglieder später erklärten, nicht Mitglied dieser Partei gewesen zu sein. Wie erklärt sich dieses Phänomen? Doch nur dadurch, daß sie kumulativ in die NSDAP aufgenommen wurden, ohne darüber unterrichtet worden zu sein.

Unter jenen, denen solches widerfuhr, war auch Hans-Dietrich Genscher. Der langjährige Außenminister bestätigte dem Nachrichtenmagazin »Focus« (27/1994), »er habe Anfang der 70er Jahre ›zu seiner großen Überraschung erfahren, daß er im alliierten Document Center in Berlin als NSDAP-Mitglied seit 1944 verzeichnet ist.‹ Dem Magazin sagte Genscher, er könne sich das nur durch eine automatische Übernahme in die NSDAP in der Zeit als Flakhelfer und Mitglied der Hitler-Jugend erklären. Als er davon erfuhr, habe er keinen Anlaß gesehen, von sich aus auf den Eintrag aufmerksam zu machen.«

Wie willkürlich mit der Mitgliedschaft in der NSDAP operiert wird, erlebte der Rechtsanwalt Heinrich Hannover. Als Verteidiger von Peter-Jürgen Boock lehnte er den als Gutachter bestellten Prof. Hans-Joachim Rauch ab. In der Begründung verwies Hannover unter anderem darauf, daß Rauch als »strammer Nationalsozialist« in kurz vor Kriegsende durchgeführten Strafverfahren seine Pflichten als Sachverständiger in eklatanter Weise verletzt habe. Rauch hatte ein Fehlgutachten erstattet, »das die Hinrichtung des Betroffenen zur Folge gehabt hätte, wenn nicht die Fehlerhaftigkeit des Rauch-Gutachtens vom Gerichtsherren erkannt worden wäre und zu einer Überprüfung des Urteils und des Gutachters geführt hätte«, so Hannover in seinen 1995 erschienenen Erinnerungen. Später stellte sich noch heraus, daß Rauch am systematischen Tötungsverbrechen der »Euthanasie« beteiligt war.

Die Bundesanwaltschaft empfahl die Ablehnung des Befangenheitsantrages. »Man habe im Berliner Document Center nachgeforscht und könne die Angabe des Sachverständigen Professor Rauch bestätigen, daß er niemals Mitglied der NSDAP gewesen sei (eine Angabe, die niemand bezweifelt hatte). Man habe aber festgestellt, daß einer der Verteidiger, … Heinrich Hannover …, am 20.4.1943 Mitglied dieser Partei geworden sei. Wenn der Angeklagte zu diesem Anwalt Vertrauen habe, ergebe sich daraus, daß er auch keinen Anlaß zum Mißtrauen gegen Professor Rauch habe.«

Hannover schreibt, er habe als 17jähriger nicht bedenken können, daß »eines Tages ein durch späte Geburt begnadeter Staatsanwalt dem fast 60jährigen … vorhalten könnte, daß er sich deshalb mit einem an Massentötungen beteiligten Mediziner vergleichen lassen müsse, der dabei ohne Mitgliedsbuch der NSDAP ausgekommen war.«

17. Hielt die DDR Nazi-Akten zurück?

Es gehört zum Standardrepertoire der Delegitimierung des DDR-Antifaschismus zu behaupten, die DDR habe sich geweigert, zur Aufklärung von NS-Verbrechen durch bundesdeutsche Behörden beizutragen. Simon Wiesenthal behauptete in dem bereits zitierten *jW*-Interview im August 1992: »Hunderte Rechtshilfeersuchen beantwortete man überhaupt nicht, weil jeder im Westen verurteilte Nazi ein verlorengegangener politischer Trumpf war. In den Stasi-Akten findet man jetzt zunehmend Hinweise darauf, wie die Stasi mit ihrem Wissen aus den Archiven Leute erpreßt und gezwungen hat, für sie tätig zu werden. Auch deren Kinder waren betroffen – die hatten ja ebenfalls kein Interesse daran, daß alle Welt erfährt, wenn der Vater ein Verbrecher war.«

Die Vorhaltung war nicht neu. Wiesenthal konzedierte bereits 1988 der Bundesrepublik, daß sie »die ehrliche Absicht hatte, die Verbrechen der Vergangenheit aufzuarbeiten«, man habe allerdings die praktischen Probleme dabei unterschätzt. »Vor allem der Ost-block hatte seine Archive noch immer nicht computerisiert und war weiterhin nicht bereit, sie der westdeutschen Justiz zur Verfügung zu stellen. Die DDR hatte Hunderte von Rechtshilfeersuchen der BRD unbeantwortet gelassen.« Wiesenthal wurde nicht müde, diese Behauptung insbesondere nach dem Zusammenbruch der DDR permanent zu wiederholen: »Die DDR habe sich stets der Zusam-menarbeit mit der Bundesrepublik bei der Verfolgung von Naziver-brechen verweigert. Mehrere hundert Rechtshilfeersuchen der deut-schen Justiz seien nicht einmal beantwortet worden.« (*taz* vom 19. Dezember 1991)

Als die Verjährungsfrist von Naziverbrechen ablief und die De-batte um ihre Verlängerung (für die auch die DDR war) einsetzte, führte Wiesenthal eben dieses krude »Argument« ein. Wie er selbst schreibt, habe er Strauß vor Augen geführt, »daß in erster Linie der Ostblock durch die Verjährung gewinnen würde. Alle Staaten des Ostblocks, die die Bemühungen der bundesdeutschen Justiz schon bisher torpediert und ihre Dokumente zurückgehalten hatten, würden am Tag nach Eintritt der Verjährung mit ›neu entdeckten Unterlagen‹ über mehr oder weniger prominente bundesdeutsche Persönlichkeiten aufwarten und die BRD als ›Hort des Faschismus‹ brandmarken, in dem die Nazis ihre Verbrechen nicht zu sühnen brauchten.«

Alfred Streim, Leitender Oberstaatsanwalt in Ludwigsburg, erklärte auf einer Konferenz zu Beginn der 90er Jahre, »daß uns alle Länder, in denen sich NS-Dokumente befanden, die Gelegenheit gaben, diese auszuwerten – mit Ausnahme der DDR«. Die DDR habe seit 1968 Kontakte mit der Zentralstelle abgelehnt und sich mit NS-Verbrechen strafrechtlich nicht so auseinandergesetzt, wie es erforderlich gewesen wäre. Das MfS habe politisch-pragmatisch verfolgt, während man in der BRD »systematisch aufzuklären« versuchte. Die DDR »forschte vor allem aus Propagandagründen« und habe auch versucht, Verfahren in der BRD zu beeinflussen, indem sie Erkenntnisse über in der BRD gesuchte Personen nicht weitergeben und den Rechtshilfeverkehr beeinflußt habe.

Die tatsächliche Ursache für die gestörte deutsch-deutsche Zusammenarbeit bei der Verfolgung von NS-Verbrechen wurden von Streim allerdings nicht genannt: Es war einzig die Furcht Bonns, mit dem Abschluß etwa eines Rechtshilfeabkommens die DDR de facto anzuerkennen. Gespräche in dieser Richtung zu Beginn der 70er Jahre führten trotz Grundlagenvertrag zu keinem Resultat, weil nach westdeutschem Verständnis damit der Anspruch, Vertreter aller Deutschen zu sein, unterlaufen würde. So hätte man beispielsweise DDR-Bürger an Ostberlin ausliefern müssen, die sich ihrer juristischen Verfolgung durch Flucht in den Westen entzogen. Das wollte man eben nicht.

Die einseitige Schuldzuweisung an die DDR wegen eines fehlenden Rechtshilfeabkommens kann nur bar jeglichen historischen Wissens oder aus Böswilligkeit erhoben werden. Trotzdem bot die DDR, wie Jörg Friedrich in »Die kalte Amnestie« schrieb, Unterstützung an. »Vom Frühjahr 1957 an publizierte die DDR Listen von in der Bundesrepublik amtierenden NS-Juristen. Im Jahre 1959 zirkulierten tausend Namen einschlägiger Richter und Staatsanwälte. Die Materialien erwiesen sich später als nicht immer, jedoch überwiegend stichhaltig. Die DDR bot den bundesrepublikanischen Strafverfolgungsbehörden Einblick an, die Länderjustizministerkonferenz lehnte dies am 12. Februar 1960 ab, um die staatliche Anerkennung der DDR nicht zu präjudizieren.«

Adalbert Rückerl, damals Leiter der Zentralen Stelle in Ludwigsburg, schrieb 1982, die DDR, die »schon mehrfach deutschen Behörden gezielt Belastungsmaterial gegen im öffentlichen Leben der Bundesrepublik Deutschland stehende Personen übergeben hatte, bot durch ihren Generalstaatsanwalt an, generell Material zum Zweck der Verfolgung von NS-Verbrechen zur Verfügung zu stellen. Der Sprecher der Bundesregierung erklärte dazu am 25. Juli 1962 vor der Presse, das Schreiben des Generalstaatsanwalts der DDR werde nicht beantwortet, da es sich bei dem Angebot um eine politisch-propagandistische Aktion handle. Das Bundesarchiv in Koblenz sei jedoch bereit, Aktenmaterial entgegenzunehmen.«

Nun war das Bundesarchiv nicht für die Strafverfolgung zuständig, und es mußte befürchtet werden, daß die NS-Akten dann ihr Endlager gefunden hätten, ohne daß Konsequenzen zu erwarten waren.

Sicher kann man im nachhinein darüber streiten, ob die Negativreaktionen seitens der DDR immer angemessen waren. Und vielleicht war die zeitweilige Verweigerungshaltung der DDR kleinkariert. Das gleiche galt dann aber auch für die Bundesrepublik und die dafür zuständigen Institutionen.

Beispiel gefällig?

Die Bundesregierung richtete angesichts der drohenden Verjährung von NS-Verbrechen am 20. November 1964 an alle Regierungen, Organisationen und Einzelpersonen im In- und Ausland die Bitte, entsprechendes Material zur Verfügung zu stellen. Von der weltweiten Aktion war ein Staat ausgenommen: die DDR.

Trotz dieser vorsätzlichen Ignoranz schlug am 22. Dezember 1964 der Generalstaatsanwalt der DDR dem Bundesjustizminister vor, zur Auswertung des in der DDR vorhandenen Materials eine aus Vertretern des Bundesjustizministeriums und der Generalstaatsanwaltschaft der DDR bestehende Kommission zu bilden. Die Reaktion: »Da es nach der Ansicht der Bundesregierung dem Generalstaatsanwalt der DDR dabei in erster Linie darum ging, der von der Bundesrepublik Deutschland nicht anerkannten Zweistaatentheorie Geltung zu verschaffen und weil außerdem die Durchführung von Ermittlungen nicht Sache des Bundesministeriums der Justiz war, wurde dieses Schreiben an die zentrale Stelle in Ludwigsburg weitergeleitet.«

Oberstaatsanwalt Erwin Schüle, damals Leiter der Zentralen Stelle, antwortete am 15. Januar 1965 DDR-Generalstaatsanwalt Josef Streit und bat darum, daß man Mitarbeitern seiner Dienststelle die Auswertung des vorhandenen Materials gestatten möge. »Darauf ließ sich wiederum die DDR nicht ein. Sie strebte eine gemeinsame Auswertung beiderseits erschlossener Beweise an. Schließlich lag nahe, daß dadurch im Westen wie im Osten ... mutmaßliche Täter zu identifizieren und zu überführen waren. Zugleich hegte Ostberlin Argwohn gegen den Absender: Erwin Schüle hatte wohl Meriten beim Ulmer Einsatzkommandoprozeß erworben, galt aber – wie sein Minister – als eifriger Befürworter der damals im Westen geplanten Verjährung auch der schwersten NS-Verbrechen. Hinzu kam, daß Schüle seit 1933 der SA und seit 1935 der NSDAP angehört hatte. Zwar erhielt er – nunmehr ebenfalls auf mittlerer Behördenebene – eine Antwort, mit ihr bestand jedoch die DDR auf der Bildung der gemeinsamen Kommission. 14 Jahre später erklärte dazu Bundesjustizminister Hans-Jochen Vogel im Bundestag, es sei darüber ›aus allgemein-politischen Gründen zu keiner Verständigung gekommen.« So erinnert Günter Wieland im Wiener Magazin *Zeitgeschichte* 11/1993.

Die »allgemein-politischen Gründe« dürften darin bestanden haben, daß eine gemeinsame BRD-DDR-Kommission den Intentionen Bonns zuwiderlief, alles zu vermeiden, was als Anerkennung der DDR hätte »mißverstanden« werden können.

Unter diesem Aspekt kann man es nur als blauäugig bezeichnen, wenn Alfred Streim in einem Brief vom 25. Januar 1990 schrieb: »Die Zentrale Stelle hat bis heute noch keine Beziehungen zur DDR. Die DDR begründet ihre ablehnende Haltung u. a. damit, daß die zentrale Stelle keine rechtmäßige Justizbehörde sei, ohne darauf einzugehen, daß die Bundesländer durch Vertrag gemeinsame Einrichtungen schaffen können.«

Friedrich Karl Kaul hatte in einem Gespräch mit Adalbert Rückerl erklärt, daß die zentrale Stelle »weder im Gerichtsverfassungsgesetz noch in der Strafprozeßordnung der Bundesrepublik Deutschland genannt (werde) und folglich für die DDR nicht existent« sei.

»Als ab 1979 Ermittlungen gegen die Angehörigen des Volksgerichtshofs in Berlin (West) angestrengt wurden«, so Günther Wieland, »leistete die DDR umfassende Rechtshilfe und stellte zirka 7.000 Blatt Beweisdokumente zur Verfügung. Wäschekörbeweise übernahmen Staatsanwälte aus Berlin (West) in der Dienststelle des Generalstaatsanwalts der DDR« in den Jahren 1981, 1982 und 1984 Beweisdokumente. Weitere Dokumente gingen dem Generalstaatsanwalt beim Kammergericht in den Jahren 1984, 1985 und 1988 durch die Post zu. Wie man weiß: ohne Konsequenzen.

Mit Ausnahme von Hans-Joachim Rehse, der im Verlaufe des Strafverfahrens verstarb, wurde keinem NS-Blutjuristen des »Volksgerichtshofes« je der Prozeß gemacht.

1995 machte Alfred Streim als Leiter der Zentralstelle zur Aufklärung von NS-Verbrechen gegenüber dem *Spiegel* auf einen durchaus bezeichnenden Umstand aufmerksam: »Wir wurden jahrelang von Bonner Seite daran gehindert, Nazi-Materialien auszuwerten. In der hohen Zeit der NS-Strafverfolgung arbeiteten in meiner Dienststelle noch 50 Staatsanwälte, inzwischen sind es acht mit 26 Mitarbeitern. Aber für die Gauck-Behörde sind plötzlich massenhaft finanzielle Mittel und Planstellen vorhanden.«

Etwa 2.900 Mitarbeiter, die den Steuerzahler jährlich 240 Millionen Mark kosten.

Es ist merkwürdig, daß nach Öffnung der DDR-Archive – in denen sich doch angeblich bis dahin verweigerte Unterlagen stapelten – keine massenhafte Ermittlung gegen angeblich vom MfS gedeckte NS-Straftäter einsetzte.

Einzelne belastete Personen wurden in den Medien vorgeführt, die diese Behauptung angeblich beweisen sollten. Mehr geschah nicht. Noch schlimmer: Ernst Klee machte die Erfahrung, daß seine

Forschungen über NS-Ärzte von der Gauck-Behörde behindert wurden. Sein Gesuch um Einsicht in die Akten des MfS wurde abgelehnt. Klee sagte in einem Zeitungsinterview am 15. Oktober 1997: »Alle DDR-Verfahren zu Straftaten im Dritten Reich liefen unter Kontrolle der Stasi ab. Dokumente aus der Nazizeit wurden beschlagnahmt. Wie beispielsweise die Versuchsergebnisse, die der Psychiater Dr. Heißmeyer in Hohenlychen 1945 vergrub. Die Gauck-Behörde stellt sich auf den Standpunkt, daß nach den gesetzlichen Regelungen diese Unterlagen nur eingesehen werden dürfen, wenn sie wissenschaftlichen Erkundungen über die Arbeitsweise der Stasi dienen. Mit unseren Absichten hat man uns an die Dokumente nicht herangelassen.«

Es ist nach wie vor Praxis, Naziverbrecher nachsichtig zu behandeln. So ging Leutnant Wolfgang Lehnigk-Emden, der am 13. Oktober 1943 in Caiazzo bei Caserta (Italien) 22 Menschen hatte ermorden lassen, straffrei aus. Das Landgericht Koblenz hatte das Verfahren gegen Lehnigk-Emden am 18. Januar 1994 wegen Verjährung eingestellt. Begründung: Hätte die 1943 herrschende Gerichtsbarkeit der Nazis oder der Wehrmacht die Untaten verfolgt, wäre die Verjährungsfrist von diesem Zeitpunkt an zu rechnen und demzufolge 1973 abgelaufen. Im März 1995 bestätigte der 2. Senat des BGH die Entscheidung des Landgerichts. Der BGH folgte dem Sachverständigen Fregattenkapitän Gerhard Schreiber vom Militärgeschichtlichen Forschungsamt der Bundeswehr nicht, der eine mögliche strafrechtliche Verfolgung Lehnigk-Emdens durch die Wehrmachtsjustiz wegen der Tatsache ausgeschlossen hatte, daß diese Verbrechen durch entsprechende Befehle und Weisungen Hitlers gedeckt und sanktioniert worden waren. Der BGH folgte auch nicht dem Standpunkt der Staatsanwaltschaft, daß die Wehrmacht die Verbrechen geduldet hätte, sondern akzeptierte jene Sachverständigenansicht, nach der Lehnigk-Emden mit einer kriegsgerichtlichen Verfolgung hätte rechnen müssen.

Hätte die NS-Militärjustiz von der Tat gewußt, hätte sie ermittelt und das dem Leutnant angelastete Verbrechen »mit einer gewissen Wahrscheinlichkeit kriegsgerichtlich verfolgt«. Damit aber habe die Verjährungsfrist am Tage der Tat begonnen und sei die Verjährung im Juni 1968 eingetreten.

Die Sachverständigen bescheinigten also der NS-Justiz Rechtsstaatlichkeit und Verfolgungswillen von NS-Kriegsverbrechen – und der BGH folgte ihnen in dieser Überzeugung.

Zum Vergleich: Die Verjährung für Taten in der DDR wurde rückwirkend zum Oktober 1949 aufgehoben. Und diese Aufhebung wurde bis zum 2. Oktober 2000 verlängert, weil die DDR eben ein Unrechtsstaat ab ovo gewesen sei.

Die Schonung der Nazis in der Bundesrepublik war kein »Fehler« der Vergangenheit, mit dem man heute die Härte gegenüber der DDR legitimiert, weil man nicht zweimal den gleichen Irrtum begehen wolle. Inzwischen gibt es Literatur in Hülle und Fülle, in der die juristischen Tricks und Kniffe analysiert sind, mit denen die Strafverfolgung der in der Bundesrepublik lebenden Naziverbrecher verzögert und aufgehoben wurde. Man weiß um die Argumentations- und Interpretationsfähigkeit bundesdeutscher Richter. An bundesdeutschen Gerichtsentscheidungen läßt sich die hohe Schule juristischer Konstruktionen nach politischer Opportunität studieren. Zu den Argumentationskünsten kommt die »stille Wirksamkeit« der Gesetzesmacher, von deren Folgen alle »überrascht« sind, wie Annette Weinke in der *Zeitschrift für Geschichtswissenschaft* 2/1996 konstatierte. »Bekanntermaßen wurden die nach 1963 eingeleiteten RSHA-Verfahren und die Verfahren gegen andere Mitarbeiter der obersten Reichsbehörden in der Mehrzahl bereits 1969/70 auf einen Schlag eingestellt, nachdem 1968 mit dem Einführungsgesetz zum Ordnungswidrigkeitsgesetz der erweiterte Gehilfen-Vorsatz eingeführt worden war und sich kurze Zeit später in der BGH-Rechtsprechung durchsetzte.

Über die außerjuristischen Motivationen dieser für die Strafverfolgung von NS-Sachen fatalen Gesetzesänderung finden sich in der Literatur bislang nur Spekulationen, die sich im besonderen um die Rolle des ›furchtbaren Juristen‹ Eduard Dreher ranken, seinerzeit Ministerialdirigent in der Strafrechtsabteilung des Bundesjustizministeriums und an dem Gesetzesentwurf maßgeblich beteiligt. Eine endgültige Klärung dieser Frage kann nur die Auswertung der entsprechenden Akten des Bundesjustizministeriums erbringen, die allerdings zur Zeit noch unter die für bundesdeutsche Akten geltende dreißigjährige Sperrfrist fallen dürften.«

Warum inzwischen massenhaft Literatur zur »Aufarbeitung der SED-Diktatur« erschienen ist und noch weiter erscheint, während etwa die Kommunistenprozesse der 50er Jahre ein nur in Ansätzen erforschtes Thema der bundesdeutschen Justizgeschichte sind, kann man gern fragen.

Und sich auch gleich die Antwort geben.

18. Statt eines Schlußwortes

Die Zeit schrieb in ihrer Ausgabe vom 19. Januar 1996: »Lapidar und stereotyp, wie stets, meldeten die Medien: ›Bundespräsident Herzog hat den 27. Januar zum Tag des Gedenkens für die Opfer des Nationalsozialismus proklamiert. An diesem Tag war 1945 das Konzentrationslager Auschwitz befreit worden‹ ...

Oskar lächelte müde und winkte mißmutig ab. Oskar ist über neunzig. Von wegen neuer Gedenktag, sagte er ...

Das Land hatte den Tag. Das Land, das DDR hieß. Offiziell deklariert als: ›Internationaler Gedenktag für die Opfer des faschistischen Terrors und Kampftag gegen Faschismus und imperialistischen Krieg‹ ...

Wer hat mit nur einem Gedanken daran gedacht, daß es in der DDR einen Gedenktag für Nazi-Opfer gab?«

19. Nachbemerkungen

An sich wäre das Buch hier abgeschlossen. Ich wollte die politische Absicht durchschaubar machen, die hinter der Behauptung steht, die DDR habe wie die BRD Nazis integriert, was – im Gegensatz zur sieghaften Demokratie der Bundesrepublik, die die Nazis zu frommen Demokraten wandelte – in der DDR wegen ihrer Diktaturkontinuität zur nazistischen Verseuchung geführt habe.

Auch der aktuelle Rechtsextremismus in Ostdeutschland wird der DDR zugeschrieben. Junge Neonazis, die in der DDR noch auf dem Nachttopf saßen, werden als Kronzeugen gegen diese Republik aufgerufen. Ein Mann, der die »Zwangstopfung« in DDR-Kinderkrippen als Ursache aktuellen Übels bezeichnete, wurde in Niedersachsen Justizminister. Armes Deutschland.

Dichter an der Realität ist wohl der hessische Schriftsteller Gerhard Zwerenz, der dazu im *ND* am 16. September 2000 anmerkte: »Erst die Abwicklung, Eliminierung und Delegitimierung der DDR-Kultur macht den Weg frei für einen radikalen Neonazismus, den es ohne die massive westdeutsche Hilfe gar nicht gäbe.«

Systematisch werden »alle sichtbaren Zeichen und Symbole, die an eine alternative gesellschaftliche Entwicklung erinnern könnten«, eliminiert. Dazu gehört insbesondere, daß »alle Themen und Objekte der antifaschistischen Selbstdarstellung der DDR« von willfährigen Handlangern des »Zeitgeistes« diskreditiert und – soweit möglich – geschleift werden, so der Sprecher der VVN/BdA Ulrich Schneider 1997. Das ist die »demokratische« Erledigung des »verordneten Antifaschismus« der DDR durch die »freiheitlich demokratische Grundordnung« der BRD.

Dem sollten sich Antifaschisten in Ost und West gemeinsam widersetzen. Im Interesse der Demokratie.

Und da Appelle nicht besonders wirksam sind, wenn ihre Absender untätig bleiben, wandte ich mich am 5. September 2000 an den Leitenden Oberstaatsanwalt Schrimm (Zentrale Stelle der Landesjustizverwaltungen zur Aufklärung von NS-Verbrechen). Er möge mir doch bitte mitteilen, ob die von seinem Vorgänger Streim vor etlichen Jahren in einem *Spiegel*-Interview geäußerte Erwartung, mit den Stasiakten viele bislang gedeckte NS-Verbrecher ermitteln zu können, sich erfüllt habe. »Wie viele von der Staatssicherheit absichtlich nicht aufgedeckte NS-Täter sind festgestellt worden, und wie viele Verfahren sind in dieser Angelegenheit eingeleitet worden?«, fragte ich – zugegeben: ein wenig scheinheilig, weil ich die Antwort zu kennen glaubte.

Ich mußte nur noch am 14. November daran erinnern, daß mein Brief noch immer unbeantwortet sei. Schon am 12. Februar 2001 bekam ich Post aus Ludwigsburg.

Staatsanwalt Dr. Riedel ließ mich wissen, daß er ziemlich beschäftigt sei und meine Anfragen erst »zum nächstmöglichen Zeitpunkt« bearbeiten könne. (Wochen später informierte er mich telefonisch, daß er seine Rechercheergebnisse ans Bundesjustizministerium weitergegeben habe und ich von dort Auskunft erhalten würde.)

Im Brief hatte er auch erklärt, daß er die im Dezember 1991 von Simon Wiesenthal angekündigte Namensliste von in der DDR untergetauchten NS-Tätern in den Unterlagen nicht habe finden können. Deshalb habe er sich »direkt an Herrn Wiesenthal gewandt mit der Bitte um Auskunft«.

Das war eigentlich nicht nötig gewesen, weil ich bereits selbst – und zwar am 14. November 2000 – den Direktor für Internationale Verbindungen des Simon-Wiesenthal-Zentrums in Paris, Herrn Shimon de Samuels, und die Justizministerin Däubler-Gmelin in dieser Sache konsultiert hatte. Statt Samuels antwortete Wiesenthal selbst, und zwar am 20. Dezember 2000 aus Wien. Er ging auf meine konkrete Frage überhaupt nicht ein, sondern verwies auf sein Frühwerk. »1968 habe ich eine Schrift herausgegeben, in der ehemalige Nazis, die in der DDR im Pressewesen tätig waren, aufgelistet wurden.«

Ich besaß die Stirn, ihm dafür am 16. Januar 2001 zu danken und meine Frage zu wiederholen. Außerdem schrieb ich ihm: »Sie betonten seinerzeit, daß ›mehrere hundert Rechtshilfeersuchen der deutschen Justiz‹ von der DDR ›nicht einmal beantwortet worden

sind‹ (*taz* vom 12.12.1991) Da diese Frage in der heutigen Auseinandersetzung eine Rolle spielt …, wäre ich Ihnen verbunden, wenn
Sie mir eine Aufstellung dieser Rechtshilfeersuchen zukommen lassen würden.«

Am 16. Mai 2001 mahnte ich freundlich eine Antwort auf diese
Frage an.

Bis zum Februar 2002 habe ich keine erhalten.

Ich rechne auch nicht damit, jemals eine von Wiesenthal zu
bekommen.

Die Bundesjustizministerin ließ mich zunächst durch einen Beauftragten am 5. Januar 2001 wissen, daß umfangreiche Recherchen
zur Beantwortung meiner Fragen erforderlich seien, die bislang auf-
gefundenen Unterlagen gestatteten »noch keine vollständige Beantwortung«.

Am 16. Mai 2001 waren die Recherchen offenkundig noch
immer nicht abgeschlossen, daher sah ich mich veranlaßt, mich in
Erinnerung zu bringen. Daraufhin bekam ich einen Anruf, der mir
einen Brief der Ministerin avisierte. Frau Herta Däubler-Gmelin
schrieb mir tatsächlich am 11. Juni.

Was ich schon längst vermutete, bekam ich nun schwarz auf
weiß: »Das in der *Tageszeitung* vom 19. Dezember 1991 für Januar
2002 angekündigte ›Dossier für Bundesjustizminister Klaus Kinkel mit Namen von mehreren Hundert ehemaligen Nazis, die
durch den Schutz des DDR-Regimes der Strafverfolgung entgehen
konnten‹, konnte weder in den hiesigen noch in den Akten der
Zentralen Stelle festgestellt werden. Auf eine daraufhin veranlaßte
Anfrage beim Dokumentationszentrum des Bundes jüdischer Ver-
folgter des Naziregimes in Wien hat Herr Wiesenthal mitgeteilt, er
habe die erwähnte Namensliste zwar seinerzeit geplant, sei jedoch
in der Folge nicht dazu gekommen, sie auch tatsächlich zu erstel-
len.

Der Zentralen Stelle ist lediglich eine im September 1968 vom
Dokumentationszentrum veröffentlichte ›Dokumentation nationalsozialistischer Elemente in Presse und Propaganda der Deutschen
Demokratischen Republik‹ mit Daten zu insgesamt 39 Personen
bekannt, ›die der NSDAP angehörten und in der NS-Zeit einflußreiche Posten hatten, heute aber in der Presse, im Rundfunk und

in den Propagandastellen der DDR mindestens den gleichen Einfluß besitzen«.«

In den Ministeriums-Akten, so die Frau Ministerin weiter, habe man auch ein Schreiben Wiesenthals an Kinkel vom 3. Januar 1992 gefunden, in welchem der Justizminister gebeten wurde, »sich dafür einzusetzen, daß die Zentrale Stelle beauftragt wird, die Nazi-Akten innerhalb des Stasi-Archivs zu bearbeiten«. Kinkel hatte insofern abschlägig reagiert, als er darauf hinwies, »daß die Zentrale Stelle eine Einrichtung der Länder sei und er deshalb nicht Aufträge in dem von Herrn Wiesenthal erbetenen Sinne erteilen könne, dies aber auch nicht notwendig sei, weil die Bundesländer die Zentrale Stelle bereits um die Auswertung der Stasi-Unterlagen gebeten hätten.«

Ich dankte der Bundesministerin für Ihre Antwort am 24. Juli 2001. »Mir lag sehr daran, von berufener Seite zu erfahren, welchen Wahrheitsgehalt die von Herrn Wiesenthal öffentlich gemachten Beschuldigungen gegenüber der DDR im allgemeinen und dem Ministerium für Staatssicherheit im besonderen besitzen.«

Und da sich sehr viele »Aufarbeiter« auf Wiesenthal berufen, wissen wir nun auch von berufener Seite, wie korrekt deren Urteile eigentlich sind.

Eine Genugtuung aber ist das nicht.